Ulrike Bartholomäus

Wozu nach den Sternen greifen, wenn man auch chillen kann?

W0174940

PIPER

Zu diesem Buch

Die große Orientierungslosigkeit nach der Schule ist ein Massenphänomen: Junge Erwachsene, ob mit Einser-Abitur oder weniger glanzvollen Abschlüssen, sind nach der Schule blockiert. Statt mit wehenden Fahnen ins Leben aufzubrechen, fühlen sie sich unfähig zur Entscheidung – für die richtige Ausbildung, das richtige Studium, den richtigen Beruf. Es wird gelitten, gestritten und viel gechillt. Ulrike Bartholomäus erläutert die wissenschaftlichen Hintergründe dieser Phase zwischen Erwachsenwerden und Erwachsensein: die bis Mitte zwanzig andauernde zweite Pubertät, die Auswirkungen des digitalen Lebensstils sowie die Suche nach den eigenen Kompetenzen und Bedürfnissen. Die Wissenschaftsjournalistin erzählt nicht ohne Komik von den Dramen, die sich in den Familien abspielen. Sie recherchiert bei Eltern, Pädagogen, Ärzten, Wissenschaftlern und zahlreichen Anfang 20-Jährigen, um dem Phänomen auf die Spur zu kommen.

Ulrike Bartholomäus, geboren 1965, arbeitet als Wissenschaftsjournalistin und schreibt über die Themen Medizin, Politik und Kommunikation. Sie war als Redakteurin für »Focus« im Ressort Forschung tätig und arbeitet heute als Autorin für verschiedene Medien. Sie ist verheiratet und lebt mit ihrer Familie in Berlin. Sie hat eine 21-jährige Tochter und weiß, wovon sie spricht.

Ulrike Bartholomäus

Wozu nach den Sternen greifen, wenn man auch chillen kann?

Die große Orientierungslosigkeit nach der Schule

Mehr über unsere Autoren und Bücher:
www.piper.de

Inhalte fremder Webseiten, auf die in diesem Buch (etwa durch Links) hinge-
wiesen wird, macht sich der Verlag nicht zu eigen. Eine Haftung dafür übernimmt der Verlag nicht.

MIX
Papier aus verantwor-
tungsvollen Quellen
FSC® C083411

ISBN 978-3-492-31779-5
April 2021
© Piper Verlag GmbH, München 2021
© Berlin Verlag in der Piper Verlag GmbH, München 2019
Umschlaggestaltung: zero-media.net, München
Umschlagabbildung: Getty Images/DigitalVision Vectors/amdandy und Fine-
Pic®, München
Satz: Eberl & Kösel Studio GmbH, Krugzell
Gesetzt aus der Times New Roman
Druck und Bindung: CPI books GmbH, Leck
Printed in the EU

Für Kayhan

Inhalt

Inhalt

Einleitung
Eine blockierte Generation?

Ein Grillabend bei Freunden in Hamburg. Das Wetter ist grandios, die Steaks brutzeln neben einem von der Dame des Hauses fein kuratierten Sortiment aus Biowürstchen ihrem optimalen Garpunkt entgegen. Susanne meldet sich zu Wort, will wissen, was denn nun mit der Tochter von Helmstedts ist. »Nina hat doch letztes Jahr Abitur gemacht, oder? Was macht sie denn jetzt?«

Das ist das Stichwort für Rainer. Ninas Vater streckt kurz den Rücken durch und knallt eine Antwort raus, noch bevor seine Frau einatmen kann: »Sie ist arbeitslos.« Die Worte wirken wie ein Torpedo. Stille in der Runde. Gundula Helmstedt, alarmiert, übernimmt: »Na ja, sie weiß noch nicht so genau, was sie machen will. Sie nimmt sich gerade ihr Gap Year.«

Allgemeines Nicken bei der Grillgemeinde. Thomas weiß zu berichten, dass sein ältester Sohn seit seinem Abitur vor 15 Monaten nicht eine einzige Bewerbung rausgeschickt hat. »Er jobbt jetzt im Schuhgeschäft, spezialisiert auf teure Sneaker.« Thomas' Frau ergänzt schulterzuckend: »Er meint, mit Sportschuhen kenne er sich bestens aus. Der Job sei mega.«

Noch ehe sich Ratlosigkeit breitmachen kann, setzt Ninas Vater noch einen drauf: »Na, immerhin arbeitet er. Nina tut den ganzen Tag nichts – außer duschen und ins iPhone starren.«

Die Würstchen und Steaks scheinen fertig, alle greifen zu. Das Fleisch ist von außen perfekt angegrillt, aber innen noch lange nicht durch. Ein bisschen wie der Entwicklungszustand der Kinder, denkt sich Susanne, sagt aber lieber nichts.

STOTTERNDER START INS LEBEN

Die große Orientierungslosigkeit nach der Schule ist ein Massenphänomen: Junge Erwachsene sind nach der Schule blockiert. Sie tauchen nicht ein ins Leben, sondern fühlen sich unfähig zur Entscheidung für den richtigen Beruf, die richtige Ausbildung, das richtige Studium. Es wird gelitten, gestritten und viel gechillt. Die Eltern verzweifeln; die Jugendlichen auch – sie fühlen sich schuldig. Natürlich wünschen sich die Eltern, dass ihre Kinder nach dem Schulabschluss und spätestens mit der Volljährigkeit selbstständig sind und sie einen Großteil der Verantwortung abgeben können.

Doch bei vielen Jugendlichen stellt sich diese Autonomie, die Ziel jeder Erziehung ist, nicht ein, da sind sich Universitätsdozenten, Berufsschullehrer und Eltern einig. Ganz im Gegenteil: Ohne die äußere Struktur durch die Schule fallen sehr viele junge Erwachsene erst einmal in ein Loch.

Viele Abgänger wissen nicht, welchen Beruf sie ergreifen sollen, welche Begabungen sie auszeichnen, und letztlich wissen sie nicht, wer sie sind. Ein Symptom dieser Orientierungslosigkeit ist die hohe Studienabbrecherquote, die das Deutsche Zentrum für Hochschul- und Wissenschaftsforschung (DZHW) in Hannover verzeichnet. Demnach bricht jeder dritte Student sein Studium ab. Besonders dramatisch sieht es bei den Ingenieurwissenschaften aus: Hier schmeißt jeder Zweite hin.

Besonders in der Coronazeit scheiden sich die Geister. Während die einen keine Probleme haben, sich mit Zoom-Vorlesungen im Studium voranzukämpfen, schalten andere ab. Ohne Mitstudenten, Partys und lebendige Kontakte mögen sie sich auch nicht morgens um acht Uhr mit Sachenrecht auseinandersetzen. Hinzu kommt, dass nun privilegierte Kinder im Vorteil sind: Schnell besorgen deren Eltern noch das neueste Tablet, und lassen die Studenten-WG auf schnelles Internet umrüsten. Weniger gut situierte Kids warten wochenlang auf ihren günstig im Internet bestellten Laptop und kämpfen mit zusammenbrechenden Verbindungen zur Hochschule. Nie war Bildung ungerechter.

Bei den Ausbildungen zeigt sich ebenfalls ein Trend zum Abbrechen. Ein Viertel aller Lehren wird vorzeitig beendet. Die Quote bei besonders schlecht bezahlten Ausbildungen wie Friseuren oder Sicherheitspersonal liegt sogar bei 50 Prozent. Einige Auszubildende wechseln allerdings nicht aufgrund ihres unklaren Berufswunsches, sondern weil ihnen bessere Alternativen und viele offene Stellen gegenüberstehen. Warum sich ausbeuten lassen, wenn eine gute und besser bezahlte andere Ausbildungsstelle lockt?

Bei der letzten Inspektion meines Autos sah ich ein Schild am Tresen der Werkstatt prangen: »Mechatroniker gesucht, 300 Euro Belohnung!«

»Wie lange hängt das Schild denn schon?«, will ich vom Werkstattmeister meines Vertrauens wissen.

»Zwei Monate.«

»Und wie viele haben sich gemeldet?«

»Keiner. Kürzlich hat hier der Sohn meiner Freundin mit der Ausbildung angefangen. Aber nach kurzer Zeit wechselte er zu Mercedes. Die Industrie zahlt ihm in seiner Ausbildung deutlich mehr, als wir ihm hier bieten können.«

Zu den Hauptgründen für ein abgebrochenes Studium zählt vor allem die eigene unzulängliche Leistung: Jeder Dritte scheitert an den Anforderungen der ersten Semester. Fast jedem Fünften fehlt es an Selbstmotivation. Knapp jeder Sechste sieht sich an einer Hochschule ohnehin fehl am Platz und möchte lieber eine Ausbildung machen.

Der Shell-Studie »Jugend 2015« zufolge ist die Orientierungslosigkeit der Schulabgänger der Grund, warum der Übergang in den Beruf heute nicht mehr reibungslos klappt. Ein Viertel der Abgänger ist von vornherein davon überzeugt, den gewünschten Beruf nicht ergreifen zu können. Lustloses Herumsuchen nach Alternativen ist die Folge. Jeder zweite Schulabsolvent hat Angst davor, dass seine Freizeit aufgrund der Berufstätigkeit eingeschränkt wird. »Unsere Generation hat nicht auf dem Schirm, dass es ein Privileg ist, überhaupt studieren zu können«, sagt der 19-jährige Leo aus Trier.

Zur Orientierungslosigkeit trägt auch bei, dass mit dem Eintritt ins Studium oder in den Job Anspruch und Wirklichkeit aufeinanderprallen. So ist es drei Viertel der Jugendlichen beispielsweise wichtig, dass sich ihre Arbeitszeit an ihre Bedürfnisse anpassen lassen sollte. Der Arbeitsmarkt hingegen sucht bislang motivierte Vollzeitkräfte. Das ändert sich allerdings gerade. Denn wer einen hoch motivierten, begabten Vertreter der Generation Z dauerhaft halten will, gibt ihm am besten einen Laptop, ein Smartphone und ein dehnbares Gleitzeitkonto. Dann laufen sie zur Höchstleistung auf. Viele Start-ups haben das schon begriffen.

Ein prominentes Beispiel dieses Übergangsdilemmas ist »Hannah Horvard«, Hauptfigur in der preisgekrönten US-Serie »Girls« von Lena Dunham. Die Filmproduzentin, Drehbuchautorin und Schauspielerin spielt sich darin zu großen Teilen selbst. Nach der Schule schlägt sie sich mit unbezahlten Praktika in New York durch, pflegt ihre Neurosen, erkundet ausgiebig ihr Sexleben und versucht sich nebenbei an kreativem Schreiben – natürlich auf Kosten von Mama und Papa. Diese haben, so erzählt Teil eins der 62-teiligen Serie, die langwierige Findungsphase ihrer Tochter zunächst großzügig finanziert. 1500 Dollar im Monat sind in New York schließlich schnell durchgebracht. Der große Schock erreicht Hannah, als ihre Eltern ihr eines Abends in einem Restaurant eröffnen, dass sie ihr ab sofort den Geldhahn zudrehen.

Willkommen im Leben, heißt es für Hannah. »Girls« machte Lena Dunham, die zum Start der Serie 2012 Mitte zwanzig war, weltweit bekannt und bescherte ihr großen Erfolg. Die ins

Leben strauchelnden Twenty-somethings ihrer Drehbücher trafen den Nerv der Zeit: Junge Frauen, die zwar große Ambitionen haben und etwa Schriftstellerin oder Journalistin werden wollen, aber niemanden finden, der sie auch dafür bezahlt. Dazu Eltern, die nicht an das Talent ihres Nachwuchses glauben. Junge Männer, die gern mit diesen Frauen zusammen sind, aber sich auf keinen Fall festlegen wollen auf eine Beziehung, die den Namen verdient.

Es gibt einen interessanten Unterschied zwischen Jungen und Mädchen dieser Generation. Unter den jungen Frauen lassen sich viele mit einem ungeheuer anspruchsvollen Lebensentwurf ausmachen. Sie wollen alles und damit das Unmögliche: einen hohen Bildungsstand, viele soziale Kontakte, eine sinnvolle Berufstätigkeit sowie Vereinbarkeit von Beruf und Familie und viel Geld. Und zwar sofort. Sie träumen von einer App, mit der sie ihr Leben herunterladen können, natürlich individuell konfigurierbar. Man könnte ein Leben ausprobieren, berufliche Laufbahnen einschlagen, Leute treffen und mit allen Optionen herumspielen. Wenn es einem nicht mehr gefällt, drückt man *delete*. Alles kostenlos, folgenlos.

Bei den jungen Männern geben sich einige eher betont cool und distanziert, wenn sie nach ihren Berufsvorstellungen gefragt werden. »Selbst im Gespräch mit Gleichaltrigen ist es schwer, ein klares Feedback zu bekommen«, sagt Leo, der nach einem Jahr Jobben mit einem Psychologiestudium in Trier begonnen hat. Die Reaktion auf die Frage der Eltern, was sie denn einmal werden wollen, lautet nicht selten »Entspann dich«. In Wahrheit fühlen sie sich verunsichert und überfordert. Folgen sie dem Vorbild von Papa (hart arbeitender Mittelstand), werden sie YouTuber oder gleich Gründer? Welche Start-up-Idee ist der nächste »heiße Scheiß«?

.Nun gibt es eine Schwierigkeit, über Jugendliche in der Phase der Orientierung oder der Orientierungslosigkeit zu recherchieren. Man muss zum Naturforscher werden und sich auf eine Expedition mit ungewissem Ausgang einlassen; denn diese Wesen sind wie Schneeleoparden: meist in Deckung und stets auf der Flucht.

Es schien mir unumgänglich, Jugendliche selbst sprechen und an diesem Buch mitarbeiten zu lassen, denn wer erklärt Eltern besser, in welcher Situation sich ihre heranwachsenden Kinder befinden, als Letztere selbst. Das Vorhaben umzusetzen, entpuppte sich jedoch als weitaus schwieriger, als ich es mir vorgestellt hatte. Denn eines haben diese jungen Menschen gemein: Sie sind nicht greifbar. Man sieht zwar von weitem die Nebelschwaden vorüberziehen; doch kaum nähert man sich, um ihre Zukunftspläne zu erhaschen, verflüchtigen sie sich.

Zunächst einmal hält sich ein nicht unerheblicher Teil dieser Spezies in Australien oder Asien auf. Die anderen sind noch im Lande, aber schwer erreichbar. Schickt man eine E-Mail, antworten sie nicht; oder erst nach Tagen, Wochen, Monaten. Ruft man sie an, gehen sie nicht ans Telefon. Mit etwas Glück produzieren sie mit einem Fingertipp auf ihr Smartphone ein »Ich kann gerade nicht sprechen«.

Überhaupt, telefonieren – für viele dieser Spezies die Höchststrafe. Besser also per WhatsApp. Verabrede ich einen Telefontermin, bekomme ich eine Message: »Mir ist was dazwischengekommen.« Oder auch ganz beliebt: »Melde mich später.« Willkommen im Reich der Unverbindlichkeit. »Ja« kann »ja« heißen oder »nein«. Und »nein« kann am nächsten Tag »ja« heißen oder auch nicht. Ich brauchte also einen Plan B, und der hieß Anton. Der 21-Jährige hatte nach dem Abi erst einmal Zeit zum Chillen, Jobben, Ausgehen. Manchmal auch Nachdenken. Mal mehr das eine, mal mehr das andere. Seine Freiheit, sein Nebenjob und seine Freunde, für die er viel Zeit hatte, ermöglichten ihm ein paradiesisches Leben.

Wären da nicht seine nervigen Eltern gewesen. Sie taten, was alle Eltern tun: Sie produzierten Erwartungen. Sie äußerten keine Forderungen, dass er etwas Bestimmtes tun solle etwa in die Fußstapfen von Vater oder Mutter zu treten –, nein. Es war lediglich die Mindesterwartung von Eltern in dieser Situation, nämlich, dass sich der geliebte Sprössling *überhaupt* etwas überlegt. Nach sieben Monaten gab Anton dem Druck von zu Hause nach. Er immatrikulierte sich für BWL an einer kleinen, kuscheligen Universität in Bayern. Alle waren begeistert. Anton, seine Freunde, seine Eltern, die Freunde der Eltern. Die Begeisterung hielt jedoch nicht lange an, zumindest nicht bei dem jungen Mann. Nach kurzer Zeit brach er das Studium ab, stand mit ein paar Umzugskisten wieder zu Hause vor der Tür.

In dieser Zeit führte ich die ersten Interviews mit ihm. Es stellte sich heraus, dass er seine Lage äußerst differenziert reflektierte. Er konnte auch zahlreiche Beispiele anführen von Gleichaltrigen, die in ähnlichen Situationen steckten. Er war unglaublich offen. Interessiert lauschte er meinen Erkenntnissen, die ich auf Forschungsseite über das heranreifende Gehirn recherchiert hatte, über die Zahlen der Studienabbrecher etc. Er fand sich in Schilderungen von anderen Experten wieder. Er sah, dass sich bereits ein Heer von Forschern der Frage widmet, was diese Orientierungsphase für die Betroffenen so schwierig macht. Er war kein Exot, der als Einziger Zeit brauchte, um sich im Dschungel der Möglichkeiten zurechtzufinden. Er war wie alle anderen da draußen. Es entwickelte sich ein spannender Dialog.

Plan B reifte heran. Was, wenn Anton und andere wie er Gleichaltrige befragen würden? Vielleicht schreckte sie ein Gleichgesinnter, der ihre Orientierungslosigkeit aus eigener Anschauung kannte, weniger ab – jemand, der so alt war wie sie, dachte wie sie, kommunizierte wie sie; der sich nicht abhalten ließ, wenn sie zweimal einen Termin verschoben; der dies nicht als Desinteresse oder Ungehörigkeit wahrnahm, sondern schlichtweg als Zeichen dafür, dass sie an dem Tag etwas Besseres vorhatten. Na und? Und vor allem: der mir ihre Gedanken und Geschichten übersetzen konnte in meine Sprache, mein Denken, meine Kultur.

Gleichzeitig suchte und fand ich andere Anfang 20-Jährige, die für mich Interviews führen sollten: Katharina, Conrad, Zorah und Timon. Ich erklärte ihnen die Idee. Sie waren sofort begeistert. Zwar hatten sie in ihrem Leben noch kein einziges Interview geführt, doch das schreckte niemanden ab. Alle schienen kommunikative Naturtalente zu sein. Ich erarbeitete einen Fragebogen, gedacht als roter Faden für die Gespräche. Spontan gab ich allen noch mit: »Hört auf euer Bauchgefühl und stochert da, wo ihr glaubt, dass es interessant wird.« Nicht gerade eine präzise Regieanweisung, aber sie brauchten auch gar keine – sie waren ja bereits voll im Film und wussten intuitiv, wonach sie fragen mussten.

Als ich das erste Interview abhörte, traute ich meinen Ohren nicht. Anton hatte einen Volltreffer gelandet, er förderte geheimste Gedanken des Interviewkandidaten zutage. Ebenso Katharina, Timon, Zorah und Conrad. Timon saß in Hanoi und befragte während seiner Weltreise einen Freund. Conrad sprach mit Mitstudenten in Amsterdam an einer Akademie für Popmusik. Katharina in München war gerade dabei, sich auf den Psychologietest in Wien vorzubereiten, und fand Kandidatinnen im Freundeskreis. Zorah, gerade fertig mit dem Abitur, war umgeben von Gleichaltrigen, die keinen Plan hatten, was sie machen wollten.

Alle fünf schickten mir ihre Audiofiles per WhatsApp, wann immer sie jemanden gesprochen hatten, sowie ein Foto der interviewten Person. Anschließend werteten wir das Interview gemeinsam aus, formulierten Nachfragen. Sie schickten mir Links von YouTubern, denen sie folgten, Infos zu Apps für die Jobsuche, Fotos aus der neuen WG. Sie ließen mich an ihrem Leben teilhaben, wann immer es sich ergab.

Die Gespräche drehen sich um das Chaos der Gefühle, das die jungen Erwachsenen in dieser Phase durchlaufen; um ihre

Träume, ihre großen Ambitionen, Ängste, den Jobmarkt, das liebe Geld, um Studienabbrüche und Fächerwechsel, Umzüge in eine andere Stadt oder ein anderes Land, Einsamkeit, Zweifel, Streit mit den Eltern, ums Kiffen, härtere Drogen und um Liebeskummer. Die emotionale Achterbahn reicht von Verunsicherung, manchmal auch mentaler Komplettlähmung bis hin zur Euphorie, wenn schon während des Studiums die ersten Jobangebote kommen. Wir fragten nach dem vielfältigen Angebot, das die jungen Erwachsenen heute nach dem Abitur erwartet – Praktika, neue Studien- und Ausbildungsgänge im In- und Ausland, Berufsbildungsbörsen. Sehen die Anfang 20-Jährigen darin eher die Chancen, oder lähmt sie die Qual der Wahl?

Nach einem Dutzend abgehörter Interviews begann ich selbst auch wieder Gespräche zu führen. Neben Eltern, Berufsschullehrern und Unidozenten sprach ich mit Leo, Luise, Lucas, Sophia, Charlotte und anderen, die anonym bleiben wollten. Die Geschichten derjenigen, die unerkannt bleiben möchten, erscheinen in Absprache mit ihnen mit einem geänderten Namen, manchmal auch mit einem geänderten Wohnort. Mit einigen telefonierte ich regelmäßig. Nicht alle Jugendlichen sind so tatkräftig wie meine Interviewer und Gesprächspartner: Abi, jobben, Praktika, für einen Eignungstest lernen, Weltreise, Studium beginnen. Einige von ihnen haben eine längere Phase des Suchens durchlaufen, haben Pläne geschmiedet und sie wieder verworfen. Die meisten haben mich jedoch verblüfft mit ihren hochfliegenden Plänen, ihrem Mut und ihrer Power, mit der sie das, was sie sich einmal in den Kopf gesetzt hatten, auch umsetzen. Voraussetzung war meist, dass sie sich Zeit für die Orientierungsphase genommen haben.

Bei den Gleichaltrigen sehen sie, dass sich viele durch den digital geprägten Lebensstil ablenken lassen. Er bindet Energie, kostet Konzentration und stellt oft eine Form der Realitätsflucht dar. Erst nach und nach beginnen Experten wie die Psychologin Jean Twenge oder der Professor für Marketing Adam Alter, die suchtartige Beziehung der Benutzer zum Smartphone aufzudecken. In seinem Buch *Unwiderstehlich* schreibt Alter, dass ausgerechnet die Pioniere der amerikanischen Hightech-Branche wie Apple-Gründer Steve Jobs, Even William, einer der Erfinder von Twitter, oder Lesley Gold, Gründerin einer Web-Controlling-Firma, Smartphones und Tablets von ihren Kindern fernhielten. Sie wussten um das suchterzeugende Potenzial der technischen Geräte oder Plattformen, die sie erfunden hatten. Besonders Kinder und junge Erwachsene können sich dem schwer entziehen. Falls sie ungehinderten Zugang über das W-LAN haben, starren sie jeden Tag stundenlang auf ihre Geräte, statt Hausaufgaben zu machen, zu spielen oder, im Fall der Schulabgänger, Bewerbungen für Praktika oder Ausbildungsstätten in den Orbit zu schicken.

Eltern verzweifeln an der Rat- und Tatenlosigkeit ihrer ewigen Teenager-Kinder, die wochen- und monatelang herumhängen. Je länger diese Phase andauert, desto stärker macht sich bei ihnen Panik breit. Auf die Verzweiflung folgt der Aktionismus. Die Erwachsenen drängen die Heranwachsenden zu einer Entscheidung. Oft übernehmen sie das Handeln. Es wird mitunter europaweit nach einem passenden Praktikum oder Studienplatz gefahndet. Medizin an der Privatuni in Riga oder Psychologie in Maastricht, noch schnell einen Crashkurs Holländisch …

BUMERANG-KID ODER NESTHOCKER?

Manchmal entwickelt sich der Jugendliche zum Bumerang-Kid. Kaum in die Welt hinausgeworfen, kommt er nach ein paar Monaten wieder nach Hause: Studium geschmissen, Ausbildung abgebrochen, Auslandsaufenthalt früher beendet. Zum Umzug rückt Papa mit dem Werkzeugkasten an, schraubt die Ikea-Regale, die er gerade anmontiert hat, wieder ab. Gut, dass

Billy das ein paarmal überlebt. Nun soll »Plan B« greifen, doch der existiert meist nicht. Stattdessen heißt es »Zurück auf Los«. Mama zieht eine Ereigniskarte: »Ihr neues Arbeitszimmer wird wieder von Ihrer Tochter bewohnt. Stellen Sie Ihren Schreibtisch zurück ins Schlafzimmer.«

Wenn sie nicht als Bumerang zurückkommen, sind die Sprösslinge vielleicht gar nicht erst ausgezogen: Im Jahr 2015 wohnten in Deutschland 62 Prozent der 18- bis 24-Jährigen noch im »Hotel Mama«. Laut Statistischem Bundesamt ist ihr Anteil in den letzten zehn Jahren nahezu unverändert geblieben 2005 waren es 64 Prozent. Dabei führen die Männer die Stubenhocker-Statistik mit Abstand an: 68 Prozent der männlichen jungen Erwachsenen leben noch zu Hause, und immerhin 56 Prozent der Frauen. Die Nesthocker sitzen vor allem auf dem Land. In kleinen Gemeinden unter 10 000 Einwohnern blieben 78 Prozent der 18- bis 24-Jährigen bei den Eltern. In Großstädten ab 500 000 Einwohnern zogen 45 Prozent nicht aus.

Neben gut nachvollziehbaren Gründen, zum Beispiel weil sie eine Ausbildung machen und das Geld noch nicht reicht für eine eigene Wohnung, ist es vor allem die Bequemlichkeit, die sie bei den Eltern hält. Und manchmal sind es auch die Mütter und Väter, die ihre großen Kinder um sich haben wollen. Als ich mich unlängst in einer Parfümerie an der Friedrichstraße dafür belohnte, dass unsere 18-jährige Tochter im Begriff war, auszuziehen, und auch ein kleines Geschenk für ihr neues Bad aussuchte, erzählte ich der Verkäuferin stolz von dem neuen Lebensabschnitt für unsere Familie. Entsetzt stellte sie jegliche Geschenkverpackungsaktivitäten ein und presste hervor, sie hätte jetzt schon Angst, dass ihr 16-jähriger Sohn eines Tages ausziehen würde. Sie hoffe, er würde bis zum dreißigsten Lebensjahr bei ihr wohnen bleiben. Es gibt nicht nur Nesthocker oder Bumerang-Kids, sondern auch Pattexmütter und -väter, die am Nachwuchs kleben.

Wenn ich mit Eltern Gespräche führte, deren Anfang 20-jährige Sprösslinge auf der Suche waren, fragten sie meist irgendwann: »Und was sollen wir jetzt machen?« Aus diesen Gesprächen, gepaart mit den Informationen der Heranwachsenden selbst, ist Teil 3 dieses Buches geworden. Er enthält Auswege und Ideen, was Eltern tun können und was sie lassen sollten. Natürlich gibt es kein Patentrezept. Dennoch zeigen Erfahrungen, dass es in der Orientierungsphase einige Grundprinzipien gibt, die sich bewährt haben. Eine Wahrheit, die Eltern ungern hören, ist: Reifung braucht Zeit. Das Gehirn der meisten 18-Jährigen vermag noch keine strategischen Entscheidungen zu treffen. Nach einem Jahr Auszeit, in der neue Erfahrungen und Kompetenzen erworben werden können, sieht das schon ganz anders aus – jedenfalls wenn die Auszeit entsprechend genutzt wird.

Ob ein Freiwilligendienst in Nepal, wo David Straßenkindern Englischunterricht gab, ein Aufenthalt in Kolumbien mit dem American Field Service, während dessen Charlotte fließend Spanisch lernte, oder ein Werksstudentenjob bei einem angesagten Start-up – viele Wege führen nach Rom. Dabei gilt: Nicht jede Reise trägt automatisch zur Reifung bei. Wer zum Partyurlaub nach Asien jettet, um dort mit zig anderen deutschen Travellern dauerkiffend im Hostel abzuhängen, reift definitiv nicht.

Viele Eltern können beruhigt sein: Ihre heranwachsenden Kinder sind völlig in Ordnung, wenn sie sich Zeit lassen. Anton, mein Interviewer Nummer eins, entwickelte sich innerhalb eines Jahres zum Beispiel vom zerknirschten Studienabbrecher zum hochgeschätzten Mitarbeiter eines Berliner Start-ups. Gerade mal im zweiten Semester BWL an einer Hochschule in der Hauptstadt, die weniger wissenschaftlich ausgerichtet ist, arbeitet er 20 Stunden pro Woche bei einer Firma, die Selbstständigen viel Zeit und Nerven spart, indem sie ihnen die Finanzbuchhaltung in einer App aufbereitet und ihnen die Zettelwirtschaft abnimmt. Schon zweimal haben ihn die Gründer befördert, denn auch sie haben sofort erkannt: Anton ist ein Kommunikationsgenie. Darüber hinaus verfügt er über ein angeborenes Vertriebstalent sowie eine große Neugier für Innovationen. Nach ein paar Monaten als Werksstudent knüpfte er die ersten Pressekontakte für sein Start-up, ganz nebenbei. Er befindet sich im siebten Himmel – glücklich, erfolgreich, geschätzt und gut bezahlt. Sein Studium schmeißt er so nebenbei, da geht es ihm auch nicht so auf die Nerven.

Nicht jeder muss gleich so viele Stunden im Studium arbeiten, um im Leben anzukommen. Nur nichts tun und einfach chillen sollten die Heranwachsenden in der Umbruchsphase möglichst nicht. Wenn sie also keine Ausbildung oder kein Studium anfangen wollen, kann Jobben ein sehr guter Reality-Check sein für den Entscheidungsprozess. Dann sollten die Betroffenen aber zumindest ihren Lebensunterhalt selbst verdienen. Wer ein Endlosstipendium fürs Rumhängen hat, dem fehlt die Motivation, damit aufzuhören.

KIFFEN, BIS DER ARZT KOMMT

Nicht immer geht es jedoch nur ums Chillen und die Schwierigkeit, sich für eine Laufbahn zu entscheiden. Das beunruhigt zwar die Eltern, aber es ist ja noch nichts passiert. Wann Profis ins Boot geholt werden müssen, wann aus fehlender Motivation eine Depression entstehen kann und was passiert, wenn das Kind zum Dauerkiffer geworden ist, zeigt das letzte Kapitel. Im Laufe meiner zweijährigen Recherche bekam ich mehrere Fälle von ernsten Drogenproblemen bei jungen Menschen mit. Mal alarmierte mich ein Interviewer, einer seiner Gesprächspartner hätte Suizidgedanken, sei verzweifelt und suche einen Psychiater oder eine Klinik, um seine Kokainsucht in den Griff zu bekommen. Ein andermal berichtete mir die Tochter einer Bekannten, sie sei einmal von einem Joint nicht mehr runtergekommen. Das High habe wochenlang angehalten, und sie habe große Ängste entwickelt. »Ich dachte, mein Leben mit dem, was ich mir vorgenommen habe, sei vorbei.« Zum Glück sei diese psychotische Episode nach drei Monaten abgeklungen.

Vor allem die Cannabis-Epidemie grassiert seit längerem unter Jugendlichen. Ob in Amsterdam, Wien, Maastricht, Zürich, München oder Berlin; ob auf der Reise in Asien, wo der Stoff so billig ist wie nirgendwo (ein Gramm kostet in Vietnam ein Euro statt zehn Euro wie in Deutschland oder in Australien); ob an Schulen oder an der Uni: Überall wird gekifft. Dabei kämpfen Psychiater mit zwei Problemfeldern: »Die Jugendlichen fangen heute früher an, manchmal mit 14 Jahren«, erläutert Torsten Grigoleit, Oberarzt an einer Suchtklinik im Rheinland. Es gibt zahlreiche Dauerkiffer, deren psychologische Entwicklung auf dem Stand des ersten Konsums stehen bleiben kann. Aber auch Kokain, Ecstasy, Alkohol und krude Drogencocktails werden konsumiert.

Die Frage, wann Experten ins Boot geholt werden müssen, ist heikel, denn das Vertrauen zwischen Eltern und ihren heranwachsenden Kindern kann empfindlich gestört werden, wenn Drogen thematisiert werden. Dennoch gilt, lieber einen Arzt zu früh ins Spiel zu bringen als zu spät. Die Folge von Dauerkiffen, die sogenannte Amotivationsstörung, kann irreversibel sein. Ein Joint enthält heute ein Vielfaches an THC, dem Wirkstoff, der »knallt«. Das, was Mama und Papa in den Happy Seventies zur Bewusstseinserweiterung geraucht haben, um sich John Lennon näher zu fühlen, hat nichts mit dem zu tun, was ihr Nachwuchs heute an synthetischem Cannabis konsumiert. »Der Unterschied zwischen einem Joint von früher und einem von heute ist ungefähr so, als wenn ich statt Bier Schnaps trinke«, erklärt Grigoleit. Er muss es wissen, seine Klinik ist voll mit Dauerkiffern, solchen Konsumenten, die mehr als drei Joints pro Woche rauchen; die meisten davon rauchen mehrfach täglich. Viele haben einen bleibenden Gehirnschaden;

obwohl sie 30 oder 40 Jahre alt sind, befinden sie sich auf der Entwicklungsstufe eines pubertierenden Teenagers. Dass Cannabis dies bewirken kann, mag bizarr klingen, ist aber äußerst beunruhigend.

Wenn sie nicht gerade mit Drogen ihr Hirn wegpusten, finden die allermeisten Anfang 20-Jährigen einen Weg aus der Orientierungslosigkeit heraus. Wichtig ist, dass Eltern im Gespräch bleiben mit ihren suchenden Kindern; dass sie sich selbst klarmachen, wie langsam diese Entwicklung vonstattengeht und wie sie sie in dieser Phase begleiten können, ohne sie zu bevormunden. Es ist eine der wohl anstrengendsten, aber auch spannendsten Phasen in der Entwicklung eines Menschen.

Zu sehen, wie jemand sein Potenzial entfaltet, wenn er oder sie einmal das Richtige fürs Leben gefunden hat, gehörte zu den großartigsten Momenten dieser Recherche. Zu hören, welch wunderbare Musik Conrad aus Amsterdam nach nur drei Semestern an der Musikakademie komponiert; zu erleben, wie Katharina in Wien aufblüht, als sie nach zwei Jahren Jobben anfängt, Soziologie zu studieren. Zorahs erste Schritte bei ihrem Praktikum in der PR-Agentur zu erleben und mit Timon mitzufiebern, wie er als Ersti den Beginn des Jurastudiums bewältigt; oder für Sophia die Daumen zu drücken, dass sie alle Medizin-Prüfungen an der Semmelweis-Uni in Budapest besteht.

Dies ist die gute Nachricht für alle Eltern von Heranwachsenden, die in einer Phase der Orientierungslosigkeit stecken: Die Phase des Chillens, des Nicht-Wissens-was-kommt und des unmotivierten Stocherns in Berufswegen geht vorbei, sobald der Funke überspringt und sie etwas für sich gefunden haben, das passt. Und dann rasen die Schneeleoparden, die sich gerade noch versteckt hatten, in einem atemberaubenden Tempo ihrem Ziel entgegen.

Teil 1 // **Die große Orientierungslosigkeit**

Viel zu jung
Verkürzte Schulzeiten und ihre Folgen

Auf dem Papier sehen viele Ideen erst einmal brillant aus. So mag der Gedanke, die Schulzeit in Deutschland um ein Jahr zu verkürzen, weil die Wirtschaft nach jüngeren, dynamischen Absolventen verlangte, vielleicht theoretisch richtig gewesen sein. Doch was passierte, als aus 13 plötzlich 12 Schuljahre wurden, überraschte auch die, die das Turbo-Abitur erfunden hatten: gestresste Kinder, gestresste Eltern. Nach zwei sowohl für die Jugendlichen als auch für ihre Familien erschöpfenden Jahren Oberstufe strömen 18-jährige, manchmal 17-jährige Abiturienten ins Leben. Sie haben zwar 500 Follower auf Instagram und Snapchat, dafür aber keinen Schimmer, wie sie selbstständig ein Zimmer in der Universitätsstadt mieten, ein Konto eröffnen oder einen Studienkredit aufnehmen können. Ein Rekord bei »World of Warcraft« oder dauerhaftes Seriengucken bereitet nicht auf den Alltag vor. Theorie und Praxis, das zeigt sich hier ganz deutlich, klaffen meilenweit auseinander. Dafür kann diese Generation Papa bei seinen Marketingaktivitäten in Sachen Social Media tatkräftig unter die Arme greifen.

Nun ist jung nicht immer gleich jung. Der eine ist mit 18 Jahren so weit, auf eigenen Füßen zu stehen und sich selbst ein Auslandsstudium zu organisieren. Wer immer schon wusste, dass er Medizin studieren möchte, und die Schule mit einem Einser-Abi abschließt, hat auch kein Problem mit der Orientierung. Die 18-jährige Mona aus Berlin, die für ihr Leben gern backt und kunstvolle Torten herstellt, hat ebenfalls einen ganz klaren Plan vor Augen: Ausbildung zur Konditorin, Gesellenprüfung, Meisterschule, Ladeneröffnung.

Der Regelfall sieht heute jedoch ganz anders aus. Waren früher 18-Jährige schrittweise daran gereift, dass sie Verantwortung in der Familie übernehmen mussten, sind die meisten jungen Leute heute weitaus kindlicher als vor zwanzig Jahren. Sie wachsen behütet im Schatten ihrer Helikopter-Eltern auf. Während ihrer Kindheit räumen ihre Eltern, lebendigen Bulldozern gleich, alle Hürden und Unebenheiten aus dem Weg. »Eine Fünf in Mathe?«, schreit Mama hysterisch, als ihr Töchterchen Lilly, 15, die vermasselte Arbeit hinlegt. »Da gehe ich morgen in die Sprechstunde und beschwere mich. Das muss mindestens eine Vier-minus werden, sonst schalte ich den Anwalt ein.« Lilly nickt. Sie kennt das schon von Englisch, das mit der Beschwerde hat letztes Jahr schon super geklappt. Pauls Vater macht das auch so.

Lillys Mathe-Note, Hockeytraining, Geburtstagsparty, Friseurtermin, Geschenk für Oma, Nachhilfe in Englisch, Dankeskarte für die Konfirmation: Mama und Papa haben alles im Blick. Mama meist mehr als Papa. Auch wenn sie arbeitet, scheint sie einer Drohne gleich das Tun ihrer Tochter 24 Stunden am Tag zu überwachen. Sie kontrolliert alles, weiß alles, fragt alles; fährt überall mit hin. »Ich habe dir einen neuen Termin beim Kieferorthopäden gemacht, Schatz. Soll ich dich nach der Schule hinfahren?« Oder: »Oma hat Geburtstag, ich habe dir ein Geschenk für sie mitgebracht. Dieses Jahr schenkst du ihr eine Kinokarte.«

Ihre Eltern wissen immer, wo Lilly ist, können sie jederzeit am Handy erreichen oder per Ortungs-App all ihre Schritte nachvollziehen – selbst wenn Mama nicht versteht, wie das technisch funktioniert. Mama träumt von einer Software, mit der sie Lillys Smartphone aus der Ferne sperren kann, wenn die sie wegdrückt, was in letzter Zeit immer öfter vorkommt. Ihre amerikanische Freundin Wendy aus Orlando hat so etwas auf das Smartphone ihres Sohns gespielt. Seitdem geht der immer ran, wenn Mama-Drohne Wendy in seinem Display aufleuchtet.

Die Kinder werden beobachtet, überwacht und kontrolliert. Sie wissen nicht, wie es ist, ein paar Stunden unbehelligt von Erwachsenen ihr eigenes Leben zu leben. Unangenehme Telefonate müssen sie nicht selber führen, nicht selber mit anderen Menschen ihre Angelegenheiten verhandeln. Doch genau dieses Unbeobachtetsein, das Übernehmen von kleinen Häppchen an Verantwortung für das eigene Leben führt zur Reifung: die Busfahrkarte selber zu kaufen, die vergessene Winterjacke in der Musikschule abzuholen, sich selbstständig bei der Freundin zu entschuldigen, wenn man sie verletzt hat, ohne dass Mama die Mutter der Freundin anruft und alle Probleme abräumt. (»Das hat sie nicht so gemeint.«) Mama und Papa agieren als Bulldozer, die ein Problem abräumen, bevor es entsteht.

Neulich besorgten mein Mann und ich Putzzeug für unsere Tochter, die vor einem Monat ausgezogen ist. In ihrem Hausstand fehlten noch Wäscheständer, Eimer, Spülmaschinensalz & Co. Schon planten wir, wann wir es ihr am besten in die neue Wohnung bringen könnten. Dann zögerten wir: Wir hatten das Starter-Equipment besorgt und bezahlt. Wäre es da nicht zumutbar, dass sie es zu Hause abholt? Die Erledigungsreflexe sitzen tief. Die Rundum-sorglos-Software müssen wir erst schrittweise löschen.

Dinge selbst richtig zu entscheiden ist ein klassischer Übungsprozess. Aus kleinen Entscheidungen werden immer größere. Zuerst entscheidet ein Kind – sagen wir, es ist sieben oder acht – nach der Schule beim Bäcker, ob es mit einem Euro ein paar seiner Lieblingslakritzen oder beispielsweise ein Franzbrötchen kaufen möchte. Für diesen Vorgang braucht es ein bisschen Zeit. Also denkt es beim Bäcker konzentriert nach, zum Beispiel so:

Kind steht vor dem Tresen und schaut gebannt auf die Theke.
Verkäuferin: »Was möchtest du denn heute?«
Kind denkt nach. Verkäuferin wartet.
Kind: »Nehme ich die Lakritze, eine Zimtschnecke oder ein Franzbrötchen, hmm …«
Verkäuferin guckt das Kind aufmunternd an.
Kind: »Eine Zimtschnecke, bitte.«
Verkäuferin: »Danke schön. Und 20 Cent zurück.«
Ende des Gesprächs.

Heute meint man, diese Situation habe sich vor gefühlt hundert Jahren zugetragen. Denn inzwischen werden viele Grundschulkinder mit einem strategisch »günstig« vor der Schuleinfahrt geparkten Auto abgeholt und nach Hause chauffiert. Mama oder Papa gehen beim Bäcker sodann in Manndeckung. Das Drehbuch des Dialogs liest sich nun wie folgt:

Mama, *kurz bevor sie drankommen*: »Was möchtest du denn, Schatz?«
Kind *zögert. Es denkt, es sei noch nicht dran*: »Hmm.«
Mama: »Möchtest du eine Zimtschnecke, ein Franzbrötchen oder von den Lakritzen auf der Theke?«
Kind: »Franzbrötchen mag ich nicht.«
Mama: »Seit wann magst du keine Franzbrötchen? Letzte Woche hast du doch … Wir sind gleich dran. Schau mal, Schatz, die Frau zahlt jetzt gleich. Also, was möchtest du?«
Kind: »Ich meine *heute*. *Heute* mag ich kein Franzbrötchen.«
Mama guckt streng.
Kind *resigniert*: »Lieber eine Zimtschnecke.«
Mama *im Erklärmodus*: »Das ist doch toll. Die isst du gerne. Die hast du Montag doch auch genommen.«
Mama *bestellt eine Zimtschnecke, ein Vollkornbrot und fünf Kürbiskernbrötchen.*
Verkäufer: »Macht elf Euro achtzig, bitte.«

Mama *zahlt.*

Mama: »Möchtest du die Zimtschnecke auf die Hand oder ins Auto mitnehmen?«

Kind: »Hmm.«

Mama: »Die Zimtschnecke in eine kleine Tüte, bitte. Danke. Sag auf Wiedersehen.«

Kind: »Wiedersehen.«

Mama und Kind ab zum Auto. Mama drückt dem Kind aufmunternd und energisch die Papiertüte in die Hand: »Das ist deine, die kannst du *selber* tragen.«

Dies gibt eine erste Ahnung davon, warum 18-Jährige heute unreif sind. Variationen des Zimtschneckendialogs ziehen sich durch die gesamte Kindheit. Überall sind Erwachsene dabei. Die Kinder unternehmen, erleben und entscheiden fast nichts mehr selbstständig oder mit anderen Kindern. Ob man lieber Fußball spielen möchte oder Tennis, Gitarre oder Klavier, ob man sich mit Paul verabreden will oder mit Erik, immer sind Mama oder Papa involviert. Sie beraten, bequatschen, erklären, meinen und wollen.

Paul mögen sie lieber als Erik, weil sie Eriks Eltern, höflich formuliert, nicht so schätzen. Fußball findet Papa besser als Tennis, denn das hat er selber gern gespielt, sogar ziemlich erfolgreich als linker Verteidiger beim TuS Haste in Osnabrück. Bis er sich nach drei Verletzungen (wo gehobelt wird, da fallen Späne) das Sprunggelenk final ruiniert hat. Ihm stand gefühlt eine große Karriere bevor, von der er auch noch eine Zeit lang bei den alten Herren träumte. Bis es nicht mehr ging. Also muss jetzt sein Sohn ran Richtung Liga.

Das Kind möchte nicht in den Religionsunterricht, die Eltern finden Ethik aber ungünstig. Also doch katholische Religion. Das Kind möchte ab einem gewissen Alter nur noch Turnschuhe anziehen, doch Mama weiß es besser. »Nicht immer Sneaker, nimm doch mal die schicken Lederschuhe.« Das gab es früher auch. Da hatten wir alle ein Paar »gute Halbschuhe«. Die waren alle gleich hässlich.

Wie soll ein Kind, ein Jugendlicher, ein junger Erwachsener lernen, Entscheidungen zu treffen, wenn immer zwei, die es gut meinen und (selbstverständlich) besser wissen, mit am Tisch sitzen? Kinder lernen nun mal aus Erfahrungen, und es gehört dazu, auch einmal falsche Entscheidungen zu treffen und daraus zu lernen.

Jonas, 13, hat keine Lust, mit auf das Reiterwochenende seiner Schwester Lisa, 12, zu fahren. Es heißt, sie übernachten in einem ehemaligen Schloss in Mecklenburg-Vorpommern, das zu einer Jugendherberge ausgebaut wurde. Sechserzimmer mit Stockbetten, damit kann Jonas nichts anfangen. »Ich will lieber bei Oma bleiben.« – »Na gut«, sagt seine Mutter, die keine Lust auf Theater hat. »Wenn Oma damit einverstanden ist.« – »Ist sie, ich habe sie schon gefragt.« Jonas bleibt zu Hause.

Als seine Eltern mit Lisa von dem Wochenende wiederkommen, erzählen sie begeistert von dem riesigen Schloss, der coolen Gruppe, dem Lagerfeuer, an dem sie Würstchen gegrillt haben, und der Kutschfahrt, die Eltern und Geschwister unternahmen, die den mehrstündigen Ausritt auf einem Pony nicht mitmachen wollten. Lisas, Mamas und Papas Augen leuchten noch wochenlang. Da hatte er leider etwas verpasst. Verdammt. Fehlentscheidung. Beim nächsten Trip wird sich Jonas gut überlegen, ob er leichtfertig absagt.

Es ist wie beim Skifahren. Wenn die Kinder ganz klein sind, nimmt man sie im Lift und bei der Abfahrt zwischen die Beine und hält sie fest. Doch ab dem Alter von rund vier Jahren lässt man sie selber fahren, und siehe da, sie können es. Sie fallen ganz sicher hin, sogar oft. Aber je öfter sie den Abhang hinunterjagen, desto besser lernen sie es. Je öfter sie fallen, desto eher registriert ihr motorisches System, warum sie fallen, und schon nach ein paar Abfahrten fahren sie plötzlich vollkommen sicher. Was passiert, wenn man sie immer nur zwischen den

Beinen fahren lässt und festhält, kann sich wohl jeder lebhaft vorstellen: Die Kinder lernen es nicht, egal wie gut es Mama oder Papa meinen. Gut gemeint ist noch lange nicht gut gemacht. So oder ähnlich ist es auch im Leben.

In der Schule läuft es so, wie die Gymnasiallehrerin Lena Heiliger aus Bonn erzählt. Früher hätte ein Kind eine Fünf oder eine Sechs bekommen, wenn es eine Arbeit versemmelt hatte. Heute beschwerten sich die Eltern über schlechte Noten und drohten mit dem Anwalt. Im Zweifelsfall würde geklagt. Das sei keine Ausnahme, sondern komme öfter vor. Diese Kinder würden nicht mehr lernen, für die Konsequenzen ihres Tuns geradezustehen. Sie lernten, wenn sie nicht genug für die Klausur arbeiten, kümmern sich Papa oder Mama darum. Nicht sie seien verantwortlich, sondern der Lehrer. Der hätte es ihnen besser erklären müssen.

Und plötzlich, mit 18 Jahren, sollen die behüteten Kleinen dann erwachsen sein; ihre berufliche Zukunft gestalten, ausziehen, eine Wohnung suchen, mit ihrem Geld auskommen, Krisen mit dem neuen Freund durchstehen, Freunde in einer neuen Stadt finden, ein Bankkonto für das Online-Banking eröffnen und einen Job finden. Sie sollen mit dem Mitbewohner fertigwerden, der in der WG keine Miete zahlt, mit ihren Gefühlen klarkommen, wenn der neue Freund sie betrügt.

VOLLJÄHRIG, ABER NICHT VOLL IM FILM

Volljährig ist man über Nacht. Aber die Konsequenzen zu verstehen, dauert viel länger. Wie reif jemand wirklich ist, hängt von seiner Biografie ab. Es gilt, im Einzelfall zu schauen, welche Verantwortung ein Jugendlicher mit 18 Jahren übernehmen kann, welche Kompetenzen er oder sie erworben und wie sich die Persönlichkeit entwickelt hat.

Dies haben Rechtsexperten schon lange erkannt. Das Jugendstrafrecht, das für Jugendliche von 14 bis 17 Jahren gilt, können Jugendrichter auch über das siebzehnte Lebensjahr hinaus anwenden, nämlich auf »Heranwachsende«. So nennt das Recht 18- bis 20-Jährige. Zwar sind junge Menschen mit 18, 19 und 20 Jahren voll strafmündig. Der Richter entscheidet jedoch im Einzelfall, ob ein Heranwachsender in seiner geistigen und moralischen Entwicklung noch unreif ist. Zeichen von Unreife können dabei Leichtsinn, Nachahmungstrieb, planloses, impulsives, situationsbedingtes Handeln, Geltungsbedürfnis oder Unbekümmertheit sein. Typische Anzeichen von jugendlichem Handeln, die wir alle kennen.

Die Risikobereitschaft von Teenagern hat in der Evolution einen bestimmten Sinn, denn wer nicht risikobereit ist, wird seine angestammte, sichere Welt nicht verlassen, um das Unbekannte zu erkunden. Die hormonbedingte Unfähigkeit im Teenageralter, die Konsequenzen des eigenen Handelns abzusehen, hat System (siehe Teil II). Das Strafrecht fußt auf der Erkenntnis, dass nicht alle Heranwachsenden mit 18, 19 oder 20 Jahren voll schuldfähig sind.

Nicht nur im Strafrecht gibt es Überlegungen, eigene Regeln für Anfang 20-Jährige einzuführen. Im Frühjahr 2018 brandete eine Debatte über jugendliche Hartz-IV-Empfänger auf, die sich nicht pünktlich bei der Bundesagentur für Arbeit melden. Dies macht etwa die Hälfte aller Versäumnisse aus. Bei jeglichen Versäumnissen folgt in der Regel eine Kürzung der Bezüge bis hin zur Streichung des Wohngelds. So sollten nach Ansicht von Andrea Nahles, SPD, die Strafen erst ab dem 25. Lebensjahr gelten. Sie will damit verhindern, dass junge Leute aus ihrer Wohnung fliegen, weil sie einen Termin verbummelt haben. In dem Fall seien sie noch schwerer in den Jobmarkt zu vermitteln.

Auch Wissenschaftler sind sich inzwischen einig: Erst mit circa Mitte zwanzig reifen bestimmte Hirnregionen, die für Handlungsplanung und strategisches Denken zuständig sind. Reifung braucht eben Zeit. Zeit für die Nervenzellen im Gehirn, um sich neu zu vernetzen und zu wachsen; Zeit für die Persönlichkeit, um sich zu entwickeln; Zeit für die Jugendlichen, Erfahrungen zu sammeln – Zeit mit Erwachsenen, aber vor allem ohne sie.

UNERWACHSENE ERWACHSENE

Eine wichtige Veränderung in der Gesellschaft, die sich massiv auf das Verständnis der heute 18-Jährigen auswirkt, ist die Beziehung der Eltern zu ihren Kindern. Aus einem autoritären Verhältnis ist ein großenteils freundschaftliches geworden. Mama shoppt die gleichen UGGS wie ihre Tochter, der 20-jährige Sohn geht mit Papa am Wochenende zum Konzert. Der macht seit neuestem auf Daddy Cool mit Hoodie und hängenden Teenie-Hosen, begrüßt seinen Spross mit einem lässigen »Was geht?« und benimmt sich wie der beste Kumpel seines Sohns. Gefühlt ist er damit im Multimillionen-Kapuzenpulli-Business tätig, dabei hat er gerade mal sein Reihenhaus zur Hälfte abbezahlt. Unerwachsene Erwachsene sind jedoch kein Vorbild.

Was früher undenkbar war, ist heute selbstverständlich. Der Freund der Tochter, die Freundin des Sohns darf über Nacht bleiben. Um seine Beziehung zu leben, muss kaum ein Jugendlicher mehr in eine eigene Wohnung ziehen.

Gleichzeitig haben sich die Schritte ins Erwachsenenleben aufgeweicht und teilweise bis in das vierte Lebensjahrzehnt verschoben. Biografien folgen nicht mehr dem Schema F: Ausziehen, Ausbildung oder Studium, Beruf, Heirat, Kinder, Hauskauf. Das streben viele nicht mehr an, und wenn, dann erst irgendwann. Später. 40 Prozent aller Akademikerinnen sind kinderlos. Die anderen 60 Prozent sind aufgrund ihrer Doppelbelastung viele Jahre ziemlich erschöpft. Diesen stressigen Alltag lehnen die jungen Menschen heute ab. Sie fordern eine Work-Life-Balance ein, die es ihnen ermöglicht, Zeit für eine Familie und sich selbst zu haben. Insofern haben Heranwachsende recht damit, es langsam angehen zu lassen. Dass sie so früh mit der Schule fertig und ins Leben gespült werden, läuft konträr zur sonstigen Entwicklung in der Gesellschaft.

Bis zum Jahr 2011 mussten sich zumindest die Jungen keine Gedanken um ihre unmittelbare Zukunft nach dem Schulabschluss machen. Nur eine Entscheidung stand an: Bund oder Zivildienst. Unvergessen die Zeit, als mein jüngerer Bruder zum Bund ging. Er wunderte sich über das frühe Aufstehen, den Drill, darüber, dass die T-Shirts im Spind alle auf Kante liegen mussten. Wir Schwestern staunten, dass ausgerechnet er, der zu Hause beim Bügeln nicht mithelfen musste, da in sein Ressort die Gartenarbeit fiel, nun Wäsche falten lernte. Er kämpfte mit der Einsamkeit an Wochenenden, wenn er im Bayerischen auf einem Lehrgang war. Er musste damit zurechtkommen, dass er mit den wenigsten Männern etwas anfangen konnte, weil ihr einziges Hobby darin zu bestehen schien, sich erst ordentlich volllaufen zu lassen und dann alles wieder auszukotzen. Dazu gelallte Trinksprüche. Er litt unter Schlafentzug, wenn mal wieder eine Nacht bei einer Übung im Kalten durchgefroren werden sollte. Ich beneidete ihn nicht, denn es war eine harte Zeit. Dennoch brachte sie genau das, was heute vielen 18-Jährigen fehlt: Selbstständigkeit, Lebenserfahrung und Reife.

Ein Freund verweigerte den Wehrdienst und leistete Zivildienst in einer Jugendherberge. Er schmiss die Rezeption, kümmerte sich um die Schülergruppen, teilte Partyräume ein, putzte Toiletten und kochte literweise faden Hagebuttentee. Keine kalten Nächte, keine auf Kante gelegten T-Shirts. Keine kotzenden Kameraden. Sowohl mein Bruder als auch der Freund hatten Zeit, verschiedene Erfahrungen aus einer völlig neuen Perspektive zu sammeln. Richtig viel Zeit, zu überlegen und mit Gleichaltrigen auszuloten, was sie später einmal machen wollten.

Mit Wirkung zum 1. Januar 2011 schaffte der damalige Verteidigungsminister Karl-Theodor zu Guttenberg den Wehrdienst und damit auch den verpflichtenden Zivildienst ab. Das war's dann mit den netten Zivis im Krankenhaus und im Seniorenheim. Weder vom Minister noch von anderen Politikern gab es ein alternatives Konzept, was die jungen Männer stattdessen machen könnten. Verpflichtender Wehr- und Zivildienst waren Geschichte.

Ersetzt wurde der Zivildienst durch den Bundesfreiwilligendienst, früher das »soziale Jahr« genannt – ein freiwilliges Jahr, in dem Mädchen wie Jungen im sozialen, kulturellen, wissenschaftlichen oder ökologischen Bereich Erfahrungen sammeln können. Doch das Jahr ist Kür, nicht Pflicht. Manch eine Familie wünscht sich nun, ihr Sohn würde ein paar Monate Betten im Krankenhaus sterilisieren, statt zu Hause rumzuhängen.

Die frühen Schulabschlüsse bringen aber noch eine andere Besonderheit mit sich. Die Universitäten haben nun mit Minderjährigen zu tun, die sich immatrikulieren. An bestimmten Unis werden diese auch bevorzugt genommen, zum Beispiel in Berlin. Deswegen bieten die Unis nun Einführungsveranstaltungen für Eltern an, die ja rechtlich noch verantwortlich für ihre minderjährigen Kinder sind. Indirekt geht damit die Beschattung von Mama und Papa weiter. Statt »Wir machen ein Referat«, heißt es nun: »Wir gehen zur Ersti-Veranstaltung.« Fehlt nur noch, dass sie beim »Beer Pong« mitmischen, einem Trinkspiel, mit dem die Erstis in ihrer ersten Woche feuchtfröhlich ins Uni-Leben eingeführt werden. Mama fühlt sich wieder jung und kramt die Fotos von ihren Studienjahren in Heidelberg raus. Sechs Jahre hat sie studiert, zwei davon im Ausland. 25 Jahre alt war sie beim Abschluss ihres Diploms. Café Sieben mit den Mitstudenten, Sommerball in der Stadthalle, vorher Umtrunk mit zwanzig Mann in ihrer winzigen Wohn- und Duschküche – ein eigenes Bad gab es nicht. Unbeschwertheit. Freiheit. Leichtigkeit. Von ihren Eltern war weit und breit keine Spur.

Das Chaos der Gefühle
Verunsicherung lähmt das Denken

Georg ist 17, als er das Abitur macht. Sein älterer Bruder Paul wartet gerade auf einen Studienplatz für Medizin. Dank Pauls sensationellem Abi-Schnitt von 1,3 ist er kurz davor, mit seinem Traumstudium durchzustarten. Sein Programm zur Überbrückung der Wartezeit besteht aus der üblichen Mixtur: Vorbereitung auf den Medizinertest, Regale einräumen beim Supermarkt, anschließend ein paar Monate Australien. Die Zeit bis zum Studienbeginn fliegt für Paul nur so dahin. Was immer er auch anpackt mit seiner ungebremsten Paul-Power, gelingt ihm. Er ist sich ganz sicher, Medizin muss es sein. Ob in Deutschland, Riga, Breslau oder Innsbruck, irgendwo wird er schon einen Platz bekommen.

Der größte Unterschied zwischen Georg und Paul ist: Paul weiß genau, was er will, Georg hat keine Ahnung. Paul hat stets einen Plan B, sollte seine erste Option nicht klappen. Georg hat nicht mal einen Plan A. Nicht eine einzige Mikro-Idee entsteht in seinem Kopf, wenn er über die Zukunft nachdenkt. Auch er hat ein gutes Abi. Dennoch denkt er nur: Was soll aus mir werden? Ich verfüge über keinerlei Paul-Power … Vielleicht auf Lehramt studieren oder Sozialpädagogik? Was kann ich gut? Soll ich lieber mit den Händen arbeiten oder einen Bürojob anstreben, wo man acht Stunden im gebügelten Hemd von Meeting zu Meeting eilt? Alles, was seine Gehirnzellen produzieren, ist ein Gefühl von Watte.

Zunächst schieben es die Eltern auf den Stress der Abi-Prüfungen. »Jedes Kind reagiert anders«, erklären sie den besorgten Freunden. Mama ist im Rechtfertigungsmodus angekommen. »Paul weiß halt schon immer, dass er Medizin studieren will. Das Abi hat er mit links gemacht. Ihn hat das nicht so mitgenommen.« Georg schon. Zumindest »wahrscheinlich«, »irgendwie«. Davon müsse er sich jetzt erst einmal erholen. Ein bisschen ausschlafen; ziemlich viel feiern. In Wahrheit haben Mama und Papa keine Ahnung, was mit Georg los ist, und flüchten sich in Optimismus: Es lässt sich doch alles gut an, ein perfekter Notenschnitt von 2,5. Dem Jungen steht die Welt offen. Der Abiball ist spektakulär. Elegant in bodenlangen Abendkleidern oder schwarzen Anzügen mit Fliege schreiten alle Abiturientinnen und Abiturienten in den Saal. Über Nacht, so scheint es, sind aus Kindern Erwachsene geworden. An weiß gedeckten Tischen sitzen Eltern, Großeltern, Tanten und Onkel, alle mächtig stolz auf den Nachwuchs. Es wird getanzt, gefeiert und getrunken. Doch nach dem Abiball passiert lange nichts.

Der Psychoanalytiker Stefan Hennen aus Köln erklärt die Verunsicherung der Jugendlichen nach dem Abitur damit, dass viele keine Festigkeit in sich haben. »Wenn sie sich für eine Sache interessieren, ist es frustrierend, wenn die dann nicht klappt, wenn das Erreichen des Ziels schwierig wird. Denn so sicher sind sie sich gar nicht, dass die Entscheidung auch die richtige ist. Sie stecken immer noch in einer Suchbewegung«, so Hennen.

Nach ein paar Wochen entschließt sich Georg wie Paul, im Supermarkt zu jobben. Dreimal die Woche räumt Georg nun Regale ein, überprüft Warenlisten, notiert im System, was fehlt. Bald weiß er mit geschlossenen Augen, wo die Waschmittel stehen, wo Kaffee und wo Allzweckreiniger einzusortieren sind. Man könnte meinen, es wäre ein eher monotoner Job, aber Georg liebt ihn. Er schätzt seine klar definierten Pflichten, erntet Respekt von seinen Kollegen, verdient Mindestlohn und fühlt sich großartig. So großartig, dass er nichts ändern will.

Zwei Tage die Woche absolviert er nun »zum Reinschnuppern und für den Lebenslauf« ein Praktikum bei einer namhaf-
ten Modeagentur – arrangiert von seiner Mutter, die selbst in
der Branche arbeitet. Doch die Abläufe in der Agentur erzeugen bei Georg nicht die geringste neuronale Aktivität. Das Einzige, worin nach ein paar Tagen Klarheit herrscht, ist: Auf keinen Fall was mit Mode!

Wochen später ist für die Eltern immer noch kein Fortschritt
in Sachen Zukunftsplanung bei Georg feststellbar. Der Vater
wird allmählich wütend. Er selbst führt seit vierzig Jahren das
Sanitärfachgeschäft seiner Eltern. Ein 60-Stunden-Job, Samstag inklusive. Er fragt ironisch, was Georg denn nachmittags
so mache, wenn er um vier Uhr vom Supermarkt nach Hause
kommt. »Warum schreibst du keine Bewerbungen? Warum
unternimmst du keine konkreten Schritte, um einen Berufsweg
einzuschlagen?« Papa will endlich Fakten. Das zementiert
Georgs Haltung. Ein Machtkampf hat begonnen.

Zum Chaos der Gefühle, was er denn nun machen möchte,
den Zweifeln, dem Hin-und-her-Gerissensein und der Verwirrung, den Schuldgefühlen, weil er nichts Wichtiges leistet,
kommt nun auch noch Papas Ärger. Die Fragen des Vaters nach
seiner Zukunft wertet er als Angriff. Statt sich mit seinen eigenen Gedanken und Gefühlen zu beschäftigen, befindet er sich
nur noch im Abwehrgefecht. Ein Teufelskreis. Aber Papa hat –
gelinde gesagt – noch nie besonders pädagogisch wertvoll
reagiert. Jetzt wird Georg es ihm zeigen. Also bleibt er beharr-
lich bei seiner Position, der Supermarkt sei vorerst das Beste,
was er sich vorstellen könne. »Ich mache das gern«, hören die
Eltern seit Wochen.

Den Vater treibt er damit zum Wahnsinn. Eins zu null für
Georg. Papa stichelt gern, wie hirnlos der Job sei. Jegliche
finanziellen Zuwendungen sind als Zeichen seiner ultimativen
Missbilligung mittlerweile gestrichen. Während der Vater dies
als Kriegserklärung gedacht hat, freut sich Georg über seine

finanzielle Unabhängigkeit. Was beide Eltern nicht durchblicken: Georg erfährt im Supermarkt Wertschätzung. Hier, zwischen Tiefkühlpizza und Brokkoli, baut er Woche für Woche etwas auf, woran es ihm seit Jahren mangelt: Selbstvertrauen. Ein Gut, das für jeglichen Erfolg im Leben wichtiger ist als ein Prädikatsexamen in Jura oder ein *summa cum laude* für die Promotion in Kernphysik.

Georgs Vater misst seinen Sohn ständig an den Erfolgen des Überfliegers Paul und letztendlich auch an seinen eigenen. Georg erntet kaum Lob. Was er macht, ist gerade mal »okay«, nie gut, nie überragend. Gemessen an seinem Bruder Paul fühlt sich Georg als Schwächling. Zu seiner augenblicklichen Verwirrung gesellen sich nun Trauer und Enttäuschung darüber, dass sein Vater ihn ununterbrochen kritisiert. Nur die Mutter sieht, was er kann, was für großartige Fähigkeiten er hat, seine soziale Ader, sein Einfühlungsvermögen und seine Musikalität.

Während andere ihr Ego in den sozialen Netzwerken aufpolierten, erntete Georg nie viele »Likes« für seine Beiträge auf Instagram. Nur fünf Likes für ein Foto aus seinem letzten Urlaub an der Ostsee. Dies kommt einem sozialen Pranger gleich. Weniger hatte nicht einmal Leonie, das Mädchen aus der letzten Reihe. Georgs Noten in der Schule lagen stets im Mittelfeld, nichts, was seinem Selbstvertrauen den entscheidenden Boost gegeben hätte. Weder wirkte er besonderes cool, noch gehörte er zu den beliebten Jungs seiner Jahrgangsstufe. Er hatte keinen Zugang zu Spotify, kein Sky für die Champions League und auch kein Abo einer trendigen E-Zeitschrift für Motorsport, womit er hätte auftrumpfen können.

Zwar konnte sein Freund John das britische Medium auf seinem Laptop nicht lesen, sodass seine Mutter bei der Servicehotline auf den Samoa-Inseln anrufen musste, um es abzubestellen und ihr Geld zurückzubekommen. Aber John konnte von dieser Prozedur jeden Tag in der Schule erzählen. Alle hingen an seinen Lippen. Georg hingegen war total normal – was in Zeiten von Snapchat so viel bedeutet wie unsichtbar. Wer in der Aufmerksamkeitsgesellschaft normal ist, wer nie cool rüberkommt, findet nicht statt. Er kann froh sein, dass er nicht *gehated* wird, Hasskommentare erntet. Dazu kommt seine angeborene Schüchternheit, die ihn bis heute daran hindert, schnell mittendrin zu sein. Er hält Distanz zu Fremden, am liebsten ist er für sich.

Georg erlebt ein Chaos der Gefühle. Wie soll er, der introvertierte, je in der lauten, schnellen Selfie-Welt mithalten? Wie Selbstwert aufbauen jenseits der Supermarktregale? Dort ist er anerkannt, der Chef lobt ihn, baut auf ihn, er ist stolz, dort seinen Job zu machen. Doch im Supermarkt kann er schließlich nicht für immer bleiben. Georg fühlt sich schlecht.

NEGATIVE GEDANKEN-SOFTWARE

Laut der Psychologin und Bestsellerautorin Stefanie Stahl aus Trier ist Selbstwert die Grundlage für so ziemlich alles im Leben. Hängen wir an alten Glaubenssätzen, also tief verankerten Programmen, die wir aus unserer Kindheit mitschleppen, wie »Ich bin nicht wichtig«, »Ich bin nichts wert«, »Ich muss etwas leisten, um geliebt zu werden«, »Ich bin unterlegen«, ziehen wir diese negativen Programme in all unsere Lebensfelder und Beziehungen. Ob im Job, in der Partnerschaft oder bei unserem Umgang mit Freunden, stets blockieren uns die inneren Überzeugungen. Wir glauben fest daran, dass sie zutreffen. Glaubenssätze stellt man in der Regel nicht infrage.

In ihrem Bestseller *Das Kind in dir muss Heimat finden* erklärt die Psychologin, wie wichtig es ist, seinen Selbstwert zu entdecken und mit alten Grundüberzeugungen aufzuräumen. Stahl erklärt, dass wir ein sogenanntes Schattenkind und ein Sonnenkind in uns tragen. Ersteres steht metaphorisch für die im Unterbewusstsein abgespeicherten negativen Prägungen; Letzteres für die positiven Prägungen wie »Ich werde geliebt«,

»Ich bin okay«, »Jemand kümmert sich um mich«, »Ich bin wichtig«. Um alte Glaubenssätze abzulegen, wie in Georgs Fall – »Ich bin nicht gut genug« –, sollten wir die negativen Überzeugungen in uns erkennen. Es geht darum, uns bewusst zu machen, dass die negativen Glaubenssätze nichts mit uns zu tun haben, sondern dass sie zum Beispiel aus einer Überforderungssituation der Eltern entstanden sind.

Dieser Reflexionsprozess kann alte »Gedankensoftware« löschen. Gleichzeitig können wir laut Stahl an den positiven Prägungen, die wir mitbekommen haben, arbeiten. Wir können uns zum Beispiel vergegenwärtigen, dass unser Vater mit uns gespielt hat; dass unsere Oma viel Zeit mit uns verbracht hat. Wir können laut Stahl trainieren, Glaubenssätze wie »Ich bin wertvoll«, »Ich genüge«, »Ich bin okay« zu verinnerlichen. Wichtig ist, dass diese positiven Überzeugungen tief in unserem Bewusstsein und Unterbewusstsein verankert werden. Gelingt uns das, können wir aus dem alten Ich-Film voller Minderwertigkeitsgefühle, aus den Situationen, die wir uns nicht zugetraut haben, aussteigen und die alten Abwehrstrategien fallen lassen.

Gelingt es Georg aus dem Beispiel, seinen Selbstwert durch seinen Job aufzubauen, kann er den nächsten Schritt vollziehen. Er kann dann mit einem gestärkten Selbstbewusstsein Ziele setzen, kann sich etwas zutrauen. Erst dann käme die Frage: Welchen Beruf möchte ich anstreben? Wie erreiche ich dieses Ziel – durch eine Ausbildung, ein Studium, oder brauche ich erst ein Praktikum in dem Bereich? In welcher Stadt bieten sich mir die Möglichkeiten, mein Ziel umzusetzen?

»Jugendliche brauchen das passende Umfeld, eine äußere Struktur«, weiß Analytiker Stefan Hennen. »Ein Job gibt einem eine feste Struktur, vor allem aber verdient man sein eigenes Geld. In unserer Gesellschaft hat es nun einmal einen sehr hohen Wert, wenn man finanziell auf eigenen Füßen steht. Das steigert den Selbstwert.«

Bevor er den Job antrat, betrieb Georg etwas, das viele Gleichaltrige tun – sie leiden an Aufschieberitis (Prokrastination). Eine Aufgabe immer wieder zu vertagen, sie vor sich herzuschieben bis zur Lähmung, ist eine Quelle für schlechte Gefühle. Schuld, Wut auf sich selbst, weil man das Ziel nicht erreicht hat, eine Entscheidung zu treffen oder eine Bewerbungsmappe fertigzustellen. Die negativen Emotionen können aus mehreren Komponenten bestehen. Sie alle blockieren die Gedanken und hindern einen jungen Menschen daran, Entscheidungen zu treffen, Ziele zu setzen oder sie umzusetzen.

Aufschieberitis hat in der Regel innere Ursachen. Es hilft jedoch, ohne dass man genau weiß, woran es liegt, einen einzigen winzigen Schritt zu tun. Deswegen ist es hilfreich, die Aufgabe in verschiedene Einzelteile zu zerlegen. Im Falle einer Bewerbungsmappe wären es beispielsweise das Foto, das Anschreiben, der Lebenslauf, die Adressen derjenigen, an die man sie schicken möchte. Das Studentenwerk Berlin bietet sogar Kurse gegen Aufschieberitis für Studenten an. »Sehr viele Studenten sind davon betroffen, dass sie ihr Lernen für die Klausur, ihre Hausarbeit immer wieder vor sich herschieben«, weiß Birgit Rominger, Psychologin beim Studierendenwerk Berlin.

Auf einer internationalen Prokrastinationskonferenz in Chicago definierte Josef Ferrari, Professor für Psychologie an der DePaul-Universität, Aufschieberitis als »ein häufiges Verzögern des Beginnens oder des Beendens einer Aufgabe bis hin zu dem Punkt, dass sich jemand subjektiv schlecht fühlt, Angst empfindet oder Bedauern«. 20 Prozent aller Menschen schieben Aufgaben vor sich her. Das bedeutet, dass jeder Fünfte sich schlecht fühlt, weil er die Dinge, die er sich vorgenommen hat, nicht erledigt. Dies kann in verschiedenen Bereichen des Lebens der Fall sein – bei der Arbeit (dazu zählen auch Schule und Studium), bei finanziellen Belangen oder bei sozialen Verpflichtungen.

»Wenn man fast jeden Tag etwas verschiebt, jedoch mindestens die Hälfte aller Aufgaben«, sei man per Definition von Prokrastination betroffen, sagt Julia Elen Haferkamp, Psychologin an der Universität Münster, laut einem Artikel der *New York Times* auf der Konferenz. »Wenn wirklich Prokrastination vorliegt, dann ist es mehr wie eine psychische Krankheit«, sagt ihr Kollege Stephan Förster, Psychologe an der Uni Münster. Er und andere, die Menschen mit Aufschieberitis behandeln, wissen von zerbrochenen Ehen, verlorenen Jobs, geplatzten Träumen, finanziellen Problemen und Selbstwertproblemen zu berichten.

Das bedeutet, dass mangelnder Selbstwert wie bei Georg dazu führt, dass man verunsichert ist und sich keine Entscheidung für die Zukunft zutraut. Man schiebt die Entscheidung immer wieder auf. Diese Aufschieberitis verstärkt dann wieder den mangelnden Selbstwert. Aus diesem Dilemma kommt man mitunter nicht mehr alleine heraus.

HANG ZUM ÜBERSCHÄTZEN

Nicht alle Teenager leiden wie Georg an einem Mangel an Selbstbewusstsein oder Verwirrung. Es gibt auch das genaue Gegenteil. Die Psychologin Jean Twenge von der Universität San Diego hat herausgefunden, dass einige Teenager heutzutage dazu neigen, sich zu überschätzen. Sie sind ständig in sozialen Medien unterwegs, wobei sie sich aufs Beste präsentieren. Mal ein Foto aus dem glamourösen IT-Restaurant, mal eines aus dem letzten Urlaub am Pool, immer gut gestylt – und gephotoshopped. Berichtet wird nur, was »richtig nice« war, nicht, was schieflief. Beim Blättern durch ihre Bildergalerie glauben die Jugendlichen nach und nach selbst an ihre Großartigkeit und meinen, einfach alles zu meistern. Nach dem Motto: Ich sehe großartig aus, also muss ich großartig sein.

Verlassen sie die Schule und orientieren sich im »realen«

Leben, so Twenge, realisieren sie, dass es zwischen ihrer eigenen Einschätzung und dem, was sie dort draußen erwartet, eine große Diskrepanz gibt. Nun ist es vorbei mit dem überbordenden Selbstbewusstsein. Plötzlich haben sie Angst, aufzufliegen, Angst, dass jemand ihren Mangel an Wissen und Substanz bemerkt. Sie sollen zum Beispiel ein Praktikum beim Fernsehen machen, haben aber monatelang keine Nachrichten verfolgt. Sie sollen sich mit dem Bekannten ihres Vaters treffen, der in einem großen Autokonzern arbeitet, und sich zum Thema Wirtschaftsstudium austauschen, haben aber keinen Schimmer davon. Deswegen gehen sie gar nicht erst zum vereinbarten Treffen. Ihre Unsicherheit wird immer größer, je länger ihr Abschluss hinter ihnen liegt. Gleichzeitig mimen sie vor ihren Freunden und zu Hause den lässigen Typen, dem alles egal ist. »Passt schon«, bekommen alle zu hören. Dabei passt eigentlich gar nichts. Sie werden vom Chaos der Gefühle geschüttelt. Ein Grund für die Verunsicherung ist auch, dass sie bei der Berufswahl keine Fehler machen wollen. Sie wollen die perfekte Passung.

Machten in den Achtzigerjahren rund 16 bis 18 Prozent eines Jahrgangs Abitur, sind es heute nach einer Studie der Bertelsmann Stiftung etwa 40 Prozent. Noch eklatanter erscheint die Zahl der Abiturienten, die aus einer Familie stammen, in der mindestens ein Elternteil Akademiker ist. Hier machen 79 Prozent Abitur. Ist kein Elternteil Akademiker, sind es nur 26 Prozent. Das bedeutet, der Weg in die Hochschule steht mehr jungen Menschen offen als jemals zuvor. Hätte früher ein guter Teil dieser Jugendlichen eine Mittlere Reife absolviert, wäre der Berufsweg durch eine Lehre vorgezeichnet. Es ginge nur noch darum, welche Ausbildung.

Nun fragen sich viele Absolventen mit Abitur, ob sie nicht studieren *müssen*, auch wenn sie eher praktisch veranlagt sind. Bildungsforscher wie Rainer Bölling haben diesen »Akademisierungswahn« und seine Folgen bereits kritisch hinterfragt (siehe Teil 3, »Auf dem Prüfstand. Der ehrliche Check elterlicher Erwartungen«).

Das Chaos der Gefühle kann aber schon vor dieser Orientierungsphase ausbrechen, nämlich zur Zeit des Abiturs – wenn ein Schüler in einem Fach durchfällt, zum Beispiel. So wie Lotte. Mathe war nie ihre Stärke, doch irgendwie hatte sie die Hürde bislang immer geschafft. Bis auf eine Klausur in München. Lotte berichtet: »Ich war total verzweifelt. Es traf mich wie ein Schock, dass ich nicht bestanden hatte. Aus lauter Frust habe ich beschlossen, dass ich überhaupt keinen Bock mehr habe auf das ganze Abi und es einfach lasse. Dieser Zustand dauerte mehrere Tage an. Ich hatte eine riesige Angst, dass, wenn ich die Nachprüfung schreibe, ich noch einmal scheitere. Diese Angst hat mich gelähmt, vollkommen blockiert und in eine Antihaltung katapultiert. Aus dieser Nummer bin ich auch gegenüber meinen Eltern nicht mehr herausgekommen. Aber dann bin ich doch angetreten und habe die Nachprüfung auch geschafft. Ich war vor allem auf mich selbst wütend, da Mathe einfach meine Schwäche war.«

Wut, Angst, Verzweiflung. Dieser toxische Mix lähmt Lotte auch nach dem Abitur. Sie erklärt ihren Eltern, dass sie erst einmal ein Jahr nichts machen wolle. Keine Entscheidung über ihre Zukunft, keine neuen Hürden, keine Bewerbung, die abgelehnt werden könnte, da ihr Schnitt von 2,7 sie für viele Studiengänge nicht qualifiziert. Einfach nur der klassische Dreikampf aus Feiern, Freundetreffen, Rumhängen. Lottes Eltern akzeptierten dies die ersten Monate nach dem Abitur. Schließlich waren auch sie schockiert und nervlich angegriffen. Nicht nur die Kinder rasen durch die Gefühlsachterbahn, manchen Eltern scheint die Abizeit mehr zu schaffen zu machen als ihren Kindern. Denn natürlich haben sie Erwartungen an ihren Nachwuchs, Vorstellungen davon, was ihre Kinder in Zukunft machen sollen. Selbst wenn sie sie nicht aussprechen, stehen sie doch im Raum. So haben viele Kinder auch Angst vor den

Erwartungen der Eltern. Sie wollen ihnen gern entsprechen, manche schaffen es aber nicht, da die Hürde einfach zu hoch ist.

DIE PASSENDE WAHL

Die Blockade löst sich, wenn die Heranwachsenden etwas Passendes gefunden haben. Von einem Moment auf den anderen haben die Eltern das Gefühl, dass das Auto, in dem ein 50-PS-Motor vor sich hin stotterte, auf 200 PS umgerüstet wurde. Es wird schnell klar, ob etwas richtig passt, denn damit schwindet die Verunsicherung, der mangelnde Selbstwert, alles passiert plötzlich mit Dynamik. Für den einen ist es der Werkstudenten-vertrag, wie bei Anton aus Berlin. Anton ist nicht gern alleine, ohne Zugang zu einer Gruppe, zu täglicher Kommunikation mit bekannten Menschen. Nimmt man ihm den Austausch und setzt ihn allein in eine Unibibliothek, ist er unzufrieden. Egal, wovon die Skripte handeln, mit denen er sich beschäftigt. Nun studiert er eher nebenbei, arbeitet 20 Stunden in einem Start-up. Es ist wie bei einem Pinguin, der im Wasser pfeilschnell schwimmt, an Land aber nur langsam watschelnd vorankommt. Jeder muss herausfinden, in welcher Umgebung er seine Fähigkeiten am besten entfalten kann. Dann endet das Chaos der Gefühle, Sicherheit und Selbstwert sorgen für die innere Balance.

Der Coolnessfaktor
Die perfekte Lebensplanung als Falle

Kommunikationswissenschaft wäre cool. Theater-, Film- und Literaturwissenschaft klingt auch lässig. Oder sollte sie es einmal mit Architektur probieren wie ihre Freundin Tina? Vielleicht wird ja auch etwas aus dem Vorstellungsgespräch an der Hochschule für Internationales Projektmanagement in Frankfurt. Die 20-jährige Lena aus Frankfurt ist verwirrt. Es ist der Rekordsommer 2018. Lähmende Hitze, 37 Grad, sterbende Fische in Flüssen und Seen, Waldbrände. Auch in Lenas Kopf scheint eine dauerhafte Lähmung sowie ein unaufhörliches Absterben der Gehirnzellen eingesetzt zu haben. So zumindest empfindet sie es. Seit drei Jahren probiert sie mit ihrem Leben herum. Wahnsinn, dass das Abi schon so lange zurückliegt. Seitdem will ihr nichts so recht gelingen. Während die Temperaturen von einem Rekord zum nächsten jagen, kassiert sie bloß Absagen bei ihren Bewerbungen.

Nun hat sie noch zwei Monate Zeit bis Oktober, um sich für einen Studiengang zu entscheiden. Ihre Mutter macht Druck. Sie will, dass ihre Tochter endlich etwas anfängt, damit zumindest das Kindergeld weiter fließt. Egal, was. Doch Lena kann sich für nichts erwärmen, denn ihr perfekter Lebensplan steht schon lange fest: Sie will eigentlich nur eins – Schauspielerin sein.

Seit ihrem fünften Lebensjahr steht Lena vor der Kamera. Durch Zufall wurde sie als Talent entdeckt. Mit zehn Jahren ergatterte sie ihre erste Hauptrolle in einem großen Kinderfilm – ihr Traum wurde wahr. Seitdem galt sie als Star. Als Kinderschauspielerin wurde sie von einer Agentur vertreten. Ihr Alltag bestand aus ein paar Drehtagen pro Jahr, Gagen und hin und wieder einer Rolle an der Seite berühmter deutscher Schauspieler. Schwärmten ihre Klassenkameradinnen für den gerade angesagten Star und likten seine Fotos auf Instagram, konnte Lena ihn beim nächsten Dreh treffen. »Wie krass ist das denn?«, riefen ihre Freundinnen und baten um Autogramme. Das Mädchen arbeitete mit Regisseuren und Filmteams, sie bewegte sich vor und hinter der Kamera wie ein Profi. Mama organisierte alles leise im Hintergrund.

DER BERUFSWEG ZUR SCHAUSPIELERIN – EIN KINDERSPIEL?

Ihre Agentur vermittelte Lena während ihrer gesamten Schullaufbahn Rollen. »Nur während der Abiturzeit habe ich pausiert, um mich auf die Klausuren zu konzentrieren«, erzählt sie meiner Interviewerin Katharina. Danach, so ihr Plan, wollte sie als Schauspielerin in großen Filmproduktionen voll durchstarten. »Ich hatte die perfekte Lebensplanung im Kopf«, sagt die junge Frau. Anders als die allermeisten Jugendlichen ihrer Generation weiß sie genau, was sie will.

Doch nach dem Abitur kam alles anders. Die Angebote ließen auf sich warten, die Rollen wurden immer kleiner. Dies störte sie zunächst nicht, denn nach der Prüfungsphase genoss sie erst einmal ihre Freiheit, das Nichtstun und Partys mit Freunden – wie Tausende andere Abiturienten auch. Ihre ehemaligen Mitschüler, selbst total planlos, bombardierten sie mit Fragen. »Gehst du jetzt auf eine Schauspielschule, Lena?«, wollten sie wissen. Während sie alle noch im Nebel stocherten, arbeitete Lena ja schon seit Jahren in ihrem Beruf. Jetzt ging es nur noch darum, es zu professionalisieren. Ein Kinderspiel.

Lena war überzeugt von sich. »Warum eine Schauspielschule besuchen, wenn ich schon Schauspielerin bin?«, entgegnete sie ihren Freundinnen selbstsicher. Schließlich verplempere niemand Zeit und Geld in einen Skikurs, wenn er bereits Ski fahren kann. Oder? Aber was tun mit der freien Zeit, den endlosen Tagen und Monaten, wenn die Rollenangebote ausbleiben und die Struktur durch die Schule fehlt? »Eigentlich wollte ich auf keine Schauspielakademie, denn entweder hast du es im Blut oder nicht. Aber dann dachte ich mir, was hast du zu verlieren«, erzählt sie. Schließlich bewarb sie sich mithilfe ihrer Mutter bei ein paar Akademien. »Wir haben die Bewerbung dahin geschickt, wo wir die Termine nicht verpasst haben«, erklärt sie ihre überhastete Auswahl an Ausbildungsstätten.

Die nächsten Wochen ist sie beschäftigt. Der ultimative Karriereplan scheint Gestalt anzunehmen. Wochenlang bereitet sie sich auf das Vorsprechen vor, tourt wie im Rausch durch ganz Deutschland. »Ich führe jetzt ein Jetset Life«, sagt sie.

HOCH ANSPRUCHSVOLLE LEBENSHALTUNG

Lena vertritt eine anspruchsvolle Lebenshaltung, die sie mit vielen Gleichaltrigen teilt, die Coolness vor eine reale Lebensplanung stellen. Sie wollen von allem nur das Beste. Sie lehnen etwas ab, ohne sich näher damit beschäftigt zu haben. Es reicht, dass eine Sache den Anschein hat, nicht hip zu sein – schon schalten sie auf Abwehr. Ob es sich dabei um eine Stadt, einen Beruf oder ein Paar Sneaker handelt, ist vollkommen gleichgültig. Das Ziel muss hochgesteckt und angesagt sein. Dabei entscheidet jeder individuell, was dies für ihn oder sie bedeutet. Der eine träumt von einer Karriere als YouTuber, die andere sieht sich als Influencerin mit zigtausend Followern. Der Nächste sieht sich ohne lästiges Studium bereits als Gründer, dem spätestens mit Anfang dreißig die Millionen winken. Der zukünftige Maschinenbauer möchte gern als Entwicklungschef in der Autoindustrie mit dickem Gehaltsscheck und Bonus bei einem der großen Konzerne arbeiten.

Dank der Allgegenwärtigkeit von Social Media scheinen diese Ausnahme-Lebenswege für alle erreichbar. Dabei sind sie zunächst einmal – kleiner Unterschied – nur für alle *sichtbar*. Dennoch prägen die Bilder erfolgreicher Menschen die Sichtweise auf die eigene Biografie. Warum sollte man sich damit zufriedengeben, kleine Brötchen zu backen, wenn Schokotorte viel besser schmeckt? Der Blickwinkel ist deswegen verengt auf die perfekte Laufbahn, maßgeschneidert mit der Flexibilität von Beton. Diese Haltung kann schnell zur Falle geraten. Denn was, wenn auch nach Monaten oder Jahren des Herumprobierens sich die Laufbahn nicht materialisiert?

Jugendliche wollten schon immer cool sein. In den Siebzigern bevölkerten Hippies die Schulhöfe. Hip war, wer seine Mähne John-Lennon-gleich mit einem Stirnband zusammenraffte und die Schlaghosen am Boden abgewetzt hatte. Man demonstrierte für Frauenrechte und studierte jahrelang Sozialpädagogik, nicht selten unter dem Einfluss bewusstseinserweiternder Wirkstoffe. In den Achtzigern legten sich die angesagten Mädchen mit ihrer nagelneuen Wrangler-Jeans in die heiße Badewanne, damit die Röhrenhose, in die sie sich im Jeansladen mithilfe ihrer besten Freundin gepresst hatten, noch enger wurde. Überdimensionale selbst gestrickte Riesenpullis, die nie gewaschen werden durften, schlabberten um knochige Schultern.

Ein Viertel meiner Klasse machte eine Banklehre, etwas Krisensicheres angesichts von Waldsterben, Atomverstrahlung und bevorstehendem Weltuntergang. Studiert wurde auch gern auf Lehramt, da lockten Verbeamtung und mehr als zehn Wochen Schulferien. »Lateinlehrer braucht man immer, hat mein Vater gesagt« – so das Motto eines damaligen Freundes. Der Vater war – Überraschung – Lateinlehrer. In den Neunzigern wollten alle »was mit Medien« machen, ob Studium, Grafikausbildung oder Selfmademan. Wer ein paar Computerprogramme beherrschte, ob Illustrator, Photoshop oder HTML, hatte einen Job, noch ehe er oder sie HTML buchstabieren konnte.

Die Millennials wollen auch wieder was mit Medien machen, nur mit digitalen Medien – Holzmedien sind für sie tot. Alles ist online, und *print is dead*. Dabei spielt es offenbar auch keine Rolle, ob dies den Fakten entspricht oder nicht. Es ist ein Trend, dem alle folgen. Die Generation Z will in ein cooles Start-up, mit einer Technologie, die Herkömmliches platt macht. *Disruption* um jeden Preis – ob Buchläden, Banken, Restaurants, Zeitschriften oder Einzelhändler.

Um cool zu sein, tragen die Jugendlichen Sneaker von Nike, Adidas, Puma, Balenciaga und Konsorten und wissen genau, welche Modelle gerade in sind. Ihre Smartphones sind neuer als die ihrer Eltern. Ein Führerschein gilt als verzichtbar, denn in Großstädten kann man öffentlich fahren oder ein Car to Go nehmen. Bus fahren ist cool, denn da kann man weiter online bleiben. Beim Autofahren ist man (noch) von der Matrix kurzzeitig abgeschnitten; dieser Eingriff kommt einer Verletzung der Menschenrechte gleich. Deswegen kann es auch mal mehr als ein Jahr dauern, bis so ein Führerschein abgeschlossen ist. Wahrscheinlich bis zu dem Zeitpunkt, wo es wieder cool ist, einen zu haben. Vielleicht für selbstfahrende E-Autos?

WAS MILLENNIALS WERDEN WOLLEN

Die Vorstellung von dem, was ein perfekter Lebensplan ist, ändert sich mit jeder Generation. Heute studieren Abgänger liebend gern BWL, Maschinenbau, Jura, Informatik, Wirtschaftswissenschaften, Medizin, Elektrotechnik, Germanistik, Psychologie und Erziehungswissenschaften. Bei den Top-Ausbildungen gibt es große Unterschiede zwischen Jungen und Mädchen. Mädchen werden Kauffrau für Büromanagement oder Einzelhandel, Medizinische Fachangestellte, Verkäuferin und Zahnmedizinische Fachangestellte. Die Jungen lernen

Kraftfahrzeugmechatroniker, Kaufmann im Einzelhandel, Elektroniker, Industriemechaniker oder Fachinformatiker.

Während es kein Problem ist, in einem der fünf beliebtesten Ausbildungsberufe eine Lehrstelle zu bekommen, sieht dies beim Studium schon völlig anders aus. Medizin, Psychologie und an vielen Unis auch Jura, BWL und Wirtschaftswissenschaften haben einen hohen Numerus clausus. Wer für seinen perfekten Lebensplan etwa Wirtschaft an der Humboldt-Universität Berlin studieren möchte, braucht ein Abi mit einer Eins vor dem Komma. Der vermeintlich perfekte Plan kann also schwer ins Wanken geraten, wenn die Abiturnote für die Lieblingsuni nicht gut genug ist. Die perfekte Biografie gerät zur Sackgasse.

Mehrere Interviewpartner haben mir gesagt, dass sie zwar einen Studienplatz in ihrem Wunschfach bekommen hätten, aber eben in der »falschen« Stadt. Diese beiden Parameter übereinanderzubringen ist nahezu aussichtslos. Statt einen Kompromiss zu wagen und entweder in eine weniger favorisierte Stadt zu ziehen (Groningen, Erfurt, Göttingen) oder einen anderen Studiengang zu wählen, beharren viele zunächst auf ihrer Ursprungsidee. Manche erkennen dann nach einiger Zeit, dass sie schneller ans Ziel kommen, wenn sie eine Alternative wählen, und schlagen einen anderen Weg ein.

KEINE FILMKARRIERE FÜR LENA

Nicht so Lena. Auf den Rausch ihres freien Sommers ohne Verpflichtungen folgt bald die Ernüchterung. Lena kassiert eine Absage nach der anderen. Keine der Schauspielakademien erkennt offenbar ihr Talent. Die abschlägigen Bescheide treffen sie hart. Sie lösen Verwirrung bei ihr aus. Lena sucht nach Erklärungen für die Entscheidung der Schulen und glaubt, die Absagen seien ein großes Missverständnis. »Meine Leidenschaft liegt nicht beim Theater. Das merken die natürlich an den Akademien. Deswegen hat es ja auch nicht geklappt«, erläutert sie Katharina. Sie selbst sei eine Filmschauspielerin, gehöre vor die Kamera, nicht auf eine Bühne. Dennoch weiß sie nicht weiter. Sie hat nicht den blassesten Schimmer, wie man von einem Kinderstar zur erwachsenen Filmgröße wird. In einem ihrer Filme spielt sie die Prinzessin Amelie. Wenn sie an etwas denkt, erscheint es vor ihren Augen. Jetzt träumt sie davon, Amelie zu sein – sie würde sich die Karriere mit einem Simsalabim herbeizaubern.

In Lenas perfektem Leben hat alles auf Anhieb geklappt. Zumindest bislang. Sie musste weder kämpfen noch Niederlagen einstecken, keine Hürden oder Umwege nehmen, keinen Abschluss machen und keine Probezeit bestehen. Sie beschließt, sich nicht noch einmal bei einer der Akademien zu bewerben. Denn jeder hat nur zwei Chancen bei der Aufnahmeprüfung. Fällt man beim zweiten Mal durch, ist es endgültig vorbei. Diese zweite Chance möchte sich Lena noch offenhalten – zumindest in ihrem Kopf. Doch es kommt noch schlimmer. Die Schauspielagentur, die sie als Mädchen vertreten hat, gibt ihr keinen neuen Vertrag für Erwachsene. Zu groß ist die Konkurrenz unter den jungen Talenten. Lena ist keine kleine Prinzessin mehr mit einem niedlichen Kindergesicht, sondern eine junge Frau – allerdings eine von vielen. »Jetzt brauche ich einen Plan B, also irgendeinen Beruf, mit dem ich meine Miete bezahlen kann. Einen Job, der mir genügend Freiheit lässt, damit ich jederzeit für einen Dreh bereitstehen kann«, meint Lena.

Sie absolviert ein Zweite-Wahl-Praktikum bei einer Produktionsfirma, für das ihre Mutter ihre Kontakte spielen lässt. Dort könnte sie theoretisch eine Ausbildung im Filmproduktionsbereich antreten. Nach ein paar Monaten Praktikum raten ihre Chefs ihr davon ab. »Wenn du zwischendurch drehen willst, müsstest du dir Urlaub nehmen. Du kannst nicht einfach mittendrin für ein paar Tage wegfahren, wie du willst. Du hast

auch nur eine begrenzte Anzahl von Urlaubstagen«, bringt sie
ihr Vorgesetzter auf den Boden der Tatsachen zurück. Eine
Schneewittchen-Azubine, die bei ihnen im Büro wach geküsst
werden will, möchte er nicht einstellen. Schließlich hat er keine
Rolle zu vergeben, sondern »nur« einen Ausbildungsplatz. Am
Ende wartet auch keine rauschende Hochzeit mit dem Prinzen,
sondern eine Prüfung an der Berufsschule. Das klingt für Lena
nach einem Alltag ohne Premierenfeier, ohne roten Teppich
und definitiv ohne Glamour. Dieser Alltag ist nichts für sie.

Genau diese Unterscheidung zwischen Fiktion und Realität
verschwimmt in Lenas Leben. Sie hat noch nie von einem
Filmstar gehört, der für eine Rechnungswesen-Klausur an der
Berufsschule gebüffelt hat. Auch hat sie nie gelernt, wie ein
»normales« Leben verläuft. Was ist schon normal im Leben
eines Kinderstars? Aus ihrer Sicht sind diese Gedanken nach-
vollziehbar. Ihre Lebensplanung soll von ihrem selbst geschrie-
benen Drehbuch keinen Millimeter abweichen. »Wenn ich von
etwas nicht tausendprozentig überzeugt bin, dann lasse ich es
lieber«, lautet einer ihrer Schlüsselsätze. Lena steckt in einer
Sackgasse.

Doch die Realität dringt immer weiter in ihr Leben vor. Als
Nächstes droht die Familienkasse, das Kindergeld zu streichen.
Damit die 150 Euro nach dem Abitur weiter fließen, hat sich
Lena pro forma für Archäologie an der Universität eingeschrieben. Ein paar Vorlesungen hat sie sogar besucht. Jedoch nicht
häufig genug, um die Klausuren am Ende bestehen zu können. Nach vier Semestern wird sie zwangsexmatrikuliert. Das
war's dann mit dem Kindergeld. Jetzt muss sie sich auf Drängen ihrer Mutter für ein weiteres Studium bewerben. »Ich kann
ja auch irgendeinen Abschluss machen, um etwas vorweisen
zu können«, ist sie überzeugt. Aus Erfurt kam die Zusage für
Kommunikationswissenschaft. Aber Erfurt? Hallo? Wo liegt
das denn?

Lena will sich eigentlich nicht immatrikulieren. Überhaupt

will sie sich nicht festlegen, nicht aus Frankfurt wegziehen. Jetzt also eine Entscheidung. Lenas Gedanken driften wieder zum Ausgangspunkt ihrer Überlegungen, mit welchem Kindergeld-sichernden Studium sie ihre Mutter befrieden könnte. Sie schreibt sich gleichzeitig in München für Soziologie ein und in Wien für Theater-, Film- und Medienwissenschaften. Sie scheint ihre Studienfächer wie Rollen in verschiedenen Filmproduktionen zu sehen und glaubt, überall mitspielen zu können. Hauptsache, sie beherrscht ihren Text und ist zum Dreh dabei.

WARUM DER PLAN PERFEKT SEIN MUSS

Der perfekte Lebensplan kann eine Kompensation dafür sein, dass Heranwachsende Angst vor Ablehnung oder Versagen haben. Dahinter können Minderwertigkeitsgefühle stecken. Wer von den Eltern aufgrund seiner Leistungen gelobt und geliebt wurde, ist davon überzeugt, dass es im Leben nur um eines geht: um Wettbewerb, Leistung und Erfolg. Wer nicht zu den Besten gehört, ist ein Loser.

Perfektionisten stehen daher unter permanentem Druck. Sie sind ihre eigenen größten Kritiker. Ihren hohen Ansprüchen können weder sie selbst noch andere gerecht werden. In allem sehen sie das Unvollkommene. Klappt das Praktikum bei BMW nicht, mögen sie nicht zu einem weniger renommierten Hersteller gehen, bei dem sie vielleicht viel mehr gelernt hätten. Reicht der NC nicht für das Studium an der Top-Uni, wollen sie nicht auf ein Fach umschwenken, für das die eigene Note genügt. Haben sie sich darauf versteift, in einer bestimmten Stadt zu studieren, lehnen sie den Start in einer anderen Metropole oder gar Kleinstadt ab. »Ich will nicht in eine Stadt wie Göttingen oder so«, sagt zum Beispiel Lotte in einem der Interviews. Ihr schwebt ein Studium in einer Großstadt vor, wie vielen anderen in ihrem Alter. Zum Beispiel Wien, wo sie seit fünf Semestern studiert.

Siemens hat bereits auf die Wünsche der Millennials reagiert. Die Firma plant einen Innovations-Campus in Berlin, in den der Weltkonzern bis zum Jahr 2030 600 Millionen Euro investieren will. Forschungseinrichtungen, Gründerzentrum und bezahlbare Wohnungen dürften den alten Siemens-Standort Spandau sehr attraktiv für junge Leute machen. Wenn Städte mit überteuerten Mieten wie München und Hamburg zukünftig attraktiv für die neuen jungen Arbeitnehmer und Gründer sein wollen, sollten sie schnell auf die neuen Anforderungen der Generation Z reagieren. Diese planen ihren Berufseinstieg mit Zeit für Familie und im Zweifelsfall ohne eigenes Auto, dafür im Zentrum der Stadt. Tägliches Pendeln aus dem Speckgürtel mit einem Zeitverlust von eineinhalb bis zwei Stunden kommt für diese Generation kaum infrage.

Hannes hat einen Abischnitt von 1,2. Damit könnte er an jeder Universität sein Wunschfach Wirtschaft studieren. Doch all die Unis und Hochschulen sind ihm nicht gut genug. Er hat sich eine der privaten Hochschulen in Berlin ausgesucht, die einen Bachelor in Management für künftige Unternehmensgründer anbietet. Im Jahr kostet sie rund 10 000 Euro. Fehlt nur noch ein Businessplan zur Finanzierung. Sein Vater winkt ab. »Wer ein Abi mit 1,2 hat, braucht so einen privaten Quatsch nicht«, hält er dagegen. Soll der Sohnemann doch jobben oder sich einen der lukrativen Werkstudentenverträge ergattern, um sich das Studium zu finanzieren. Oder einen Kredit aufnehmen. Papa kann ganz schön stur sein.

TOLLER LEBENSLAUF, SCHLECHTE PERFORMANCE

Der perfekte Lebenslauf, den Hannes und viele Gleichaltrige im Kopf haben, soll dazu führen, dass immer das Optimum erreicht werden kann. Dabei verbergen sich hinter den glamourösen Stationen eines Lebenslaufs ganz normale Heranwachsende. »Für ein Exzellenzprogramm von Nachwuchskräften in unserem Konzern gehörte ich einmal der Jury an«, erzählt der 46-jährige Hans Wertemeier. »Die Personalabteilung drückte mir 20 Mappen in die Hand, die ich vor den beiden Tagen im Assessment-Center durchlesen sollte.« Hans kann kaum glauben, was er dort liest. 80 Prozent der Mitte 20-Jährigen hat ein Jahr im Ausland gelebt. Die Praktika absolvierten die Nachwuchskräfte bei den klingenden Namen der Deutschland AG, gern am Standort Singapur. Alle sind mehrsprachig, treiben ausgefallene Sportarten und verfügen – zumindest laut der eingereichten Vita – über die kommunikativen Skills eines Unterhändlers bei einer Geiselnahme.

Dann kam der erste Tag im Assessment-Center. Die 20 Overperformer wurden in kleine Gruppen eingeteilt. Wertemeier saß mit anderen Juroren im Hintergrund. Eine Aufgabe bestand darin, ein Mitarbeitergespräch mit einem Schauspieler zu führen. In dem Szenario bleibt der Mitarbeiter seit einiger Zeit unter seinen Leistungen. Es geht darum, herauszufinden, woran dies liegt, und Wege zu finden, wie der Mann wieder zu seinem Leistungshoch finden kann. Dann kam der Schock: Die meisten Aspiranten gingen recht barsch mit dem Mitarbeiter um. Die perfekte Vita mit all den Auslandsaufenthalten, glamourösen Praktika und klingenden Namen berühmter Universitäten wurde zur Makulatur. Denn kaum einer vermochte es, zum Kern des gestellten Problems vorzudringen.

Bei entsprechenden Nachfragen hatte der Mitarbeiter erzählt, dass seine Frau Brustkrebs habe und er sehr viel Zeit in der Klinik verbringen müsse. Vereinbart war mit dem Schauspieler, dass er dies jedoch nicht sofort preisgibt, sondern dass die Kandidaten mindestens zweimal nachfragen sollten. Der Fragende sollte genügend Einfühlungsvermögen zeigen und dem Mitarbeiter Raum geben, damit dieser sich öffnen konnte. Dafür hätte man ihm mindestens ein paar Minuten gut zuhören müssen. Diese Aufgabe schafften nur fünf von zwanzig Aspiranten.

Die zehn Kandidaten mit den spektakulärsten Lebensläufen, die Wertemeier sich auf einen Extrastapel gelegt hatte, waren nicht darunter. Von kommunikativer und sozialer Kompetenz, einer Schlüsselqualifikation bei zukünftigen Führungskräften, keine Spur. Es waren eher diejenigen, von denen Wertemeier glaubte, sie würden beim Assessment baden gehen, die die Aufgabe schafften. Der perfekte Lebenslauf half den Kandidaten nicht, in typischen Unternehmenssituationen zu punkten. Im Gegenteil. »Die Biografien der Bewerber waren wenig heterogen. Da stachen wenig überraschende Stationen heraus, in denen sie Lebenserfahrung hätten sammeln können«, resümiert er.

Vielen geht es darum, bei der Planung ihres Lebenslaufs das Optimum zu erreichen. Im Monopoly des Lebens wollen diese Menschen nur auf die Schlossallee, die Badstraße oder der Opernplatz bringen sie ihrer Meinung nach nicht schnell genug nach oben. Und manchmal klappt das auch. Als herausragend gilt beispielsweise seit Jahren das Studium an der WHU, der Otto Beisheim School of Management in Vallendar. Es wird als Inkubator für zukünftige Gründer gehandelt. Oliver Samar schloss hier 1998 sein Studium ab. In Vallendar studierten nicht nur die Samwar-Brüder, die Rocket Internet hochgezogen haben; die Zalando-Erfinder Robert Gentz und David Schneider waren dort, ebenso Oliver Mickler und Carl Schuster, die den Limousinen- und Chauffeurservice MyDriver von Sixt erdacht haben.

Nach weiblichen Gründerinnen, die von der WHU kommen, muss man mit der Lupe suchen: Verena Hubertz und Mengting Gao studierten bis 2013 gemeinsam an der Business School. Anschließend gründeten sie die Rezepte-App »Kitchen Stories«. Klickt man sich durch die Fotogalerie der berühmten Abgänger der WHU, erscheint es ein bisschen so, als betrachte man die Absolventen eines Knaben-Internats, in das sich heimlich zwei bis drei Mädchen eingeschlichen haben. Die Abgänger der WHU haben keinerlei Probleme, einen guten Job in der Wirtschaft zu ergattern.

Viele Unternehmen suchen nicht nach Mainstream-Absolventen, sondern nach »Typen«, nach Menschen mit besonderen Lebenswegen, hervorstechenden Eigenschaften und unangepasstem Denken. Der langjährige Partner einer großen amerikanischen Kanzlei sagte, er sei von einer äußerst homogenen Gruppe von Kollegen umgeben, das langweile ihn. Alle hätten ein Top-Examen hingelegt, danach brav promoviert und als Krönung in den USA einen Master of Law (LLM) erworben. Ihre Praktika hätten sie in den gleichen Großkanzleien oder in Organisationen der EU absolviert. Er könne einen derartigen Lebenslauf blind schreiben, darin käme definitiv überhaupt nichts Überraschendes vor. Ich habe mit diesem Mann ein Jahr in Genf studiert. Er lernte zu der Zeit Japanisch, interessierte sich für Kunst, spielte morgens um sieben Uhr Tennis und fuhr, wann immer es ging, Ski – natürlich niemals auf der Piste, sondern immer *off piste*. Er war und ist anders als die anderen Juristen seines Jahrgangs. Um das auch allen klarzumachen, erschien er in einer knallbunten Winterdaunenjacke in der Völkerrechtsvorlesung. Homogenes Denken, so der Staranwalt, führe selten zu Innovationen. Für manche Deals bräuchte es Querdenker, *rule breaker*, kreative Geister mit speziellen Fähigkeiten und Charakter.

Insofern garantiert die perfekte Lebensplanung nicht den perfekten Lebensweg. Denn dieser verläuft in den seltensten Fällen so, wie jemand ihn im Alter von 20 Jahren plant. Manchmal sind Umwege, Wege abseits der von der Raupe planierten Piste, die interessanteren Pfade, auf denen sich mehr erleben und mehr Lebenserfahrung sammeln lässt als in so manchem Turbo-Studium.

Der digitale Lifestyle
Bindung von Energie und Konzentration

Ein lauer Sommerabend. Anna, Mama und Papa sind bester Stimmung. Soeben haben sie eine Wohnung angeschaut, wo die 18-Jährige bald einziehen kann. Dem von allen herbeigesehnten Auszug der Tochter, die gerade eine Ausbildung begonnen hat, steht nichts mehr im Wege. Anna freut sich, endlich in ihrem eigenen Reich schalten und walten zu können, Papa muss keine nassen Handtücher mehr vom Badezimmerboden aufklauben. Mama fiebert dem Moment entgegen, da nachts niemand mehr die Tür knallt, wenn sich Annas Freund Carlo im Morgengrauen »rausschleicht«. Allgemeines Aufatmen. Wenn das nicht drei gute Gründe zum Anstoßen sind.

Sie gehen in Annas Lieblingsrestaurant und bestellen Sekt und Schnitzel. Ihre Tochter ist äußerst gesprächig, erzählt von der Arbeit, der Berufsschule, ihren neuen Freunden. Sie zeigt ein paar Fotos der Freundinnen auf ihrem Handy. Das ist das Signal für Mama. Sie nutzt die Gunst der Stunde, um von ihrer Tochter einen Crashkurs in Sachen Social Media zu bekommen. Nächste Woche soll ausgerechnet sie, die bislang ein hashtagfreies Leben gelebt hat, einen Workshop in ihrer Firma leiten. Thema: Wie kann das Marketing für einen Schokoriegel mithilfe von Influencern und Social-Media-Kanälen künftig erweitert werden. Natürlich ist das die langweilige Übersetzung des Workshops, der eigentlich »Hacking social media & engaging influencers« tituliert ist. Zwar ist Mama bei Facebook und Instagram, von Influencern hat sie schon mal gehört, aber Snapchat? Fehlanzeige. Vor zwei Tagen hat sie sich die App runtergeladen, hat jedoch keinen Schimmer, was sie mit ihrem Account anstellen soll. Sie bittet Anna, ihr zu helfen.

Anna: »Du musst jemandem einen Snap schicken.«

Mama: »Was ist ein Snap?«

Anna: »Na, ein Foto mit was drauf!«

Mama: »Was für ein Foto?«

Anna schnappt sich entschlossen Mamas Smartphone und macht ein verwackeltes, schräges Bild von einem Sektglas im Kerzenschein mit einer zerknüllten Serviette im Hintergrund.

Mama: »Das ist doch kein Foto …«

Anna: »Und was das für ein Foto ist! Jetzt musst du da was draufschreiben.«

Mama: »Wie denn?«

Anna: »Hier sind lauter Listen mit Symbolen und Schriftzügen, die du über das Foto legen kannst. Also nehmen wir mal ›Montag‹.« *Anna saust in Lichtgeschwindigkeit mit ihrem rechten Daumen über den Touchscreen. Eine Millisekunde später erscheint der Schriftzug* »Montag« *in roter Farbe auf dem Bild.*

Mama: »Wieso Montag?«

Anna: »Heute ist Montag. Das ist dein erster Snap. Ein Schnappschuss mit Text. Wem willst du es schicken?«

Mama rätselt: »Dir?«

Anna: »*Nein*, natürlich nicht.«

Mama: »Natürlich nicht?«

Anna: »Du *kannst* mir gar nichts schicken. Du hast mich geaddet, aber ich habe dich nicht geaddet. Du musst jemanden nehmen, den du geaddet und der dich zurückgeaddet hat oder der einen offenen Account hat.«

Mama *(resigniert)*: »Woran sehe ich, ob mich jemand zurückgeaddet hat?«

Anna: »An deinen Kontakten.«

Anna seufzt, sucht in Mamas dürftiger Snapchat-Kontakt-liste und findet ihre Cousine.

Anna: »Schick doch Martha einen Snap. Ich frage mich bloß, wieso dich Martha geaddet hat? Jetzt kontaminieren die Eltern nach Facebook auch noch Snapchat. Dann kann ich die App ja bald deleten.«

CHATTEN, POSTEN, LIKEN

Zeitfresser, Aufmerksamkeitsstaubsauger, Konzentrationskiller – ob Snapchat, Instagram, YouTube, Tinder, ob Pornoseiten im Netz oder Spiele: Der digitale Zeitvertreib nimmt einen großen Part im Leben der Heranwachsenden ein. In diesem Kapitel geht es um die verschiedenen digitalen Aktionen, die Kenntnisse, die die *digital natives* haben, und die Zeit, die sie online verbringen. Die psychischen Auswirkungen von Smartphone und Tablet werden im zweiten Teil des Buches behandelt, der die Erkenntnisse der Hirnforschung und Psychologie bezüglich des digitalen Lifestyles behandelt.

Während wir in Deutschland noch zögerlich über die digitale Transformation diskutieren und wochenlang auf einen Termin bei einer Behörde warten, um ein Auto anzumelden oder einen Reisepass zu verlängern, hat sie in anderen Ländern bereits voll eingesetzt. In Korea wissen die Bürger gar nicht mehr, wie sie etwas machen sollen, wenn sie es *nicht* online erledigen können. Allerdings hat die digitale Welt auch ihre Schattenseiten. China erfasst die Daten aller Bürger, um bis 2020 ein Bewertungssystem aufzubauen, das »Social Credit System«. Kreditwürdigkeit, Integrität im Geschäftsleben, soziale und juristische Integrität sollen erfasst werden. Sie bestimmen in Zukunft darüber, ob jemand einen Kredit bekommt oder in ein Unternehmen investieren kann.

Ob man künftig nicht mehr nur Produkte bei Amazon bewerten oder einen Beitrag auf Facebook *liken* kann, sondern auch seine Nachbarn, wenn sie einem beim Umzug geholfen haben? Oder schlecht bewerten, wenn sie nachts laute Musik hören? Im September 2018 eröffnete in Italien das erste Roboter-Bordell mit Puppen, die mit künstlicher Intelligenz ausgestattet sind. Zum Start war es wochenlang ausgebucht, beispielsweise für Junggesellenabschiede. Ob die Roboter die Daten der Sexerlebnisse für den nächsten Besuch des Kunden speichern?

Alles Digitale hinterlässt Datenspuren. Was mit den Daten in Zukunft passiert, was zulässig, was reglementiert und was verboten ist, wird das Megathema der Zukunft bleiben. Finde ich noch eine Krankenkasse, wenn ich in der Apotheke eine Datenspur für einen hohen Schmerzmittelkonsum hinterlasse und an der Supermarktkasse literweise harter Alkohol über den Scanner rattert? Kombiniert bereits jemand meine Daten von Amazon, YouTube und Instagram? Was ist mit dem Onlinebanking? Was macht meine Kamera im Smartphone, die eine Gesichtserkennung hat, mit den Bildern und Videos meiner Freunde? Sind meine Daten sicher?

Angesichts von Smartphone-Sucht, der Debatte um gefälschte Social Media Accounts, der dubiosen Rolle von Facebook bei der US-Präsidentschaftswahl von Donald Trump sowie dessen exzessiver Nutzung von Twitter erleben die sozialen Medien schwere Zeiten. »Ich denke, das Internet ist kaputt«, beklagte Ev Williams, der Erfinder von Twitter, bereits 2017 in einem Interview in der *New York Times*. »Ich dachte, wenn erst einmal jeder frei sprechen sowie Informationen und Ideen austauschen könnte, wäre die Welt automatisch ein besserer Ort. Ich lag falsch.« Im November 2018 zeigte sich der Pionier auf einer Konferenz in Lissabon zudem selbstkritisch und bedauerte einen Geburtsfehler bei Twitter. Er sagte, der Ausweis der Followerzahl sei schädlich. »Wenn es stimmt, dass Trump ohne Twitter nicht Präsident geworden wäre, tut es mir leid.«

Künstliche Intelligenz wird unsere Zukunft bestimmen, uns helfen, komplexe Probleme zu lösen, uns aber auch mit komplett neuen Fragestellungen konfrontieren. Die Generation Smartphone muss sich in dieser Zukunft bewegen, und das gelingt nur, wenn sie Erfahrungen mit der Technologie sammelt.

MAMA, WAS HAST DU FÜR EINE GROSSE NASE?

Zurück zum Snapchat-Seminar mit Mama und Anna. Anna ist entsetzt, aber auch ein wenig beglückt über Mamas krasse Ahnungslosigkeit. Ach, käme es doch öfter vor, dass sie die Lufthoheit über ein Thema hätte und Mama nix kapiert. Meistens ist es ja andersrum, erst neulich, als ihre Mutter ihr anhand der ersten Lohnabrechnung erklärte, warum sie um die 200 Euro Abzüge von ihrem ersten Bruttolohn hat: Renten-, Kranken-, Arbeitslosen-, Pflegeversicherung, alles neue Begriffe für Anna.

Jetzt ist *payback time*. Mama hockt mit einem Fragezeichen im Gesicht vor ihr und muss neue Vokabeln lernen. »Snap«, »adden«, »Bitmoji«, »Flamme«. Das Wörterbuch »Snapchat – Mama, Mama – Snapchat« wächst minütlich. Immerhin wusste ihre Erziehungsberechtigte, dass die Snaps nach 24 Stunden automatisch gelöscht werden. Aus Mitleid zeigt ihr Anna, wie sie ihren Avatar, ihren Bitmoji, bei Snapchat konfigurieren kann. Das macht Spaß. Dazu lädt sie blitzschnell die App »Bitmoji« auf Mamas Smartphone. Sie erklärt ihrer Mutter, dass sie einen Avatar mit ihren Gesichtszügen schaffen kann. Mit ein paar Klicks navigiert sie zu den Illustrationen mit Haarschnitt, Haarfarbe, Haut- und Augenfarbe, Form der Nase, Höhe der Wangenknochen und weiteren Features wie Stirnrunzeln und Falten.

Mama ist total begeistert. Sie konfiguriert sich reflexartig zehn Jahre jünger. Von wegen Falten im Gesicht! Haarfarbe? Mittelbraun, wie vor zwanzig Jahren. Noch ein schicker Haarschnitt dazu, fertig. Bei Wolfgang, ihrem Promi-Friseur, wären jetzt 200 Euro fällig gewesen. Mama addet alle Kosten für ihr Snapchat-Ich und errechnet, was sie gespart hat.

Die Prozedur nimmt ein wenig Zeit in Anspruch, denn Mama hat Witterung aufgenommen. Bei der Wahl ihres Outfits bleibt sie hängen. Was soll sie heute bloß anziehen? Anna gibt sich wirklich Mühe, denn immerhin hat Mama die Megawohnung für sie klargemacht, da kann sie ihr schon mal Zeit geben, um die perfekte Nasenform zu suchen. Mama fühlt sich wie in ihrer ersten Fahrstunde: Kupplung treten, Handbremse lösen, Gaspedal drücken, Blinker setzen – lauter neue Handgriffe, die sie noch nicht beherrscht. Zufrieden betrachtet sie ihr Bitmoji, ihren Mama-Snapchat-Avatar. Er sieht ihr verdammt ähnlich – nur eben zehn Jahre jünger. Mama braucht eine Pause. Papa übernimmt.

Papa: »Wie viele Snaps schickst du denn so pro Tag? Fünf oder fünfzig?«

Anna: »Dreißig bis fünfzig.«

Papa: »Und wie viele kriegst du?«

Anna: »Hmm, vielleicht dreißig bis fünfzig?«

Papa denkt nach. Wie viel Zeit braucht man für ein Snap? Er hat nicht die geringste Ahnung und wünscht sich, Snapchat vom Netz zu nehmen.

Das wünschte sich die französische Regierung wohl auch. Zumindest wollte sie verhindern, dass die Schüler während der Schulzeit dauernd online sind. Dennoch erscheint es fast verzweifelt, dass sie im Sommer 2018 beschloss, Handys für Schüler bis 15 Jahre auf dem Schulgelände generell zu verbieten. Verbote bringen in der Regel wenig. Klare Regeln schon.

DIGITALE ZEITFRESSER

Kein Elternteil, der sich nicht schon die Frage gestellt hätte: Was wäre, wenn … Ja, wenn das Kind nicht so viel Zeit mit »Call of Duty«, »World of Warcraft«, Netflix, WhatsApp, Instagram, YouTube, Snapchat, Tinder oder sonst einer digitalen Zeitvernichtung verbringen würde. Nachmittag und Abend haben nur wenige Stunden; sie verfliegen im Nu, und die meisten Eltern haben nicht die geringste Ahnung, was ihre Kinder auf ihren Geräten so treiben.

Sie beschäftigen sich mit hoch spannendem Entertainment, lautet die richtige Antwort. Dieses Entertainment bindet unendlich viel Zeit, Energie und Konzentration. Konzentration, so denken die Eltern, die in der Zeit des Übergangs zwischen Schule und Beruf in sinnvollere Tätigkeiten investiert werden könnte. Doch so einfach ist die Realität nicht. Denn durch ihren spielerischen Umgang mit der digitalen Welt erwerben sie gleichzeitig Kompetenzen, die sie für ihre Zukunft, für einen potenziellen Job qualifizieren.

Wie zum Beispiel Julius. Seit er denken kann, liebt der 20-Jährige Oldtimer, es ist das Hobby seines Onkels. Julius liebt aber nicht irgendwelche Oldtimer, sondern bestimmte Autos aus den Sechzigerjahren. Er kennt alle Modelle, weiß, welche Kurbelwelle in welchen Renault gehört, fährt zu Oldtimer-Events und hat Hunderte von Modellen fotografiert. In seinem Instagram-Account mit beachtlichen 18 000 Followern beglückt er seine Fangemeinde mit Fotos von Sechzigerjahre-Schlitten, vor denen Models posieren, die im Stil der Zeit gekleidet sind: Hüte, Handschuhe, Hosen und Jacken, in Julius' Account sind die Sixties lebendig. Die Follower lieben es. Julius hat mit seiner Retro-Fotografie den Nerv der Zeit getroffen. Und offenbar auch den einer großen Autozeitschrift, die ihn gleich nach dem Abitur engagiert, ohne dass er ein einziges Semester an einer Universität absolviert hätte. Er verbindet sein Hobby mit einem Beruf und beginnt eine Ausbildung zum Redakteur.

Das Digitale zu verdammen und verantwortlich zu machen für alles, was im Leben der Heranwachsenden schiefgeht, wäre naiv. Die Wahrheit ist: Die Dosis macht die Wirkung. In der

Medizin kann eine Tablette Paracetamol Kopfschmerzen lindern, eine Überdosis den Patienten umbringen. Ein Glas Sekt wirkt anregend, vier Gläser einschläfernd, ganz viele Gläser machen irgendwann bewusstlos. So ähnlich verhält es sich auch mit dem Smartphone. Wie viel ist gut, wie viel zu viel?

Es kommt darauf an. Als Antwort klingt das unbefriedigend, ist aber zutreffend. Entscheidend bei Jugendlichen ist, ob sie gefestigt sind oder anfällig für eine Smartphone-Sucht und wie alt sie sind. Schaffen sie es, ihre Aufgaben zu erledigen, Bewerbungen zu schreiben, jobben zu gehen, Dinge im Haushalt zu übernehmen, Freunde zu treffen? Oder sitzen sie nur noch in ihrem Zimmer an den Geräten? Können sie sich auf ihr Studium, die Berufsausbildung oder den Job konzentrieren, oder binden Smartphone und Laptop ihre Aufmerksamkeit bis spät in die Nacht hinein? Gehen sie noch zum Sport?

Ein Elternabend in einem Münchner Gymnasium. Die Eltern der 9c haben sich zu Beginn des Schuljahrs versammelt, um die neue Lehrerin kennenzulernen. Nach einer halben Stunde muss sie das Treffen unterbrechen, da sie die Pläne für die Eltern im Lehrerzimmer vergessen hat. Dies ist der Augenblick für Ümran, 53, selbst Lehrerin. Die Mutter von Bülend möchte die Abwesenheit der Klassenlehrerin nutzen, um ein heikles Thema anzusprechen. Seit geraumer Zeit ist Bülend jeden Abend online mit seinen Klassenkameraden verbunden, sie spielen »Fortnite«, ein Ballerspiel. Bis spät in die Nacht ist ihr Sohn wach. »Bülend ist morgens müde. Wollen wir nicht für die Kinder eine Zeit vereinbaren, bis wann sie spielen dürfen?«, fragt die Mutter.

Die anderen Eltern sind zurückhaltend. Sie wissen genau, dass ein Limit ihnen Ärger mit den Kindern einhandeln wird. Andererseits sind alle total genervt. »Was schlägst du vor?«, will ein Vater wissen. »Halb elf, wer ist dafür?« Ümran weiß, gleich kommt die Lehrerin zurück, sie hat nicht viel Zeit für die geheime Abstimmung. Fast alle Hände schnellen in die Luft. »Okay, dann sagen wir es den Kindern morgen Früh.« Ümran ist zufrieden. Doch am nächsten Tag kriegt Bülend Ärger: »Mensch, Alter, deine Mutter hat uns den Krieg erklärt.«

ZOCKEN, BIS DER ARZT KOMMT

Mario, 17, spielt »World of Warcraft«. Er ist bereits seit einem Jahr dabei und magisch angezogen von dem Spiel. Er spielt und chattet mit seinen Freunden weltweit, er lebt für seine Mission. Zu Beginn erschien er abends noch zum Familienabendessen. Ein paar Wochen später kann er sich aber nicht mehr losreißen. Die virtuelle Welt Azeroth hat ihn in den Bann geschlagen, Mario wird von seiner Gilde gebraucht. »Was macht er die ganze Zeit im Zimmer?«, fragt die Mutter die 15-jährige Lilly, Marios jüngere Schwester. »Zocken.« »Zocken?« Die Mutter versteht nicht. »Computer spielen.« Am Anfang nötigen die Eltern ihren Sohn, mit ihnen zusammen zu essen, aber seine Ausbrüche von schlechter Laune verwandeln den Abendbrottisch zum Kriegsschauplatz. Wer will schon Käsespätzle essen, wenn er gerade brutalste Feinde töten muss?

Ein paar Monate isst die Familie notgedrungen ohne Mario. Dann kommt eine Mail von der Schule. Ihr Sohn steht kurz davor, nicht zum Abitur zugelassen zu werden. Ein Gespräch mit dem Lehrer förderte zutage, dass Mario unbeteiligt und passiv im Unterricht herumsitzt. Die Eltern trifft es wie ein Schlag. Der Vater konfisziert den Computer und wartet ab. Glücklicherweise war sein Sohn noch nicht so weit abgedriftet, dass er eine Klinik für Computersüchtige benötigte. Er will ja selbst das Abitur schaffen. Sie vereinbaren, dass bis zum Abi »World of Warcraft« tabu ist und er stattdessen Minecraft spielen soll. Als Belohnung für seine Abstinenz verspricht Papa Mario einen neuen Laptop zum bestandenen Abitur.

HÖCHSTSTRAFE: EINE WOCHE OFFLINE

Den Computer wegzunehmen, das Smartphone zu sperren, das ist die Höchststrafe für Jugendliche – und auch für Eltern. Damit solche drakonischen Strafen nicht verhängt werden müssen, können feste Regeln für den Umgang mit den Geräten vereinbart werden. Ungehinderter Zugang zum Smartphone rund um die Uhr, wie er in vielen Familien üblich ist, kann funktionieren, kann aber auch zu Problemen führen, wie im Beispiel von Mario. Verbindliche Regeln helfen Jugendlichen, sich zu orientieren.

Lucas, ein Student, der vor drei Jahren ein Auslandsjahr in Japan absolviert hat, erklärt mir die Regeln für den Gebrauch von Smartphones an seiner Gastschule in Osaka. »Die Smartphones der Schüler werden morgens eingesammelt, und am Ende des Unterrichts bekommst du es wieder. Falls du ein Ersatzhandy reinschmuggelst, musst du anschließend eine Entschuldigung schreiben.« Regeln werden befolgt, hin und wieder gebrochen und hart bestraft. Kinder und Teenager gewöhnen sich daran, dass ihre Freiheit begrenzt wird.

MITREDEN KÖNNEN

Was Jugendlichen hilft, ist, wenn ihre Eltern besser wissen, was sie beschäftigt. Es reicht nicht, ungefähr zu wissen, was Snapchat ist. Wer ein paar Stunden Zeit investiert und mit seinem Sohn oder seiner Tochter einen Ausflug in die Apps und Spiele macht, versteht, warum sie so viel Zeit und Energie binden.

Snapchat ist zurzeit eine der meistgenutzten Apps. Laut der Webseite brandwatch.com sind 60 Prozent der User unter 25 Jahre alt. Im Durchschnitt verbringen sie täglich 34,5 Minuten auf der App, sie verschicken rund 35 Nachrichten. Die meisten samstags. Immerhin, da ist keine Schule. 47 Prozent der

Jugendlichen in den USA finden die App besser als Facebook, während 24 Prozent sagen, sie sei besser als Instagram. Laut einer Umfrage von YouGov nutzen rund 30 Prozent der jungen Männer und 50 Prozent der jungen Frauen Snapchat.

Ein potenzieller Suchtfaktor ist das Phänomen des sogenannte Snapstream, einer dauerhaften Abfolge von täglich ausgetauschten Snaps. Tauschen zwei Freunde jeden Tag ein Snap aus, erscheint nach einiger Zeit eine Flamme (im Jargon englisch *flame*) neben dem Avatar des Freundes. Ergo: Diese beiden sind ganz eng befreundet. Würde einer der beiden einen Tag keinen Snap schicken, stirbt die Flamme. Der User würde sich fühlen, als wäre er einer der Fackelläufer für Olympia, dem aus Nachlässigkeit das Feuer ausgeht.

YouTube ist heute für Jugendliche, was früher das Fernsehen war. Leo aus Trier verfolgt seit zwei Jahren den Kanal eines Tätowierers aus Colorado. Der YouTube-Kanal von »ohitsteddy« begeisterte seine Fangemeinde (mehr als 113 000 Abonnenten) zunächst mit Rezensionen zu Sneakern. Er kauft, was angesagt ist, er sammelt, er dreht täglich Videos dazu. Damit bekommt er viele Abonnenten, denn die Sneaker-Kunde ist ein Trendthema. Nun filmt er sich bei seinem täglichen Leben: wie er mit seiner Freundin kifft, in seiner Eigentumswohnung herumspaziert, wie er mit seinen Kumpels im Auto zur Arbeit fährt und was er so denkt. Schnelle Schnitte, hippe Bilder. Leo schickt mir ein paar Links, damit ich verstehe, warum Teddys Videokanal so beliebt ist. Die Faszination besteht darin, Teil der schrägen Teddy-Welt zu werden. Nach dem gleichen Muster bespielen Millionen von YouTubern Kanäle zu allen erdenklichen Themen, viele sind Stars mit weit mehr Abonnenten als Teddy.

Doch nicht nur YouTube ist stark bei den Jugendlichen. »World of Warcraft« zählt zu den erfolgreichsten Computerspielen, seit 2009 hält es den Guinnessrekord für das beliebteste Multiplayer-Online-Rollenspiel. Es generiert Milliardenumsätze. Jeder Spieler muss monatlich einen Beitrag zahlen. Es gibt auch eine kostenlose Version, die aber nicht so spannend ist. Das Spiel bindet Zeit und Energie, da die User sich in Gilden zusammentun und gemeinsam spielen. Ähnlich wie dieses Spiel funktionieren andere, wie etwa das von Bülend favorisierte »Fortnite«. Ballerspiele, Autorennen, Welten erobern oder Fußball spielen – vor allem Jungen hängen an den Computerspielen.

SWIPEN, LIKEN, CHATTEN

Tinder ist eine Dating-App, die sowohl von Heranwachsenden als auch von Erwachsenen genutzt wird. Unverbindlich kann sich jeder Fotos von potenziellen dating- oder sexwilligen Frauen und Männern ansehen. Dabei wird ein Foto nach rechts oder links vom Touchscreen gewischt, im Jargon heißt das »swipen«. Die Guten (rechts) ins Töpfchen, die schlechten (links) in Kröpfchen. Der Algorithmus von Tinder erstellt dann »Matches«, also Paare, die miteinander chatten können, um sich zum unverbindlichen Sex zu verabreden. Laut Statista sind 39 Prozent der Nutzer zwischen 16 und 24 Jahre alt, 41 Prozent sind 25 bis 34 Jahre. Nur 15 Prozent der über 35-Jährigen nutzen Tinder. Bis 25-Jährige nutzen darüber hinaus Lavoo oder Bumble.

Instagram ist wie Snapchat eine App für Fotos aus dem Leben der Benutzer, die Freunden gezeigt werden. Sie können geliked werden. Anders als auf Facebook geht es hier weniger um Texte als um Fotos oder Storys, Mini-Videos mit selbst gedrehten Inhalten.

Netflix ist ein Abo-Streamingdienst, der viele US-Serien anbietet, bevor sie nach Deutschland kommen. Die hochwertigen Inhalte schauen junge Leute meist auf Englisch, was ihre Sprachkompetenz enorm fördert. Allerdings gibt es auch hier die Gefahr, zu viel zu schauen, wie folgendes Beispiel zeigt.

Stefanie, eine Schulfreundin von Sophie, 17, hat ihrer Freundin den Zugangscode zum neu angeschafften Netflix-Zugang der Eltern verraten – acht Monate vor Sophies Abitur. Mit einem XXL-Familienaccount kann man vier Personen beim Seriengiganten anmelden. Voraussetzung ist, dass sie im selben Haushalt wohnen. Dies nehmen einige Heranwachsende allerdings nicht so genau. Regelmäßig geben sie die Zugangsdaten weiter, um mit ihren Freunden auf anderen Geräten schauen oder über die Serien sprechen zu können. Wer diesen Marketing-Gag erfunden hat, dem wünscht manch ein Elternteil die Pest an den Hals. Denn immer, wenn der Sohn schnell zum Supermarkt soll, im Internet nach Bahnverbindungen für Oma und Opa gucken oder ganz banal den Müll wegbringen, ist seine Lieblingsserie gerade irre spannend, und er kann die Folge nicht unterbrechen. Danke, Netflix.

Sophies Eltern haben kein Netflix. Sie nutzen die Mediathek von ARD und ZDF sowie einen Account mit Amazon Prime, auf dem sie Filme schauen. Vorbei die Zeiten, da man seine Lieblingsserie im Fernsehen verpasst hat.

Seit Sophie den Netflix-Zugang hat, kann sie sich der Welt der US-Serien nicht mehr entziehen. Ihr Rekord, kurz nachdem sie das Passwort erhalten hat, liegt bei acht Stunden. »›13 Reasons Why‹ nonstop«, wie sie ihren erstaunten Eltern verrät. In der Zeit hat sie das Bett, wo sie die Serien auf dem Handy schaut, nur verlassen, um zum Kühlschrank zu gehen. Parallel hat sie mit ihren Freunden telefoniert.

»ICH KANN NICHT GENUG BEKOMMEN«

Jede Generation hat ihr Entertainment. Die Babyboomer haben stundenlang Fernsehen geschaut. In den Achtzigerjahren war bei schlechtem Wetter am Spätnachmittag das Fernsehzimmer von Klarmanns mit einer Horde Jugendlicher bevölkert. Das Fernsehgerät hatte die Ausmaße eines Fernsehsessels. Bei

Klarmanns durften wir fernsehen bis zum Pupillenstillstand. Wir mussten uns nur auf ein Programm einigen: »Ein Colt für alle Fälle«, »Baywatch« oder »Biene Maja«. Es war ein schwieriges Abwägen zwischen ARD, ZDF, RTL oder Sat.1.

Ein Fernseh- oder Kinofilm ist nach eineinhalb oder zwei Stunden zu Ende, eine Serie nicht. Im Gegenteil. Der Cliffhanger am Ende einer Netflix-Folge sorgt dafür, dass in den letzten Sekunden besonders viel Spannung aufgebaut wird, sodass man die nächste Folge von »Gossip Girl«, »How to Get Away With Murder«, »Modern Familiy« oder »Stranger Things« unbedingt sehen muss. Der Trick: Netflix lädt die nächste Folge automatisch. Wenn man aufhören möchte, muss man aktiv werden. Tut man nichts, befindet man sich in einer Endlosschleife an Unterhaltung. Schon sind drei, vier Stunden wie im Flug vergangen. Es ist, als legte man einem erwachsenen Schoko-holic eine Tafel Schokolade hin und ermahnt ihn, nur einen Riegel zu essen. Jeder hat etwas, wobei er schwach wird. Bei dem einen sind es Zigaretten, beim anderen Käse, Alkohol, Krimis, Internetspiele oder Börsenkurse. Ich kenne einen Mann, der stets die internationalen Aktienkurse im Auge behalten muss. Sein Blick gleitet reflexartig auf sein Handydisplay. Dadurch entlädt sich Spannung, die sich in ihm aufgebaut hat. Mit Belohnungen bauen wir Druck ab, egal ob mit Bier, Süßig-keiten oder US-Serien.

In diesem Maße hat aber noch keine Generation Zugang zur passiven Dauerberieselung gehabt. Die amerikanische Psycho-login Jean Twenge beschreibt in ihrem Buch *Me, My Selfie and I. Was Jugendliche heute wirklich bewegt*[1], dass Teenager heute berichten, keine Bücher mehr zu lesen. Eine große ame-rikanische Langzeituntersuchung, die American-Freshman-Stu-die, die Erstsemester – *freshman* – seit 1976 befragt, zeigt: Nahm in den Siebzigerjahren noch fast jeder Jugendliche täg-lich ein Buch oder ein Magazin zur Hand, gaben 2015 nur noch 16 Prozent an, fast täglich Bücher oder Magazine zu lesen. Als

Erklärung führt Jean Twenge an, dass Bücher einfach nicht schnell genug seien. Vergleicht man die rasante Geschwindigkeit, in der Anna einen Snap erstellt, verschickt und ein Feedback bekommt, wird jedem klar – ein Buch erzeugt zwar Bilder im Kopf, aber niemand kann etwas liken oder kommentieren. Ein Buch ist nicht interaktiv, es ist analog. Für einen jungen Menschen ist das Lesen in etwa so spannend, wie auf eine Brieftaube zu warten, die einen Dreizeiler schickt. »Brief«, »Post«, »Adresse«, »Briefmarke«, »Zeitung«, »Buch« sind Begriffe aus einer vordigitalen Steinzeit, deren Nutzen unklar ist.

Einer meiner Gesprächspartner, der 20-jährige Simon, dem ich mit der Post ein Notizbuch mit einem Zeitungsartikel aus der *Frankfurter Allgemeinen Zeitung* über Start-ups in Berlin geschickt hatte, bedankte sich per WhatsApp: »Danke für das Notizbuch. Jetzt habe ich keine Ausrede mehr, meine Ideen nicht aufzuschreiben.« Als Antwort schicke ich ihm ein Foto von einem meiner Lieblingsnotizbücher. Auf pinkem Untergrund prangt in schwarzen Lettern: *Don't forget to write.* Simon textet: »Ich brauch ein *Don't forget how to write.*«

Die mangelnde Lesepraxis bleibt nicht ohne Folgen. Seit Einführung von YouTube 2006 und des Smartphones 2007 haben sich die Leistungen der US-amerikanischen Schüler kontinuierlich verschlechtert. Ähnlich wie in Deutschland der PISA-Test, ermitteln die US-Bildungsbehörden mit dem sogenannten SAT-Test, wie gut die Kenntnisse von Schülern sind:[2] Dabei erheben sie Noten für Mathe, Textverständnis und Schreiben, aber auch andere Parameter. Das Ergebnis: Wer kaum noch Bücher oder längere Texte in Magazinen liest, hat bei der Erfassung von Textinhalten und beim Schreiben Schwierigkeiten.

Besonders beim Verfassen von Texten brach das Leistungsniveau seit 2006 ein. Der Grund dafür könnte sein, dass die Konzentration auf eine Aufgabe nicht mehr möglich ist, wenn man in rasanter Geschwindigkeit zwischen verschiedenen Tätigkeiten hin- und herspringt. Eine Studie maß die Zeitspanne eines geöffneten Fensters auf einem Schüler-Rechner, indem alle fünf Sekunden ein Screenshot angefertigt wurde: 90 Sekunden dauerte es im Durchschnitt, bis die Schüler zu einem anderen Fenster sprangen. Bei mehr als 75 Prozent aller Schüler war ein Fenster nicht länger als eine Minute geöffnet, schreibt Jean Twenge. »Dies ist etwas ganz anderes, als sich hinzusetzen und eine Stunde ein Buch zu lesen«, so die Psychologin. Der digitale Lifestyle ist eine Dauerberieselung, die dem Geist kaum noch Zeit lässt, einen eigenen Gedankenstrom zu bilden.

Nicht für alle Aufgaben im Leben braucht man Textverständnis. Aber für viele Berufe schon. Wer eine Ausbildung macht, ob im Handwerk, im Büro, als Polizist, Mechatroniker oder Trockenbauer, besucht die Berufsschule. Hier wird Textverständnis vorausgesetzt. Abiturienten benötigen darüber hinaus besondere Kenntnisse für ihre Prüfungen, Studenten müssen in der Lage sein, sich das Wissen ihres Fachs eigenständig anzueignen und zu verknüpfen. Die Skripte bestehen jedoch, auch wenn man sie herunterladen und die Anmerkungen direkt an das digitale Script des Professors schreiben kann, aus komplexen Texten. Wer studiert, muss sie entschlüsseln und sich einprägen. Das fällt vielen Studenten am Anfang äußerst schwer.

VIRTUELLER SEX TO GO

Das Mediennutzungsverhalten von Teenagern hat sich nicht nur in puncto Bücher verändert. Es gibt noch eine andere Beschäftigung, der Jugendliche und Heranwachsende stundenlang im Internet nachgehen: Pornos gucken. Kommunikationswissenschaftler der Universitäten Hohenheim und Münster haben eine repräsentative Studie zum Thema »Jugend, Internet und Pornografie« erstellt. Dafür befragten sie 1048 Kinder und

Jugendliche im Alter von 14 bis 20 Jahren zu ihrem Konsum von Hardcore-Pornos. Die Ergebnisse zeigen, dass sich faſt jeder Zweite in dieser Altersgruppe bereits Pornos angesehen hat. Bei den 14- bis 15-Jährigen gaben 32 Prozent an, Hardcore-Pornos zu schauen. Im Durchschnitt schauen die Teenager mit 12,7 Jahren das erſte Mal einschlägige Pornos im Internet.

Mit rund 14 Jahren fangen Kinder und Jugendliche an, nicht jugendfreie Inhalte zu konsumieren, meiſt mit ihren Freunden. Bei der Hälfte aller Jugendlichen iſt der Erſtkontakt gewollt. Allerdings zeigen sich hier geschlechtsspezifische Unterschiede. »Von den Mädchen gaben beispielsweise knapp 60 Prozent an, dass der Kontakt zu pornografischen Inhalten ungewollt war, bei den Jungen waren es nur 37 Prozent«, so Jens Vogelgesang, Leiter des Fachgebiets Kommunikationswissenschaft, insbesondere Medien- und Nutzungsforschung an der Universität Hohenheim.

Zu ungewollten Kontakten zählten die Forscher, wenn Freunde den Jugendlichen Pornos zeigten oder sie im Netz zufällig auf derartige Inhalte ſtießen. Ein Drittel aller Mädchen hat mindeſtens einmal im Leben Pornos gesehen und 50 Prozent aller Jungen. Von denen wiederum schauen ein Drittel regelmäßig. Dabei haben die gezeigten Inhalte nichts mit dem zu tun, was wirklich im Bett bei Jugendlichen passiert. Das kann – muss aber nicht – zum Problem werden, wenn sich die Teenager nicht trauen, ihre Sexualität zu erkunden, da in den Filmen ja alle genau zu wissen scheinen, wie es geht. Sie selbſt aber nicht.

Ob Snapchat, Dating-App, Pornos, Computerspiele oder YouTube – die Generation Smartphone lebt rund um die Uhr den digitalen Lebensſtil, egal ob die französische Regierung ihnen die Geräte auf dem Schulhof verbietet oder nicht. Je nachdem, ob sich ein Heranwachsender selbſt regulieren kann oder es nicht schafft, sich von dem 24-Stunden-Entertainment loszureißen, können Eltern eingreifen. Allerdings iſt dies mit dem Übergang von der Schule ins Erwachsenenleben zu spät. Es muss geschehen, wenn die Jugendlichen noch zur Schule gehen. Und das auch nur, wenn sie Probleme bekommen, ob mit ihren sozialen Kontakten, in der Familie oder in der Schule.

Vor vier Jahren besuchte mich David, der Sohn einer Freundin aus Bern, der ein Rollenspiel spielte, natürlich nachts. Zwei Tage verließ er das Zimmer weder zum Essen, noch um in den Garten zu kommen. Gegen ein Uhr mittags stand er auf, wirkte wie abgeschaltet, war übermüdet. Der Plan des 15-Jährigen, sich den Reichstag anzuschauen, das Brandenburger Tor oder die Mauer, schien zu platzen. Dann hatte ich die Nase voll. Ich zog den Stecker vom W-LAN aus der Buchse. Ich informierte ihn neutral, dass wir nun alle offline seien, auch für mich die ultimative Folter. Nach ein paar Stunden kroch er aus dem Zimmer und legte sich in die Hängematte im Garten. Dort schlief er bis abends. Genauso am nächsten Tag. Nach 48 Stunden Hängemattentherapie war er ausgeschlafen. Plötzlich unterhielt er sich mit uns, begleitete unsere Tochter freiwillig einen Tag zur Schule, lernte Japanisch-Vokabeln für eine Reise mit seinem Vater. Er holte seine Bücher heraus, um für einen Aufnahmetest einer neuen Schule zu büffeln.

David bestand den Test und schaffte es auf das Gymnasium seiner Wahl, wurde aber nach einem Jahr wieder der Schule verwiesen – es waren einfach zu viele Fehlstunden. Die Eltern waren am Rande der Verzweiflung. Dann nahm die Mutter das Zepter in die Hand und überredete ihren Sohn, das Gymnasium zu vergessen und einen völlig anderen Weg zum Abitur zu nehmen. Heute absolviert der inzwischen 19-Jährige eine Ausbildung zum Zimmermann und macht parallel dazu sein Abitur an einer berufsbegleitenden Schule. Nachts spielt er nicht mehr, denn morgens um halb sechs Uhr klingelt der Wecker. Er arbeitet auf dem Dachstuhl, zimmert Balken und schleppt Material. An zwei Tagen geht er zur Fachschule, zeichnet Dachkonstruktionen, lernt etwas über die Statik von Häusern. Wenn er nach Hause kommt, fällt er ermattet und glücklich ins Bett.

Handwerklich zu arbeiten macht müde, eine ziemlich wirksame Therapie gegen nächtliches Computerspiel. Sowohl im Job als auch in der Schule bekommt er gutes Feedback. David hat die Kurve gekriegt. Er hat seinen digitalen Lifestyle im Griff, nicht mehr umgekehrt. Statt den virtuellen Storys von »League of Legends« zu folgen, interessieren ihn nun real existierende Bäume. Als Zimmermann muss er wissen, wie ein Dachstuhl für die nächsten 150 Jahre hält. Seine neue Mission ist nun, alles über Holz zu erfahren: die Härte, die Eigenschaften, die Maserung, die Krankheiten. David weiß, mit einem schnellen Klick ist im Dachstuhl nichts erreicht. Dafür werden die Häuser, die er baut, wohl noch stehen, wenn seine Kinder von ihm das neueste digitale Spielzeug haben wollen.

Unendliche Möglichkeiten

Die Vielfalt neuer Studiengänge

Vom digitalen Lifestyle geht der Blick jetzt kurz zurück ins Mittelalter – in eine Zeit, als die einzigen Medien kostbare Handschriften waren, in denen nur auserwählte Gelehrte oder Studenten lesen durften. Schaut man an die Decke der Alten Aula, des zentralen Prachtbaus der Universität Heidelberg, erkennt man Darstellungen von vier allegorischen Gestalten. Jede der Figuren symbolisiert ein Fach, das Studenten an der 1386 gegründeten Universität belegen konnten: Rechtswissenschaften, Medizin, Theologie und Philosophie. Die Studienwahl für die jungen Männer – Frauen waren damals an der Universität natürlich nicht zugelassen – war einfach.

Meist fällte die Familie die Entscheidung, welches Fach der Filius belegen sollte. Jura, Medizin, Theologie und Philosophie waren Aufbaustudiengänge. Zuvor absolvierten die mittelalterlichen Eleven ein Grundstudium in den sogenannten sieben Künsten: Grammatik, Dialektik, Rhetorik, Musik, Geometrie, Arithmetik und Astronomie. Erst danach konnten sie ihren »mittelalterlichen Master« wählen. 1990 überreichte mir ein Professor in dieser ehrwürdigen Alten Aula mein Diplom. Im Frühjahr 2018 kehrte ich für meine Recherchen zurück. Mittlerweile zahlt man Eintritt für die Alte Aula. Nach dem Besuch führt der Weg zum Ausgang durch einen Museumsshop, in dem man Hoodies, Baseballkappen und Rucksäcke in allen Farben mit dem Emblem der Ruprecht-Karls-Universität Heidelberg kaufen kann.

KEINE ORIENTIERUNGSLOSIGKEIT IM MITTELALTER

1386 und in den folgenden Jahrhunderten gab es keine Qual der Wahl, keine Orientierungslosigkeit, kein Chillen bei Mama auf dem Sofa und kein Gap Year in Australien. Nach dem Studienabschluss war der Weg für die jungen Herren größtenteils bereits eingetütet. Sie wurden Richter, Arzt, Priester, Professor oder Schreiber bei einem Adeligen, der »Was mit Medien«-Beruf der Minnesängerzeit. Ablenkung durch Social Media existierte nicht, ebenso wenig wie Massenmedien selber. Bücher waren handgeschrieben, wie beispielsweise der *Codex Manesse*, die große Heidelberger Liederhandschrift. Sie ist die älteste Sammlung von Liedtexten und bildlichen Darstellungen vom mittelalterlichen Leben – ein früher Vorläufer der Instagram-Gesellschaft. Die Handschrift zeigt Menschen bei ihren alltäglichen Tätigkeiten, beim Minnesang, in Ritterrüstung auf dem Pferd sowie beim Laute- oder Schachspielen. Rund 700 Jahre später postet man ebenfalls Darstellungen des Alltags: Duckface-Bilder, das neueste Outfit, das Essen auf dem Teller eines Restaurants oder den letzten Konzertbesuch.

STUDIEREN OHNE BÜCHER

Die große Mehrheit der Jungen im Mittelalter sah niemals eine Universität von innen, geschweige denn, dass sie je eine Handschrift berührten. Bücher gab es noch nicht, der Buchdruck war noch lange nicht erfunden. Erst um 1452 erschien die Bibel von Johannes Gutenberg, dem Erfinder des Buchdrucks. Die höhere Bildung war ein Privileg weniger Söhne reicher Bürger, Adeliger oder Angehöriger des Klerus. Die meisten jungen Männer arbeiteten als Knecht, im Handwerk als Mitglied einer Zunft, in der Landwirtschaft oder im Kloster. Frauen spielten jahrhundertelang keine Rolle an der Uni. Sie wurden dort erst nach 1900 zur höheren Bildung zugelassen. Das Handwerk war da schon fortschrittlicher. Einzelne Zünfte beschäftigten Frauen bereits im Mittelalter, etwa die Seidenspinner oder die Garnmacher.

Höhere Bildung war demnach ein Privileg von Männern aus einer elitären gesellschaftlichen Gruppe. Es ging um den Status einer Familie. Adelige sahen es gern, wenn der Filius Jura studierte, selbst wenn er den Beruf eines Juristen später nicht ausübte, sondern seine Zeit als Privatier verbrachte. Man ging zur Jagd, folgte Einladungen bei Hof, man war auch ohne Job beschäftigt. Eine wichtige Position nahm der Klerus ein. Ein Sohn, der Theologe wurde und in der Kirche eine wichtige Position bekleidete, schmückte jede Familie der höheren Gesellschaft. Die Medizin entwickelte sich erst langsam, doch auch dieses Studium galt als ehrbar und versprach eine geachtete Stellung im Bürgertum. Erst im Jahr 1300 führten Gelehrte die erste Leichenschau zu Lehrzwecken durch. Philosophie war damals die Grundlage für viele Berufe: Gelehrter, Schreiber, Denker. Anders als heute, wo der Studienwunsch »Philosophie« bei Eltern blankes Entsetzen auslöst (»Kannst dich ja gleich bei Uber als Fahrer anmelden« oder, für weniger digitale Eltern: »Kannst ja gleich den Taxischein machen«), waren Philosophen im Mittelalter hoch geschätzt.

VON VIER ZU 19 000 FÄCHERN UND REKORD BEI DEN STUDIERENDENZAHLEN

Heute kann man in Deutschland 19 000 verschiedene Studiengänge belegen. Zwischen 2005 und heute sind aus 350 000 Studienanfängern fast eine halbe Million geworden. Nach Angaben des Deutschen Industrie- und Handelskammertags verlassen jährlich 700 000 junge Menschen mit verschiedenen Abschlüssen die Schule, mehr als 40 Prozent von ihnen mit dem Abitur.

140 000 Studierende kehren ihrem einmal eingeschlagenen

Studienweg allerdings wieder den Rücken. An der Massenuniversität gehen viele unter. »Allein sechshundert Erstsemester für Jura begannen im Wintersemester 2018 in Göttingen«, berichtet Timon in einem Interview. »Aber nach der Zwischenprüfung sind wir nur noch dreihundert.« Junge Erwachsene haben heute bessere Arbeitsmöglichkeiten als je zuvor. Die Jugendarbeitslosenquote der 15- bis 29-Jährigen ist mit 6,2 Prozent EU-weit die niedrigste. Zudem zeigt sich in den letzten Jahren ein Trend zur höheren Qualifizierung. Für das Halbjahr 2018/19 meldete das Statistische Bundesamt einen Rekordwert: 2,6 Millionen Studenten sind an einer Hochschule eingeschrieben, mehr als je zuvor. 2016 absolvierten 31 Prozent der Erwachsenen im Laufe ihres Lebens ein Hochschulstudium. Der Anteil der Hochqualifizierten auf dem Arbeitsmarkt steigt kontinuierlich. Klar ist: Wer von vornherein weiß, was er will, hat keine Schwierigkeiten zu entscheiden, wohin es nach der Schule geht.

So wie Julian, ein 18-jähriger Abiturient aus Frankfurt. Er ist ein Autonarr, sein Traum ist, einmal in der Automobilbranche zu arbeiten, eventuell neue Modelle zu entwickeln. Dafür möchte er an der RWTH Aachen seinen Abschluss als Diplom-Ingenieur machen. »Die sind die Besten«, ist er überzeugt. Anders als 80 Prozent seiner Mitabiturienten hat Julian den totalen Durchblick und einen ausgereiften Plan. Bereits im Juli nach dem Abitur kann er sich auf die Zimmersuche in Aachen begeben. Während andere noch in Ahnungslosigkeit verharren, freut er sich schon über seine bevorstehende Immatrikulation, den Umzug und das erste Praktikum bei Porsche.

Wer nicht wie Julian vorgeht, sondern nicht genau weiß, was er oder sie will, muss sich durch einen Dschungel an Möglichkeiten kämpfen. Lucas hat 2017 in Berlin sein Abitur gemacht und ist danach ab nach Australien. Er schwankt zwischen der Idee, gleich ein Start-up zu gründen und schnell reich zu werden, und – auf Drängen seiner Mutter – der Idee, irgendetwas mit Wirtschaft zu belegen. Besser als Paläontologie, denkt Mama und beschließt, Argumentationshilfen für ein akademisches Studium zu recherchieren. Sie gibt die Stichworte »Studium« und »Wirtschaft« bei Google ein. Genauso gut hätte sie »Kuchen« und »lecker« eintippen können, die Suchmaschine hätte ebenfalls zig Trillionen Ergebnisse ausgespuckt.

Aber Mama lässt sich so leicht nicht unterkriegen. In Ruhe geht sie die Suchergebnisse durch: Wirtschaft mit dem Abschluss Bachelor und Master. Wirtschaft auf Staatsexamen für Lehramt, ganz was anderes. Wirtschaftspsychologie, Wirtschaftsinformatik, Recht – Wirtschaft – Personal, Wirtschaftsingenieur. So weit, so unübersichtlich, denkt sich Mama. Als sie weiter liest, findet sie alle erdenklichen Cocktails an Studienfächern mit BWL. Hmm. Mama macht sich erst einmal einen Kaffee und füllt das Papierfach in ihrem neuen Drucker auf. Sie will alles schwarz auf weiß haben und ihrem Sohn hinlegen. Nach drei Stunden hat sie 17 kleine Stapel auf den Boden ihres Arbeitszimmers geschichtet. Der Papierkorb quillt über. Ein Häufchen bilden Angebote, die sie von vornherein als abwegig eingestuft hat, darunter ein Ausdruck mit der Überschrift »Wirtschaft 4.0«. »Puta de madre«, flucht die Mutter – sie ist Argentinierin –, ihr Sohn soll erst mal mit Wirtschaft 1.0 beginnen.

Einen riesigen Stapel bilden die Angebote von Privathochschulen: die European Business School im Rheingau (knapp 7000 Euro pro Semester), Hochschule Fresenius mit verschiedenen Standorten (etwa 2800 Euro pro Semester), Frankfurt School of Finance and Management (6800 Euro pro Semester). Die Mutter beschließt, in ihrem nächsten Leben selbst eine private Hochschule zu gründen und richtig reich zu werden. Ein Stapel, den sie mit einem Post-it als wichtig markiert hat, sind Orientierungsveranstaltungen. Sie ist heillos begeistert, was Dozenten anbieten, um junge Leute in der Orientierungsphase zu unterstützen: Studienberatung, Vorträge, Schnuppertage, Tag der offenen Tür mit Workshops für Interessierte, Orientierungsstudiengang MINT mit Modulen zur Entscheidungsfindung. Irre. Nur, wie lotst sie ihren Filius dorthin? Ist es schon Einmischung, wenn sie die Ausdrucke in sein Zimmer schmuggelt, oder gilt das noch als zulässiger Support?

Nach ein paar Stunden Recherche dämmert es Mama: Studieren kann man à la carte. Man kann Vollzeit studieren oder abends berufsbegleitend, wenn jemand tagsüber arbeiten will. Lucas' Idee, gleich ein Start-up zu gründen, wäre also kombinierbar mit einem Wirtschaftsstudium. Zumindest theoretisch. Interessant findet die Mutter das duale Studium. Das bedeutet, dass ein Studium an einer Hochschule mit einem Job in einer Firma kombiniert wird. Die Unternehmensberatung Deloitte bietet zum Beispiel den dualen Ausbildungsgang Bachelor of Science in Wirtschaftsinformatik an. Der Vorteil: Deloitte übernimmt die Studiengebühren, stellt einen Mentor sowie diverse Zusatzleistungen.

Lucas entscheidet sich am Ende für die Leuphana-Universität in Lüneburg. Er belegt »International Business Administration und Entrepreneurship«. »Den Aufnahmetest machen über tausend Bewerber, sechzig werden genommen«, erklärt Lucas. Er hat es geschafft: »In den Kursen sitzen nie mehr als zwanzig Studenten, ein Paradies. Das ist schon etwas anderes als an einer Massen-Uni.«

ALLES GEHT ÜBERALL

Doch damit nicht genug der Auswahl. Hinzu kommt die Option für Studierende, ins Ausland zu gehen. Hier kann man Sprachkenntnisse vertiefen, international Erfahrungen sammeln oder schlichtweg eine Uni suchen, an der man sein gewünschtes Studienfach studieren kann, wenn der Abischnitt für den Numerus clausus in Deutschland nicht reicht.

»Sich für eine unter diesen Tausenden von Möglichkeiten zu

entscheiden, fällt vielen sehr schwer«, meint die psychologische Psychotherapeutin Birgit Rominger von der Psychologischen Beratungsstelle des Studierendenwerks Berlin. »Einigen Studierenden ist auch nicht klar, dass ein Studium an einer Universität ein wissenschaftliches Studium ist, etwa im Gegensatz zu dem Besuch einer Hochschule.« Die Universität habe ein höheres Niveau, zum Beispiel in Mathe. »Einige, die früher für gute Noten nicht viel lernen mussten, sind ganz enttäuscht, wenn sie hier nur auf eine Vier kommen oder durchfallen.« Dabei sei die Wahrscheinlichkeit, in einigen Fächern durchzurasseln, sehr hoch. »Manchmal fallen 50 bis 60 Prozent aller Teilnehmer durch eine Klausur«, weiß Rominger.

Die Wahl eines beliebten Studienfachs wie Wirtschaft verbinden aber viele gar nicht mit Mathematik. Dabei sei das Bestehen eines schweren Mathekurses Pflicht für ein Wirtschaftsstudium. »Es wäre schon gut zu wissen, ob man Mathe kann oder nicht«, so Rominger. Eine Standarderfahrung für sie ist, dass Studenten mit dem Gefühl kommen, in Mathe gescheitert zu sein, obwohl sie dachten, sie beherrschten das Fach. Bei näherem Hinsehen wird jedoch schnell klar, dass einige bis zum Abitur mit Nachhilfe durchgeschleppt wurden. Im Einzelfall verstellt der gute Abischnitt den Blick auf das, wozu jemand aus Eigenleistung fähig ist. Auch solche Phänomene erschweren die Wahl des richtigen Studiums. Man glaubt, etwas gut zu können, hat es aber nur mit massivem Rückenwind geschafft.

IM SCHLARAFFENLAND DER MÖGLICHKEITEN

Dabei ist die Tatsache, dass es diese Auswahl heute gibt, an sich fantastisch. Das »richtige« Studium zu finden, gleicht bei den meisten allerdings der Suche nach dem Heiligen Gral. Nachdem ich 1984 mit 18 Jahren Abitur gemacht hatte, ging ich erst einmal ein Jahr nach Frankreich. Meine Eltern waren damals der Meinung, ich hätte noch Zeit, da ich eine Klasse übersprungen hatte. In ihrer Arithmetik fehlte also noch ein Jahr Reifung. Ein Auslandsaufenthalt erschien ihnen als das Sinnvollste, was ich zu diesem Zeitpunkt machen konnte. Ich selbst hatte nicht die geringste Ahnung, was ich studieren wollte. Also fuhr ich nach Angers und studierte Französisch.

Als ich wiederkam, bestellte ich den Studienführer von der ZVS. Ich erinnere mich noch genau, wie ich den dicken Wälzer in die linke Hand nahm und langsam mit dem rechten Daumen alle Seiten durch meine Finger gleiten ließ. »So viele Fächer«, wunderte ich mich. Wie soll ich da herausfinden, was zu mir passt? Ich rief meine Freundin an und fragte sie, ob sie den Studienführer auch schon hatte und was sie damit machte. »Ich bin nach dem Ausschlussprinzip vorgegangen«, meinte Birgit. »Ich habe rausgesucht, was ich auf keinen Fall machen will.« Das war bei mir ziemlich schnell erledigt. Mathe, Physik, Chemie, Medizin raus. Theaterwissenschaft, Kulturwissenschaft, Kunstgeschichte raus. So ging es weiter. Schnell schrumpften die Möglichkeiten. Nach gefühlt sechzig Minuten hatte ich bereits ein paar Favoriten: Psychologie, Biologie, Amerikanistik, Französisch, Literaturwissenschaft, Linguistik, Jura. Geht doch.

Beim Lesen merkte ich, dass es mir nicht nur um die Fächer ging. Manche Städte gefielen mir überhaupt nicht, andere, die ich genauso wenig kannte, schienen mir über die Maßen interessant. Heidelberg zum Beispiel. Ich suchte nach Studiengängen aus meinen Favoriten in Heidelberg. Ein Match ergab das Institut für Übersetzen und Dolmetschen, an dem man neben den Sprachen auch Linguistik sowie Jura belegen konnte. Außerdem hatte Heidelberg eine Partnerschaft mit der Universität Cambridge, einer Stadt, die ich von einer Konzertreise meines Chors her kannte. Das beflügelte meine Fantasie. Ich musste sofort nach Heidelberg fahren, um mir die Uni anzuschauen. Etwa eine Woche später saß ich im Zug nach Karlsruhe und holte dort meine Freundin Grit ab, die mit mir die Uni anschauen wollte.

Wir fuhren mit ihrem Auto nach Heidelberg, schlenderten durch die verwunschenen Gassen und fanden schließlich das Institut für Übersetzen und Dolmetschen. Ehrfürchtig betrachteten wir das Gebäude und lasen die Anschläge am Schwarzen Brett. Alles schien bedeutungsvoll zu sein. Ein Seminar in Semantik, eine Vorlesung über Neologismen, ein Workshop zu amerikanischer Literatur. Als ich im Frühjahr 2018 das Institut wieder betrat, sah es noch genauso aus wie 1985, als ich dort anfing. Ich plauderte mit Studentinnen darüber, warum sie sich für dieses Fach eingeschrieben hatten. Die eine erzählte, ihre Mutter sei Übersetzerin, die andere sagte, sie wolle später einmal in einer internationalen Organisation arbeiten.

Als ich mich damals entschloss, in Heidelberg zu studieren, fuhren Grit und ich abends zurück zu ihr nach Karlsruhe. Grits Vater kochte für alle Spaghetti Bolognese. Wir standen in der Küche um den Herd herum, und ich rieche noch heute den Duft der Tomaten und der simmernden Hackfleischsoße. Ich erinnere mich noch an bestimmte Details des Abends, zum Beispiel daran, dass der Vater erklärte, die Soße müsse sehr langsam einkochen, um richtig gut zu schmecken. Meine euphorische Stimmung angesichts der Tatsache, dass ich ein passendes Fach an einer Uni für mich gefunden hatte, hat diesen Tag dauerhaft in mein Gedächtnis eingegraben.

Den heute Anfang 20-Jährigen kommt diese Schilderung natürlich vor wie eine Geschichte aus dem Urschleim. Wenn wir darüber sprechen, wie ich damals mein Studienfach gefunden habe, erscheint es mir im Nachhinein bizarr. Viele meiner Gesprächspartner können sich eine Studienplatzwahl ohne Internetrecherche nicht vorstellen. Antonia sagt: »Krass war das damals ... Auf der anderen Seite ertrinke ich in Informationen. Jede Universität hat andere Aufnahmekriterien für Psychologie. In Trier liegt der NC dieses Jahr bei 1,6, in München bei 1,0. In Wien machst du einen Eignungstest. In Budapest kannst du das Fach an einer Privatuni studieren. In Maastricht kriegst du auf jeden Fall einen Platz. Das macht mich verrückt.« Dafür kann man das, was damals mehrere Tage dauerte, heute an einem einzigen Tag herausfinden. Ein riesiger Vorteil.

Nehmen wir einmal Zorah aus Berlin, 18, die mit Psychologie oder Wissenschaftsjournalismus liebäugelt. Bei einem Abidurchschnitt von 2,3 weiß sie, dass sie keine Chance auf einen Psychologie-Studienplatz in Deutschland hat. Psychologie ist derzeit eines der Trend-Fächer. »Ich habe mir die Wartezeit ausgerechnet und muss hundert Jahre auf einen Studienplatz warten. Nein, ehrlich, in Wahrheit sind es zehn Jahre. Dann bin ich 28!« Aus ihrem Mund klingt das steinalt. Erst mal absolviert sie ein Jahr lang verschiedene Praktika, zunächst bei einer PR-Agentur, dann in einer Tagesklinik für Borderliner und manisch-depressive Patienten. Sie interessiert sich auch für Wissenschaftsjournalismus und begleitet mich zu mehreren Interviews mit Psychiatern und Analytikern.

Zorah hält sich gar nicht länger mit Plan A auf, sondern denkt sofort über Plan B nach. Im Internet hat sie sich sofort durch alle Angebote gehackt. »Eine Idee wäre zum Beispiel die Uni Wien. Dort kann man einen Test machen, um sich für das Psychologiestudium zu qualifizieren«, weiß sie. Auf 400 Plätze kommen circa 2300 Interessierte, die zum Test antreten. Er gilt als äußerst schwer. Die Bewerber lernen mehrere Wochen im Sommer. Dafür nimmt Wien deutlich weniger Studiengebühren als andere Universitäten. Überhaupt ist Wien bei deutschen Studierenden sehr angesagt. Es wird überhaupt kein Problem sein, dort neue Freunde kennenzulernen. Die Stadt ist voller WGs für Deutsche. Zorahs derzeitiger Favorit ist die Universität Maastricht in Holland. Sie kostet rund 2000 Euro Studiengebühren pro Jahr, der Unterricht ist auf Englisch. »Hier könnte ich mich im Prinzip direkt einschreiben und starten«, sagt sie. »Dafür muss ich aber den Englischtest bestehen.«

Das klingt schon mal sehr verlockend. Mit ihren Eltern ist sie auch bereits nach Maastricht gereist, um sich Uni und Stadt anzugucken.

DER RUN AUF EINEN MEDIZINSTUDIENPLATZ

Ein anderes Fach, für das viele Abiturienten aufgrund des hohen NCs keinen Studienplatz in Deutschland bekommen, ist Medizin. Die Zahl der Bewerber, weiß etwa Cort-Denis Hachmeister, Datenanalyst am Centrum für Hochschulentwicklung in Gütersloh, ist in den vergangenen Jahren explodiert. Im Jahr 2000 gab es 20 000 Interessierte, im Wintersemester 2017 waren es 43 000, mehr als doppelt so viele. Dem stehen rund 9000 Studienplätze gegenüber. »Es wollen im Allgemeinen immer mehr junge Menschen studieren«, sagt Hachmeister. »Der Arztberuf genießt ein hohes Prestige und bietet gute Verdienstmöglichkeiten – quasi ohne die Gefahr, arbeitslos zu werden«, sagt Hachmeister der Zeitschrift *ZEIT Campus* im Dezember 2017.

Wie schwierig die Suche nach einem Studienplatz für Medizin ist, wo der NC bislang bei 1,0 liegt, wie lange das Warten, wie komplex das Abwägen aller Alternativen, können sich viele nicht vorstellen. Dies erklärt auch manche Orientierungslosigkeit von abgewiesenen Bewerbern in den Wartejahren. Im Herbst 2018 wurde beschlossen, die Studienplatzvergabe umzustellen. Statt hauptsächlich über den NC sollen die Universitäten nun einen größeren Teil der verfügbaren Studienplätze aufgrund eigener Kriterien vergeben. Der reine Abischnitt sollte dies nicht sein.

In jedem Fall soll es eine Art Ausgleich dafür geben, dass das Abi in einigen Bundesländern leichter ist als in anderen. Universitäten sollen vermehrt Bewerbungsgespräche führen. Der Medizinertest wird weiter eine große Rolle spielen. Doch wie genau nun Abiturienten mit einem schlechteren Abi als 1,0 an die Plätze kommen, hängt auch von den einzelnen Unis ab. Das Verfahren wird für diejenigen, die sich in den nächsten Jahren bewerben wollen, auch weniger durchschaubar. »Es ist viel schwerer abzuschätzen, ob man genommen wird oder nicht«, weiß die Berlinerin Sophia, 20 Jahre, Tochter einer Argentinierin und eines Vaters aus Uruguay. Sie studiert zurzeit Medizin in Budapest an einer Privatuni. Mit ihrem Abischnitt von 1,4 bekam sie trotz zweier Wartesemester keinen Platz in Deutschland.

Viel hängt also neben dem Abischnitt vom Ergebnis des Medizinertests oder dem individuellen Bewerbungsgespräch ab. An einigen medizinischen Universitäten wie der Charité zählt auch ein freiwilliges soziales Jahr sehr stark. Wer sicher mit einem Studium beginnen will und über das nötige Kleingeld verfügt, geht ins Ausland. Denn aus der Differenz zwischen Angebot und Nachfrage ist europaweit ein Markt für Medizin-Studienplätze entstanden – was die Entscheidung noch schwieriger macht. Medizin kann man inzwischen fast überall studieren: in Innsbruck, Valencia, Budapest, Kiew, Breslau, Prag, Warna (Bulgarien), Bratislava, Kaunas, Riga und vielen anderen Städten – überall tummeln sich deutsche Medizinstudenten.

Die meisten dieser Unis sind privat betrieben und kosten Studiengebühren. Die liegen zum Teil bei 7000 Euro pro Semester, wie zum Beispiel an der Semmelweis-Universität Budapest. Das ist viel Geld dafür, dass beim Abitur vielleicht nur ein paar Prozentpunkte hinter dem Komma gefehlt haben und unser Land unter einem drastischen Ärztemangel leidet. Doch auch nach dem Physikum wird es nicht unbedingt einfacher, an eine deutsche Uni zu gelangen. »Da macht man ein super Physikum in Ungarn, aber für die Bewerbung an den meisten deutschen Unis zählt jetzt wieder dein Abi-Ergebnis, wo du vielleicht keine Lust auf Geschichte hattest«, sagt Sophia, mittlerweile im dritten Semester Medizin in Budapest. »Nur wenige Unis wählen nach der Note des Physikums aus.

Auf jeden Fall braucht man eine Eins, um für das Hauptstudium in Deutschland genommen zu werden.«

Ihr Studiengang in Budapest läuft auf Deutsch. »Mit mir studiert eine gelernte Krankenschwester, die vorher fünf Jahre in Deutschland gearbeitet hat. Auch nach 14 Wartesemestern bekam sie keinen Platz.« Darüber hinaus weiß Sophia von einem operationstechnischen Assistenten zu berichten, der neben seiner Ausbildung im OP jahrelang Berufserfahrung gesammelt hat. Auch ihm blieb nach Jahren des Wartens nur der Weg an eine Privatuni. »Er weiß mehr als einige der Assistenzärzte, die uns unterrichten«, verrät Sophia. Ob es mit den neuen Auswahlkriterien gelingt, solch entschlossene junge Menschen aufzunehmen? Der OP-Assistent rechnet nicht damit, nach dem Physikum einen Studienplatz in Deutschland zu bekommen. Ist der Einser-Kandidat oder die Einser-Kandidatin später wirklich ein besserer Arzt, eine bessere Ärztin? Was sagt der Abischnitt über die Fähigkeiten aus, Gehirnoperationen durchzuführen? Was nützt eine Eins in Physik und Mathematik, wenn man später eine Landarztpraxis führen soll? Ob man Bauer Hinterhubers Diabetes besser in den Griff bekommt, wenn man mit ihm über kontinuierliche Symmetrien und das Noether-Theorem diskutiert? Oder doch lieber darüber, ihm einzuimpfen, dem Käsekuchen seiner Frau zu entsagen und stattdessen in die Gurke aus seinem eigenen Garten zu beißen? Für diese Art von Sozialmedizin benötigt man andere Persönlichkeitseigenschaften wie Empathie, Pragmatismus, eine soziale Einstellung und Fürsorge. Rein kognitive Fähigkeiten reichen nicht aus.

FREIE FAHRT FÜR MINT

Wer sich statt für Medizin für ein naturwissenschaftliches, technisches oder mathematisches Studium entscheidet, hat die freie Wahl. Für die MINT-Fächer (Mathematik, Informatik,

Naturwissenschaften, Technik) gibt es keinen NC. Informatikern, Mathenachwuchskräften, Physikern stehen alle Türen offen. Inhaltlich hängt die Latte allerdings sehr hoch, die Quote der Studenten, die durch die Klausuren fallen, ist beträchtlich.

Deutlich besser organisiert die Wirtschaft ihre Nachwuchssuche für MINT-Fachkräfte. In Hannover hat sie gemeinsam mit Politik und Kammern die IdeenExpo etabliert. Alle zwei Jahre öffnet das große Technik-Event auf dem hannoverschen Messegelände für Jugendliche seine Türen. Mehr als 250 Aussteller – Unternehmen, Verbände und Hochschulinstitute – präsentieren technische und naturwissenschaftliche Mitmach-Exponate, um Jugendliche für Technik zu begeistern. Einer der größten ist die Metall- und Elektroindustrie, die auf 800 Quadratmetern Standfläche um junge Talente wirbt. Hier lernen die Besucher in einer Metallwerkstatt von echten Auszubildenden der Branche, wie man Werkstücke bearbeitet. Mithilfe einer Hightech-CNC-Fräse können sie ihren eigenen Anhänger fräsen und entgraten – noch nicht im ersten Lehrjahr und schon ein Erfolgserlebnis.

Hand und Werk, das wird dann lebendig, wenn die eigenen Hände im Einsatz sind und Werkstücke entstehen, die man begreifen und mit nach Hause nehmen kann. Bei wem der Funke übergesprungen ist, der kann sich bei einer Berufsberaterin über die vierzig verschiedenen Ausbildungsberufe der Metall- und Elektroindustrie informieren. Aspiranten können sogar direkt online über eine Datenbank nach ihrem Wunschausbildungsplatz suchen. Dies ist nur ein Beispiel für viele, die für die Nachwuchssicherung unkonventionelle Wege gehen. Dass die IdeenExpo mittlerweile von Jugendlichen aus ganz Deutschland besucht wird, zeigt den Erfolg des Modells. Jeder zweite der mehr als 360 000 Besucher kommt nämlich nicht aus Niedersachsen.

AZUBIS IM SCHLARAFFENLAND DER MÖGLICHKEITEN

Der Markt der Berufsausbildungen verhält sich diametral entgegengesetzt zu dem der Studienplätze, die Sophia und ihre Kommilitonen europaweit im Nahkampf erobern müssen. Hier buhlen Unternehmen, Arztpraxen, Krankenhäuser, Krankenkassen und Handwerksbetriebe um Ausbildungswillige. Die Millennials finden ein Schlaraffenland der Möglichkeiten vor.

Ein Beispiel: Die 18-jährige Anna aus Düsseldorf macht einen Mittelschulabschluss mit 2,5, verliert jedoch in der elften und zwölften Klasse die Lust am Lernen. Ihr neuer Freund und die Partys am Wochenende sind – wenig überraschend – cooler als Rechnungswesen und Mathe. Ihr Ziel, Fachabitur zu machen, wackelt gewaltig. Das spielt jedoch gar keine Rolle. Denn für ihren Berufswunsch, Medizinische Fachangestellte, reicht der Mittlere Schulabschluss. Sie schickt ihre Unterlagen an mehrere Internisten. Drei Arbeitgeber laden sie umgehend zu einem Bewerbungsgespräch ein. Bei allen dreien kann sie einen Probetag absolvieren, um den Praxisalltag kennenzulernen. Die Internisten bieten ihr meist noch am selben Tag einen Arbeitsvertrag an.

Anna entschließt sich, bei der Gemeinschaftspraxis anzufangen, die ihr am besten gefallen hat. Über das Gehalt verhandelt die 18-Jährige gar nicht, das hat sie bei all der Aufregung vergessen. Als der Arbeitsvertrag vier Wochen später bei ihr eintrudelt, kommt die Familie aus dem Staunen nicht mehr heraus. 850 Euro verdient sie im ersten Ausbildungsjahr brutto. Mit dem von den Eltern zugeschossenen Kindergeld kommt sie nun auf 1000 Euro Einkommen. Sie kann ausziehen, eine Wohnung mieten und ist finanziell unabhängig. Im dritten Lehrjahr, so der Arbeitsvertrag, verdient sie 980 Euro. Praxen und Krankenhäuser sind dazu übergegangen, Auszubildende fair zu vergüten. Wichtiger als gute Noten sind souveränes Auftreten der jungen Bewerber, ein gepflegtes Äußeres, gute Umgangsformen und kommunikative Fähigkeiten.

Nicht nur zukünftige Medizinische Fachangestellte können sich ihren Ausbildungsplatz aussuchen. Das gesamte Handwerk, Dachdecker, Heizungsbauer, Sanitärbetriebe, Pflegeeinrichtungen oder die Verwaltung von Behörden suchen händeringend Nachwuchs. Schon jetzt herrscht Fachkräftemangel, und Tausende von Babyboomern gehen in den nächsten zehn Jahren in Rente. Dabei sind auch Kandidaten willkommen, die nur mittelprächtige Schulabschlüsse vorweisen können. Mit anderen Worten: Während der Markt um Studienplätze heiß umkämpft ist, können sich Auszubildende fast jeden Beruf aussuchen. Selbst Hauptschulabsolventen können viele geeignete Berufe wählen, zum Beispiel Malermeister oder Trockenbauer. Letzterer kommt allerdings im ersten Lehrjahr nur auf knapp 400 Euro, wie mir Serkan versichert, der seine Lehre abgebrochen hat.

Natürlich gibt es immer noch Ausbildungsberufe, die ein Fachabitur oder die allgemeine Hochschulreife voraussetzen, wie zum Beispiel die Lehre zum Immobilienwirt. Immobilienfirmen setzen hier gute Mathe-Kenntnisse voraus. »Wer keine Zwei in Mathematik hat, wird es in der Berufsschule schwer haben«, erläutert der Inhaber einer Immobilienfirma in Berlin.

Jedes dritte Unternehmen findet nicht genügend Kandidaten für eine Ausbildung. Die jährlichen Ausbildungsumfragen unter den Kammermitgliedern des Deutschen Industrie- und Handelskammertags ergaben 2018, dass allein 17 000 Unternehmen aus Industrie und Handel auf die von ihnen angebotenen Lehrstellen im vergangenen Jahr keine einzige Bewerbung mehr erhalten haben, zehn Prozent mehr als im Vorjahr. Ein Drittel der Firmen kann nicht alle Plätze besetzen. Bei der Bundesagentur für Arbeit waren bis Juni 2018 508 000 offene Lehrstellen gemeldet, 17 000 mehr als im Vorjahr. Bis Juni hatten sich nur 478 000 Bewerber angeboten. 2017 begannen immerhin 523 000 Jugendliche eine Ausbildung.

DIE GEHALTSLÜGE

Das Märchen vom hart arbeitenden Aschenbrödel, das schlecht entlohnt eine Arbeit verrichtet, bei der man sich die Finger dreckig macht, ist immer noch fest in den Köpfen von Jugendlichen und ihren Eltern verankert. Und für einige Berufe stimmt das ja auch. Eine Auszubildende beim Friseur verdient im ersten Lehrjahr circa 400 Euro. Danach steigert sich ihr Gehalt, jedoch nicht auf mehr als rund 1800 Euro brutto, selbst nach dreißig Berufsjahren. »Netto bleiben mir 1200 Euro im Monat«, erzählt die 46-jährige Petra aus Berlin. »Aber ich will mich nicht beschweren, mir macht der Beruf jeden Tag sehr viel Spaß.« Friseure, Krankenpfleger, Altenpfleger, Erzieher – sie alle werden unterdurchschnittlich entlohnt.

Es gibt jedoch viele andere Beispiele von sehr gut bezahlten Ausbildungsberufen. Auch wenn Fluglotsen zu den Topverdienern gehören und sicherlich eine Ausnahme darstellen, sollte man wissen, dass Auszubildende hier im dritten Lehrjahr 4500 Euro erhalten. Sie tragen eine sehr große Verantwortung. Der fertig ausgebildete Fluglotse bei der Deutschen Flugsicherung verdient je nach Position auch einmal 8000 bis 9000 Euro pro Monat, so die Webseite von Glassdoor. Eine spezialisierte Röntgenassistentin in München kann nach Aussagen eines niedergelassenen Radiologen aus der Innenstadt bis zu 5000 Euro im Monat verlangen. »Das Topgehalt zahlen die Ärzte, damit ihnen eine Spitzenkraft, die sich etwa jahrelang für spezielle digitale Mammografie fortgebildet hat, nicht abgeworben wird«, so der Inhaber einer großen Praxis.

Viele Akademiker, ob Kunsthistoriker, Theaterwissenschaftler, Archäologen, die in Galerien, Bibliotheken und Museen arbeiten, werden niemals in diese Gehaltsregion vordringen.

Trotzdem steht Studieren bei den Millennials hoch im Kurs. Eine Ausbildung sehen viele als minderwertig an. Diese Generation, die auf Marken und Selbstvermarktung setzt, hat ein sicheres Gespür dafür, was gerade angesagt ist. Ausbildungen sind es jedenfalls nicht.

Der Inhaber eines Dachdeckerbetriebs in Berlin berichtet von seiner vergeblichen Suche nach einem Azubi. »Im Winter in der Kälte raus aufs Dach«, so der Mann, »das will heute keiner mehr machen. Es kommt zwar mal ein Interessent für einen Probetag, aber wenn er den ersten Tag bei Nieselregen draußen gefroren hat, heißt es auf Nimmerwiedersehen. Leider kann man Dachplatten, die beim Sturm runtergekommen sind, nicht mit einem Update wieder anbringen.« Einige Betriebe loben Prämien von bis zu 1000 Euro aus, wenn ihre Mitarbeiter eine ausgelernte Fachkraft anwerben und der neue Kollege auch nach der Probezeit bleibt.

Gegen eine akademische Laufbahn entscheidet sich auch Helene. An verschiedensten Schulen in München kämpft sie mit dem Stoff, den Prüfungen und mit sich selbst. Vor allem aber mit Mathe. Einen guten Mittleren Schulabschluss hat sie in der Tasche, das Abi selbst hat sie nach zwei Anläufen und einer vermasselten Prüfung abgebrochen. Zwei Jahre lang überlegt sie, was sie mit sich anfangen könnte, chillt im endlosen bayerischen Sommer und lernt neue Leute kennen. Zeit hat sie en masse. Doch dann wird es Helene zu öde, und sie entschließt sich, auf die Steigenberger Akademie in Bad Reichenhall zu gehen, eine Hotelfachschule. Jetzt startet sie durch im Tourismus.

ZU VIELE WAHLMÖGLICHKEITEN

Wissenschaftler haben das Phänomen der überbordenden Wahlmöglichkeiten mit dem Fachbegriff »Auswahlparadox« *(Paradox of Choice)* bezeichnet. Je mehr Wahlmöglichkeiten wir haben, desto unzufriedener sind wir mit der Auswahl. Barry Schwartz, Professor für Sozialtheorie am Swarthmore College, sagt in seinem Buch *The Paradox of Choice*: »Die Tatsache, dass eine gewisse Auswahlmöglichkeit gut ist, bedeutet nicht notwendigerweise, dass mehr Auswahl besser ist.« Es gebe einen Preis für ein Übermaß an Möglichkeiten. In unserer Gesellschaft schätzten wir zwar Freiheit, Selbstbestimmung und Vielfalt. Was wir allerdings nicht mögen, ist, etwas abzuwählen. Indem wir aber krampfhaft an allen möglichen Wahlmöglichkeiten hingen, öffneten wir schlechten Entscheidungen, Ängsten, Stress, Unzufriedenheit und sogar klinischen Depressionen Tür und Tor.

Bekommt man in einem Hotel drei selbst gemachte Marmeladen serviert, Erdbeere, Himbeere, Orange, fällt die Wahl leicht. Erdbeere mag man nicht, Orange so lala, Himbeere ist ein Volltreffer. Gibt es hingegen Rhabarber-Thymian, Aprikose-Rosmarin, Himbeer-Salbei, Pflaume-Walnuss, Orange, Erdbeere und Quittengelee, fällt die Wahl schon schwerer. Man möchte alles ein bisschen probieren, aber auf jeden Fall Himbeer-Salbei. Aprikose-Rosmarin klingt auch verführerisch. So viele Marmeladenbrötchen, um alles auszuprobieren, schafft kein Mensch. Der Volksmund hat wohl recht, zumindest wenn man Barry Schwartz glaubt: Wer die Wahl hat, hat die Qual.

Beim Frühstücksbuffet ist der Ausweg leicht: Einen Morgen zwei Sorten probieren, am nächsten zwei andere. Nicht so bei der Wahl der Studienmöglichkeiten. Es macht einen entscheidenden Unterschied, ob ich Architektur, Wirtschaftspsychologie oder Sprachen studiere. Nur Juristen können Richter werden. Kinderärzte dürfen nur praktizieren, wenn sie das Studium abgeschlossen haben. Da mag es irrelevant sein, dass man später in der Kinderarztpraxis nie mehr Biochemie benötigt, man braucht den Studienplatz – und zwei Staatsexamen. Diese Gedanken können ganz schön lähmend wirken.

Der Vorteil besteht darin, dass es immer eine Ausweichmöglichkeit gibt. Wie bei Johanna. Zwei Jahre lang hat die Münchnerin versucht, einen Medizin-Studienplatz zu ergattern. Nach dem Abitur machte sie im Universitätsklinikum rechts der Isar ein Praktikum. Sie weiß: Das ist es, sie möchte Ärztin werden. Aber mit einem mittelprächtigen Abi stehen ihr mehrere Wartesemester bevor. Den Medizinertest hat sie vergeigt, die Rettungssanitäterausbildung, die sie als Überbrückung durchläuft, weckt Zweifel in ihr, denn die Arbeit ist hart. Betrunkene mit Sturzverletzungen, S-Bahn-Suizide, zermalmte Körper durch Autounfälle. »Ich hatte eine Scheißzeit«, so die junge Frau. Was, wenn sie das Medizinstudium nicht würde zu Ende führen können?

Schließlich wählt sie eine Alternative. Statt weitere vier Semester mit unklarem Ausgang herumzuwarten, geht sie nach Maastricht und immatrikuliert sich für den Studiengang Public Health. »Das hat auch was mit Medizin zu tun, ist aber nicht so blutig. Außerdem kann ich es sofort anfangen«, so Johanna. Manchmal ist die Wahl eben genau das, was einen eleganten Ausweg bietet.

Tatenlosigkeit der Kinder
Aktionismus der Eltern

Die Geschichte von Ole beginnt vor ein paar Jahren. Nach dem Abitur probiert der 19-Jährige aus Halle ein paar Berufsfelder aus. Seine erste Station: Die PR-Abteilung eines Dax-Konzerns. Andere Abgänger hätten für das Praktikum ihre Großmutter getötet. Nicht so Ole. Er fühlte sich so unfassbar fehl am Platz wie selten, weiß jedoch nicht, warum. Ole ist nicht bewusst, dass er ein introvertierter, schüchterner Mann ist, ein Gamer, der am liebsten allein vor seinem Laptop hockt. Nachdem er nicht so recht gewusst hat, was er studieren sollte, entscheidet er sich für Wirtschaft und Politik an der Uni Hamburg. Er studiert vier Semester geräuscharm, dann steht vor Beginn des fünften Semesters ein längeres Praktikum an. Danach, so der Lehrplan, soll Ole die Bachelor-Arbeit schreiben. Ole ergattert eine Stelle bei einem französischen Pharmakonzern in Paris und fährt im August hin. Der Sommer geht vorüber, es ist inzwischen Herbst. Bald müsste das Studium vorüber sein, denkt sich Oles Vater und ruft seinen Sohn in Paris an.

Vater: »Wie läuft es denn so mit dem Praktikum und der Bachelor-Arbeit? Hast du schon das Datum für die Abschlussfeier? Das müsste doch im Frühjahr sein. Mama und ich würden gern kommen.«

Ole: »Weißt du, Papa, das wird nichts Besonderes. So eine Feier wird total überschätzt. Ihr braucht wirklich nicht extra zu kommen.«

Papa: »Natürlich kommen wir. Wir müssen das nur vorher planen. Dann mache ich die Firma mal zwei Tage zu.«

Ole: »Wenn ihr meint. Aber der Termin steht gar nicht fest. Ich weiß gar nicht, ob es dieses Jahr eine Feier gibt.«

Papa: »Du hast doch gemeint, da würde immer etwas organisiert. Sag einfach Bescheid.«

Gut gelaunt legt Papa auf. Zwei Tage in Hamburg, das wird auch seiner Frau gefallen. Tagein, tagaus sitzen sie in ihrem mittelständischen Betrieb auf der schwäbischen Alb. Anlässlich des Erfolgs ihres Sohnes würden sie sich mal ein schickes Hotel in Hamburg gönnen, vielleicht an der Alster.

Tage später trudelt ein Brief für Ole ein – von der Uni. Er hat die Post von seiner Hamburger Wohnung zu den Eltern umgeleitet, da er während des Praktikums in Paris in verschiedenen Wohnungen lebt. Ob der Brief einen wichtigen Prüfungstermin enthält? Sein Vater öffnet das Schreiben.

Sehr geehrter Herr Drechsler,

hiermit teilen wir Ihnen mit, dass Ihre Abwesenheit bei Vorlesungen und Seminaren zu Ihrer Exmatrikulation geführt haben. Auf unsere Mails haben Sie nicht reagiert.

Für Ihren weiteren Lebensweg wünschen wir Ihnen alles erdenklich Gute.

Mit freundlichen Grüßen ...

Papa traut seinen Augen nicht. Exmatrikulation? Abwesenheit von Vorlesungen? Er dachte, im fünften Semester gäbe es keine Vorlesungen mehr, sondern Ole schriebe die Bachelor-Arbeit. Die kann man ja auch in Paris schreiben. Dann dämmert es ihm. Von wegen vorlesungsfrei! Ole hätte schon lange wieder an die Uni gemusst. Papa wird schwummrig. Das ganze Studium im Eimer ... Mama und er haben auf Extras verzichtet, um es zu finanzieren, ein bisschen hat der Sohn nebenbei gejobbt. Papa weiß nicht weiter. Jetzt muss seine Frau ran.

Die ist bekannt für ihren grenzenlosen Pragmatismus und ihre Warp-Energie in hoffnungslosen Fällen. Sie ruft den Sohn in Paris an und lässt ihn wissen, dass er sich *umgehend* in die Heimat verfügen solle, es gäbe eine »Lage«. »Exmatrikulation, sage ich nur«, zischt sie knapp durchs Telefon.

Ole versteht – er ist aufgeflogen. Panisch setzt er sich in den Zug ins Ungewisse. Noch am späten Abend sitzt er eingefallen auf dem elterlichen Sofa in Aalen. Er murmelt etwas von seiner ganz tollen Freundin Claire, der Liebe seines Lebens, die er in Paris kennengelernt habe. Rote Flecken ziehen über sein Gesicht. »Ich wollte Claire nicht verlassen. Sie ist meine erste richtige Freundin, da habe ich mein Praktikum verlängert.«

Ungläubig lauschen die Eltern den Ausführungen ihres Sohnes. So ist das also, wenn Verliebtheit das rationale Denken total lahmlegt. »Sicherungen durchgebrannt«, meint Mama, zückt ihr Smartphone und schmeißt den Laptop an.

In null Komma nix hat sie die Lage im Griff. Wenige Stunden nach der Katastrophe hat sie bereits erfahren, dass es für solche Fälle wie Oles Black-out spezialisierte Kanzleien gibt, die Studenten nach einer Zwangsexmatrikulation wieder in den Vorlesungssaal katapultieren. »Wir reichen Widerspruch ein oder klagen, dann schreibst du deine Bachelor-Arbeit. Ich ziehe mit in dein Studentenzimmer und fahre erst nach Hause, wenn du die Arbeit abgegeben hast.«

Jetzt ahnt Ole, dass Dantes Inferno über ihn hereingebrochen ist. Mama ist für ihren Aktionismus gefürchtet, jetzt trifft ihn die Erkenntnis, dass er Mist gebaut hat, mit voller Wucht. Resigniert fügt er sich in Mamas Drehbuch.

Dann geht alles ganz schnell: Der Anwalt reicht Widerspruch ein, die Exmatrikulation wird aufgehoben. Ole schreibt unter Dauerdruck die Bachelor-Arbeit, besteht auch alle Prüfungen. Auf die Feier hat Papa allerdings keine Lust mehr, Mama hätte die jetzt auch noch mitgenommen. Ole hat ab Mai Zeit, bevor er seinen Master in Innsbruck anfängt. Zeit genug für Claire. Diese ist im Nachhinein ganz entsetzt, was für ein Chaos sie angerichtet haben, nur um einen Sommer lang jeden Nachmittag verliebt an der Seine entlangzubummeln. Ole resümiert: »Es mag blöd sein, was ich gemacht habe – aber es war der Sommer meines Lebens.«

ESKALATION IN VIER ETAPPEN

Je mehr die Kinder in die Taten- und Orientierungslosigkeit abgleiten, desto mehr Aktionismus verbreiten die Eltern. Zur Abizeit ist der Jugendliche hoch aktiv: Motto-Woche, Abiparty, Abiball, Abifahrt – alles wird minutiös geplant, besprochen, verworfen. Stundenlang können Abiturienten darüber philosophieren, ob neben den Themen »Helden der Kindheit« und »Nutte und Lude« lieber die Achtziger- oder die Neunzigerjahre einen Tag der Motto-Woche darstellen sollen. Dann geht Zeit ins Land, um alle Kostüme zusammenzustellen: Perücken, Strapse, hochhackige Lackstiefel, alles wird aufgeboten. Zwischendurch werden hundert Selfies gemacht und verschickt, schließlich muss die Verkleidung gut auf Instagram rüberkommen. Während dieser Zeit verharren die Eltern in einer Art Warteschleife. Wie Vogelbeobachter richten sie Ferngläser auf das Treiben ihres Nachwuchses. Sie betrachten sie, als wären sie Kraniche, die im Oktober auf ihrer langen Reise in den Süden eine Raststation einlegen. Doch anders als die Zugvögel, die nach einer kurzen Pause in Scharen davonfliegen, denkt das Kind gar nicht daran, weiterzuziehen.

STUFE EINS: DAS PRAKTIKUM

Erst, wenn wochen- und monatelang nach der letzten Party nichts passiert, legen die Eltern los. Der Notfallplan gegen die Tatenlosigkeit des Kindes sieht mehrere Eskalationsstufen vor. Stufe 1 besteht darin, den Sprössling zu einem Praktikum zu bewegen. Hier wird weltweit nach einem geeigneten Platz gefahndet. Sätze wie »Du könntest mal bei der Filmproduktion einer Freundin reinschnuppern« oder »Mein alter Studienfreund arbeitet bei einer Immobilienfirma in Berlin, die suchen noch Leute für Büroarbeiten« sollen den Nachwuchs aus der Reserve locken.

Filmproduktion klingt erst mal richtig mega. Bernd Eichinger, Fathi Akin, Florian Henkel von Donnersmark. Da schlägt Sohnemann Ben gleich zu.

Tochter Emmy will es bei dem Berliner Immobilienmogul probieren. Der ist auch bereit, sie sofort zu nehmen – der Immobilienmarkt boomt. Zum ersten Kennenlernen gibt es ein Treffen mit dem Makler, ihrem Vater und Emmy im Restaurant. Danach ist ein Gespräch im Büro des Maklers vorgesehen, einer mächtigen Villa im Grunewald, natürlich in bester Lage. »Lage, Lage, Lage«, ruft der Makler Emmy zu. Reiche Russen kaufen hier und auch sonst, was Rang und Namen hat. Emmy ist beeindruckt und wird sogleich in ein Gespräch über die Objekte im Portfolio verwickelt.

»Ab sechs Millionen wird die Luft dünn«, weiß der Mann. Den Satz merkt sich Emmy. Dennoch wird klar, für diesen Bereich braucht es kiloweise Mathekenntnisse und Ahnung von Rechnungswesen. Emmys Stärken liegen woanders. Die Palette von Mamas und Papas Connections ist aber noch lange nicht abgearbeitet. Beide arbeiten in der Medienbranche und kennen eine Trizillion Menschen. Mama hat einen Ordner angelegt: »Emmy Bewerbungen«, der wird wöchentlich dicker. Sobald Emmy mit einem neuen Thema reinschneit, beschriftet

Mama ein neues Zwischenblatt und legt dort eine Adressenliste an. Der Ordner ist besser sortiert als ihre Steuerunterlagen.

Der vorvergangene Versuch war: »Ich könnte im Fitnessstudio jobben, da gehe ich ja sowieso fast jeden Tag hin.« Stimmt. Emmys neuerliche Begeisterung für Sport brachte ihr eine fantastische Figur mit klar definierten Muskeln an jedem erdenklichen Körperteil ein. Sie sportelt, als ginge es um die Challenge: »Survival of the Mcfittest«. Mama googelte 15 Studios in ihrer Stadt, die Emmy anschreibt. Nur blöd, wenn man in Sport eine Vier auf dem Zeugnis hat. In der Sportbranche reicht das nicht mal für ein unbezahltes Praktikum. Keiner lädt sie ein. Mama googelt weiter und findet schnell eine Erklärung: 2017 fanden laut dem Berufsbildungsbericht 2018 des Bundesbildungsministeriums 32 Prozent aller Ausbildungswilligen in der Sparte keinen Platz. Na gut, scheint ein Trendberuf zu sein. Noch gefragter sind zurzeit nur drei Berufe. Top 1: Gestalter für visuelles Marketing. Top 2: Mediengestalter in Bild und Ton. Top 3: Tierpfleger.

Nach drei weiteren Anläufen schlägt Emmy bei einer Praxis für Orthopädie zu. Dort hilft sie ein paar Monate am Empfang aus, digitalisiert alte Patientenakten, schiebt Telefondienst, wenn eine Sprechstundenhilfe ausfällt. Nach ein paar Wochen schmeißt sie den Tresen. Zu ihrer großen Überraschung ist ihre Laune im Praktikum viel besser als während der Monate, in denen sie nichts getan hat.

OHNE MOOS NICHTS LOS

Anders als Emmy, die sich für das Praktikum beim Orthopäden erwärmen konnte, weigern sich zahlreiche Kandidaten, ein Praktikum anzufangen, oder zögern den Anruf bei den Bekannten der Eltern wochenlang hinaus. Dann droht Eskalationsstufe 2. Sie sieht vor, dass Mama und Papa den Geldhahn zudrehen. »Geh arbeiten«, heißt es nur noch schnörkellos. Für den veganen Snack zwischendurch oder den Ryanair-Flug nach Malle gibt's nun keine Scheine mehr. Die Monatskarte ist abgelaufen? »Nimm doch das Fahrrad.« Der Freund hat Geburtstag? »Lass dir was einfallen.« Mama und Papa sind auf Krawall gebürstet: *Rien ne va plus*.

Die Bank hat geschlossen. Jetzt muss das Geld selbst herangekarrt werden. Dank Fachkräftemangel ist dies in den Großstädten überhaupt kein Problem. Überall gibt es einträgliche Jobs, vor allem in der »Gastro« und in den schicken Shops scheinen sich Billionen von Abiturienten mit unklaren Zukunftsplänen zu tummeln. Dort richten sie sich ein und denken: Läuft. Mama und Papa sind nun die Druckmittel ausgegangen. Ich verdiene mein eigenes Geld, kann machen, was ich will.

Jetzt nur nicht nachgeben, meinen hingegen die Eltern. Sie setzen weiter auf die Kraft der Verknappung. Die an die Reality-TV-Show »Die strengsten Eltern der Welt« angelehnte Strategie beginnt zu greifen. Bei der beliebten Kabel-1-Produktion geht es um Terror-Teenies, die an die entferntesten Orte der Welt geschickt und denen vom traditionellen Tatoga-Stamm in Tansania die Regeln des täglichen Umgangs beigebracht werden sollen. Doch bevor Mama und Papa die Tatoga oder die Munduruku ins Spiel bringen, haben sie noch Spielraum auf ihrer Eskalationsskala.

In Warnstufe 3 präsentiert Mama dem halb erwachsenen Kind einen Putzplan und weiht es in die Künste der Ceranfeldsäuberung ein. Dafür hat sie eine Demonstration in der Küche mit lockerem Workshop-Charakter angesetzt. Wie bei einem YouTube-Tutorial setzt Mama auf die Kraft der Visualisierung. Bei ihrer letzten Fortbildung zur Personalentwicklung hat der Seminarleiter erläutert, dass ohne Bewegtbild bei der Generation Z praktisch null Inhalt im Gedächtnis hängen bliebe. Nun wirbelt sie dramatisch mit einem Reiniger in der Hand herum und sprüht einen blauen Kringel auf das Ceranfeld. Erst dann beginnt sie mit der Erläuterung: »Spezialreiniger auftragen – und?« Erwartungsvoll schaut sie ihren Spross an, will *interaktiv* sein (*Take-Home*-Message aus der Fortbildung). »Einwirken lassen?«, versucht es ihr neuer Lehrling. »Nein! Reiben und polieren. Durch reines Einwirken passiert hier nichts.«

Dem Spross wird klar: Hotel war gestern, zu Hause wohnen ist ab sofort ätzend. Morgens findet er nun ein buntes Post-it, auf dem seine Mutter die *Life Hacks of the Day* notiert hat, bevor sie zur Arbeit geht. Für »Bad putzen«, »Wäsche waschen«, »Einkaufen«, »Spülmaschine ausräumen« verwendet sie seit einem YouTube-Erweckungserlebnis nur noch ihren selbst erfundenen Haushalts-Hacker-Sprech: »#bath«, »#wash«, »#shop«, »#dishes«. Dies ist der Zeitpunkt, an dem der Nachwuchs merkt: Jetzt wird's ernst. Die Komfortzone zu Hause wird nach und nach weggehackt. Ein Plan muss her, ein Job, eine Reise, eine Ausbildung, ein Studium ein Zukunftsplan.

Zur Not zieht man zu Tante Ulla, die in einem Dorf in der Uckermark eine Aussteigerexistenz auf einem in eine Kommune umgewandelten Schloss führt – neben hundert anderen Bewohnern des Prenzlauer Bergs aus der Filmbranche, wie es heißt. Alles, aber nicht die täglichen Post-its, die Lifehacks und Mamas Wahnsinn. Eskalationsstufe 3 wirkt in der Regel gut und schnell. Nur die hartnäckigsten Nesthocker und Tatenlosen bleiben jetzt in Warteposition. Auf sie wartet das nächste Level.

Vor Eskalationsstufe 4 schrecken auch die Eltern zurück. Denn sie sieht vor, das Kind zum Ausziehen zu bewegen, oder sanft zu drängen. Per WhatsApp erhält der Nachkömmling nun wöchentlich Hinweise auf freie Wohnungen. Wg-gesucht.de ist deutschlandweit führend. Da gibt es Wohnungen, Zimmer, Zwischenmiete, Untermiete, was das Herz begehrt. Allerdings ist Ausziehen teuer geworden für junge Leute. Hier werden für 30 Quadratmeter Preise aufgerufen, für die die Eltern früher eine Dreizimmerwohnung gemietet haben. *Warm.* Das macht den Schritt in die Selbstständigkeit nicht gerade leichter. Papa lässt seine Beziehungen spielen und ergattert ein Zimmer in einer WG. 400 Euro inklusive Nebenkosten und W-LAN sind für die Hauptstadt angeblich ein Schnäppchen. Dafür bekommt der Sohn 25 Quadratmeter und drei neue Freunde. Das Kennenlerngespräch für neue Mieter verläuft gut, das Zimmer ist gebongt. An der Tür zur Küche hängt ein Putzplan. Spätestens jetzt wird klar, nur eine Wohnung ist noch kein neues Leben. Es muss mit Inhalt gefüllt werden. Praktikum, Geld verdienen, Haushaltsaufgaben übernehmen – fehlt nur noch eine Studien- oder Ausbildungsrichtung.

GELEBTES WACHKOMA

In seinem Kopf spürt Max eine große Leere. Er hat sein Abitur vor acht Monaten abgeschlossen, sich gefreut, gefeiert und getrunken. Nun sind viele seiner Freunde weggezogen, und die, die noch da sind, haben keine Zeit mehr für Max. Nur ein kleines Trüppchen trifft sich nach wie vor abends auf ein Bier. Oder zwei. Tagsüber geht er einer neuen Freizeitbeschäftigung nach, die seine Mutter »Koma-Chillen« getauft hat. Der Körper verharrt in Reglosigkeit, nur die Pupillen bewegen sich.

Das Angebot im Internet übt eine lähmende Wirkung auf den 19-Jährigen aus. Er liest ein paar belanglose Zeilen auf der Webseite der Universität Hamburg. Er hat keine Ahnung, wie er auf die Seite der Wirtschaftsinformatik gestoßen ist. Gesucht hat er danach nicht. Weder will er nach Hamburg noch Wirtschaftsinformatik studieren. Na ja, trotzdem mal schauen. Dann plötzlich kommt ihm doch bei der Lektüre des Kleingedruckten ein zündender Gedanke. Der Studiengang für Wirtschaftsinformatik in Hamburg hat einen zackigen Numerus clausus, an den Max' Abitur nicht im Entferntesten heranragt. Bingo, denkt Max, die lehnen mich garantiert ab! Das ist eine hundertprozentige Sache. Zum ersten Mal seit Wochen spürt er Leben in sich. Das wäre doch was. Wenn er sich dort bewirbt, sind die Eltern ruhiggestellt, und die Uni schickt erst viel später den Ablehnungsbescheid. *Wie schade*. Valium für die Erzieher, Zeitgewinn für ihn. Wichtige Zeit fürs Dauerkoma.

Der Schock kommt, als Max überraschenderweise eine Zusage aus Hamburg erhält. Er hat einen Studienplatz bekommen. Sein todsicherer Plan ist gescheitert. Oder hat er falsch gelesen? War der Numerus clausus doch nicht so hoch? Max ist verwirrt, kann jetzt aber nicht zurück. Die Eltern sind selig: Endlich ein Plan! Das Koma hat ein Ende. Max verliert sich in Detailplanungen, sucht eine Wohnung, zieht nach Hamburg und beginnt das Studium. Nach ein paar Monaten stellt er fest: Weder der Part mit *Wirtschaft* noch der mit *Informatik* sagen ihm zu. Kein Wunder, hat er das Studium doch nur gewählt, um abgelehnt zu werden. Das begreifen nach einiger Zeit sogar die Eltern, denen er das Desaster anvertraut.

Dennoch zögert Max. Jetzt, wo er nun mal schon in Hamburg ist, macht es ihm zwar keinen Spaß, und er hat auch nicht wirklich Erfolg. Doch die Gedankenspirale um die ausufernden Möglichkeiten dreht sich wieder. Was, wenn nicht Wirtschaft? Max sucht sich ein alternatives Studium in Freiburg und entscheidet sich für BWL. Wieder hat er nicht intensiv nachgedacht, sondern einfach etwas gewählt, das ihm in den Sinn kam. Nach ein paar Monaten entwickelt er eine Angststörung, er muss sein Studium wieder abbrechen. Zu dem Gefühl des Scheiterns kommen die Sorgen seiner Eltern und die sinnlosen Ausgaben für sechs Semester Tatenlosigkeit und Fehlplanung. Max ist inzwischen 25 und verbringt nun mehrere Monate damit, gesund zu werden. Die Orientierungslosigkeit hat ihn in eine seelische Krankheit katapultiert. Nach Wochen der Panikattacken erinnert ihn seine Mutter an sein Interesse für Design und Holz. Er hat in der Waldorfschule gern gezeichnet, Objekte in der Holzwerkstatt seines Großvaters gebaut, viel Zeit mit

Skizzen verbracht. Ob er nicht in die kreative Richtung gehen sollte?

Bei dem Gedanken daran fühlt sich der junge Mann schon ein bisschen besser. Die Schreinerei eines Nachbarn liegt am Rande der Stadt. Er lädt ihn ein, ihn dort zu besuchen. Max fährt hin und bekommt das Angebot, ein paar Wochen auf Stundenlohnbasis auszuhelfen. Ein Lehrling im ersten Ausbildungsjahr ist über Nacht untergetaucht. Der Nachbar braucht jemanden, der richtig mit anpacken kann. Max willigt ein.

Nach Jahren hat er das erste Mal das Gefühl, dass die Tätigkeit zu ihm passt. Er ist abends müde und zufrieden, hat seine innere Balance wiedergefunden. Lange Gespräche mit dem Schreinermeister schließen sich an den Arbeitstag an. Über Holz, Bäume, neue Maschinen, über die maßgeschneiderten Möbel, die der Inhaber in Hotels und Privathäuser einbaut. Max fährt mit, darf den Besprechungen beiwohnen und sich ein Bild von dem Beruf machen. Nach ein paar Wochen bietet sein Nachbar ihm die Ausbildungsstelle an, im August des Folgejahres soll es losgehen. Bis dahin wäre sein Schützling auch weiter fortgeschritten mit der Therapie, stabiler in seiner Persönlichkeit. Er überlässt ihm die kleine Einliegerwohnung für Lehrlinge in der Tischlerei und nimmt ihn unter seine Fittiche.

RAUS AUS DER KOMFORTZONE

Raus aus der Tatenlosigkeit ist ein gutes Rezept für eine weitere Entwicklung. Natürlich wäre es wünschenswert, wenn die Heranwachsenden sich selbst auf den Weg machen, nach ihren Zielen suchen, eigene Entscheidungen treffen, Erfahrungen machen und Verantwortung für ihr Leben übernehmen. Wenn dies nicht geschieht, sind Impulse aus dem Umfeld, von den Eltern, den Freunden, den Freunden der Eltern gefragt. Entscheidend ist, dass Bewegung in das Leben des Heranwachsenden kommt. Wer sich nicht aus der Komfortzone begibt, erlebt nichts Neues. Die Komfortzone besteht für Jugendliche aus dem bekannten Zuhause, der Sicherheit, den vertrauten Gesichtern von Freunden und Familie, bekannten Gesprächsthemen, der finanziellen Sicherheit sowie dem gefüllten Kühlschrank. Vielleicht steht auch noch ein vollgetanktes Auto vor der Tür, das sie ausleihen können. Wenn es ihnen nicht gelingt, in diesem Umfeld ihre Ziele zu finden, gilt es, das Umfeld zu verändern.

Aktionismus hingegen ist wie jeder Ismus meist übertrieben. Entscheidend ist, je nach Lage, der Tatenlosigkeit ein Ende zu setzen – ob mit oder ohne Eskalationsstufen. Ein Praktikum, das nicht passt, Jobs, die zu noch mehr Verwirrung führen, sind nicht Teil der Lösung, sondern können das Problem verschärfen. Zu wissen, dass man auf keinen Fall BWL studieren möchte und ebenso wenig Kulturwissenschaft, hilft eben auch auf dem Weg zur Berufung als Tischler, wie im Fall von Max.

Nicht jede Entscheidung ist die richtige
Ausbildungs- und Studienabbrecher

Was haben Bill Gates, Michael Dell, Günther Jauch, Mick Jagger, Steven Spielberg, Reinhold Messner, Herbert Grönemeyer, Erik Clapton und Brad Pitt gemeinsam? Sie alle haben ihr Studium geschmissen. Auch ohne akademischen Abschluss haben sie es zu Berühmtheit gebracht, Firmen gegründet, unvergessliche Lieder komponiert und gesungen, Filme geschaffen, Bestseller veröffentlicht und viel Erfolg gehabt. Es ist vielleicht kein Zufall, dass viele der oben genannten Studienabbrecher als Künstler oder Firmengründer arbeiten. Für den Beruf des Sängers, bildenden Künstlers oder Autors und auch des Gründers ist es völlig einerlei, ob jemand als Autodidakt oder Absolvent einer der berühmten Akademien, Konservatorien, Journalistenschulen oder Top-Universitäten zum Star geworden ist.

Das dachte sich auch Joost, als er nach einem Jahr sein Sonderpädagogik-Studium abbrach. Gerne hätte der Niederländer mit behinderten Kindern gearbeitet, aber von den vier Jahren Universität schaffte er nur ein Jahr. Generell fallen 50 Prozent der Studenten nach einem Jahr durch. Auch Joosts Zwillingsbruder Dan versuchte zunächst sein Glück an der Uni mit einem Studium auf Lehramt. »Unsere Mutter ist Lehrerin, da lag es nahe, dass wir auch Richtung Pädagogik gehen wollten.«

Die beiden waren unzertrennlich, verbrachten ihre Zeit seit dem Kindergarten gemeinsam. Vor allem spielten sie jedoch seit der Highschool in einer Band, gaben Live-Konzerte, nahmen ihre Stücke selbst auf. »Das war zunächst ein Hobby, ich war schon während der Schulzeit Drummer in einer Band, aber dachte nicht daran, dass ich Musik einmal hauptberuflich machen wollte.« Das änderte sich, nachdem er das Studium abgebrochen hatte. Heute spielt der 23-jährige Joost in zwei Bands, sein erstes Album hat er 2018 aufgenommen. Gleichzeitig spielt er Musikstücke für andere ein und studiert parallel an der United Pop-Universität in Amsterdam Tontechnik.

Erfolg ohne formale Bildung ist aber die rühmliche Ausnahme. Bei 90 bis 95 Prozent aller Berufe dürfte ein Berufsabschluss die Voraussetzung für einen Job sein. Um einen Friseursalon zu eröffnen, einen Handwerksbetrieb zu übernehmen, braucht man einen Meisterbrief. Ohne Gesellenprüfung kein Job als Tischler, Ledersattler, Dachdecker. Anwalt, Notar oder Richter wird nur, wer zwei Staatsexamen absolviert hat; wer am Richtertisch sitzen will, braucht ein Top-Examen. Ein künftiger Herzchirurg legt sein Erstes Staatsexamen nach sechs Jahren Studium, die Facharztprüfung nach weiteren sechs Jahren in der Klinik ab. Das Staatsexamen als formale Voraussetzung soll sicherstellen, dass der Chirurg möglichst keine Fehler macht.

Aufgeweicht hat der Staat die formalen Voraussetzungen bei Lehrern. Hier unterrichten viele Quereinsteiger – Mathematik, Physik, Sport oder Kunst, es herrscht Lehrermangel. Lehrer aus anderen Branchen sind eine Bereicherung für jede Schule. Begeisterung, Motivation und Praxisnähe ersetzen hier das Studium der Pädagogik. Aber es ist eben auch ein Unterschied, ob ein Gründer für seine eigene Unternehmensidee geradestehen muss oder ob er einen Menschen am Herzen operiert, als Richter einen Verbrecher hinter Gitter bringt oder als Anwalt einen Arbeitsgerichtsprozess durchficht. Wenn Ronja von Rönne (die neben drei anderen Studiengängen das Fach Kreatives Schreiben abgebrochen hat) in ihrem flockigen Stil über ebenso bizarre wie witzige Alltagsbegebenheiten schreibt, kommt durch einen schrägen Satz niemand zu Tode. Beherrscht der Herzchirurg sein Handwerk nicht, sterben Menschen. Deswegen ist es gut, dass es Studienabschlüsse gibt, die eine Voraussetzung für bestimmte Berufe darstellen. Es ist richtig, dass ein Notar jahrelang auf Herz und Nieren geprüft wird, bevor er ein Testament beurkunden darf.

Neben den oben beschriebenen Berufen mit Zulassungskriterien gibt es zahlreiche Arbeitsbereiche, für die es irrelevant ist, welches Studium man absolviert hat. Einen Studiengang abzubrechen bedeutet dann, einen anderen, passenderen zu wählen oder eine Lehre anzufangen.

So wie im Fall von Peter. Mit 19 Jahren schreibt er sich für Chemie ein. Dies ist sein Leistungsfach im Abi gewesen, er hat mit 13 Punkten bestanden. Der Schock setzt ein, als er im ersten Studienjahr feststellen muss, dass neben ihm noch gefühlt tausend weitere Chemie-Cracks an der Uni Aachen zu studieren begonnen haben. Die ersten Klausuren besteht er zwar, viele jedoch mit der Note vier. Eine Vier hatte Peter bislang noch nie auf dem Zeugnis, schon gar nicht in Chemie. Er ist frustriert. Dennoch will er so schnell nicht aufgeben. Mit zwei Freunden bildet er eine Arbeitsgruppe, mit der er für die Prüfungen lernt. Aber es reicht nicht. Peter fällt mehrfach durch die Klausuren, und noch bevor er richtig denken kann, erhält er die Nachricht seiner Zwangsexmatrikulation. Nach zwei Wochen Frust und Schweigen fährt Peter zu seinen Eltern nach Regensburg.

Peter: »Verdammte Scheiße. Jetzt kann ich einen Job im Bereich Chemie vergessen. Da weiß man schon, was man studieren will, während all meine Kumpel bloß rumhängen, und dann falle ich durch die Prüfungen.«

Vater: »Natürlich bist du frustriert. Das kann ich gut verstehen. Aber es gibt vielleicht einen anderen Weg. Chemie an einer Uni ist auch ein schwieriger Studiengang.«

Peter: »Ich bin gerade aus der Uni rausgeflogen! Schon vergessen? Weißt du, wie viel ich für die Klausuren gelernt habe?«

Vater: »Vielleicht gibt es etwas, das mit Chemie zu tun hat, aber eben nicht gerade an der RWTH Aachen. Vielleicht ist das zu schwer?«

Peter: »Papa, kapier es doch, es ist vorbei.«

Vater: »Erinnerst du dich an Wolfgang, deinen Cousin?«

Peter: »Meinst du den, der das wirre Zeug über Astronomie schreibt?«

Vater: »Genau den Wolfgang meine ich. Er arbeitet in einem Fachverlag, aus dem er uns viele Zeitschriften schickt. Astronomie, Elektrotechnik, Wasserwirtschaft, Umweltchemie, Lacke und Farben, was weiß denn ich. Da geht es auch um Chemie.«

Peter: »Was haben jetzt diese blöden Spezialblätter für dreieinhalb Leser mit mir zu tun? Hast du die überhaupt alle gelesen? Totale Zeitverschwendung.«

Vater: »Nein, eben nicht. Solche Zeitschriften werden von vielen Experten gelesen. Ich lese sie gern. Auf jeden Fall ist mir klar geworden, dass es ganz viele Bereiche der Chemie gibt, zum Beispiel Umweltchemie, Farb- und Lackchemie, Wirtschaftschemie oder Lebensmittelchemie. Du wirst sicher einen anderen Studiengang finden, den du belegen kannst. Vielleicht an einer Hochschule. Das ist weniger wissenschaftlich als der Bachelor und Master of Science an einer Universität.«

Peter: »Hmm. Haben wir noch ein paar Zeitschriften hier?«

Vater: »Du weißt doch, dass Mama alles sofort entsorgt. Ich schaff an, sie schafft ab. Egal. Aber das wirst du ja alles auf den Webseiten der Hochschulen finden.«

VIELE WEGE FÜHREN NACH ROM

Ein Studium aufzunehmen, ist eine große Lebensentscheidung. So war es auch bei Peter. Auswahl des Fachs, Auswahl des Studienorts, Immatrikulation, Studiengebühren, Zimmersuche, Umzug. Als er von Regensburg nach Aachen zog, war es wie ein Kulturschock für ihn. Aber die Universität hat einen exzellenten Ruf. Jetzt weiß Peter auch, warum. Sie gilt als eine Kaderschmiede für den technischen Nachwuchs. Auch wenn Peter glaubte, er sei ein Crack – in *der* Liga spielte er einfach nicht.

Heutzutage bricht jeder Dritte sein Studium ab, einige Studenten, wie Peter, ungewollt. Dies geht aus einer großen Untersuchung des Deutschen Zentrums für Hochschul- und Wissenschaftsforschung (DZHW) hervor. Die Studie, die vom Bundesforschungsministerium gefördert wurde, beruht auf einer Untersuchung von 6000 Exmatrikulierten und wurde im Juni 2017 veröffentlicht. Die Abbruchquote bei Bachelor-Studenten insgesamt stieg im Vergleich zu früheren Untersuchungen von 28 auf 29 Prozent. Während die Quote an Universitäten leicht sank – von 33 auf 32 Prozent, stieg sie an Fachhochschulen deutlich an – von 23 auf 27 Prozent. Besonders betroffen von dem Massenphänomen Studienabbruch sind mathematische und naturwissenschaftliche Studiengänge sowie die Ingenieurwissenschaften. Hier liegen die Ausfallquoten an Universitäten bei 39 Prozent und an Fachhochschulen bei 42 Prozent. Es dürfte Peter ein wenig trösten, dass er nicht allein dasteht im Bereich Naturwissenschaften.

Knapp die Hälfte der Abbrecher verlässt die Hochschule bereits in den ersten beiden Semestern. Weitere 29 Prozent schmeißen im dritten oder vierten Semester hin. Die Autoren des Reports schreiben, dass die überwiegende Mehrheit der Studienabbrecher sehr schnell einen anderen Bildungsweg einschlägt – entweder ein anderes Studium oder eine Ausbildung.

Ein halbes Jahr nach dem Abschied von der Uni, so die Autoren, hatten 43 Prozent eine Berufsausbildung begonnen, 31 Prozent gingen arbeiten. Der Hauptgrund für den Studienabbruch seien »unbewältigte Leistungsanforderungen«. 30 Prozent der Studenten gaben an, dass der Stoff schlichtweg zu schwer war. Sie schafften die Klausuren nicht oder fielen bei den Hausarbeiten durch.

Birgit Rominger von der psychologischen Beratungsstelle des Studierendenwerks Berlin kann dies bestätigen. Sie berät Studentinnen und Studenten, die in eine Krise geraten sind und psychologische Hilfe suchen. »Wer in der Schule sehr gute Noten hatte, ohne viel dafür tun zu müssen, ist vollkommen schockiert, wenn er oder sie in einem Fach durch eine Klausur fällt.« Dieses Erlebnis des Scheiterns sei für viele Studierende neu. Sie können damit nicht umgehen. »Sie haben in ihrem kurzen Leben noch nicht die Erfahrung gemacht, dass es nach so einem Erlebnis weitergehen kann.« Besonders in den naturwissenschaftlichen Fächern und vor allem in Mathe klaffen die Anforderungen im Abitur und in dem, was in den ersten Semestern gefordert wird, weit auseinander.

An Universitäten sei das Niveau in Mathematik sehr hoch, da hier wissenschaftlich gearbeitet wird. »Wer vorher nur auf Note und nicht inhaltlich gelernt hat, kommt jetzt nicht mehr mit.« Unter inhaltlichem Lernen versteht Rominger, dass man sich die Inhalte merkt, sie miteinander verknüpft und geistig durchdringt. So bleiben sie im Langzeitgedächtnis. Wer auf Note lernt, donnert sich lediglich den Stoff ins Gedächtnis, lernt darauf hin, eine bestimmte Zensur zu bekommen. Das auch als »Bulimie-Lernen« bezeichnete schnelle Verschlingen von Stoff, der nach der Prüfung wieder »ausgekotzt« wird, ist eine Lernform, die in der Schule in vielen Fächern zum Erfolg führt. Dauerhaft hängen bleibt dabei nichts.

46 Prozent der Informatikstudenten brechen nach neuesten Berechnungen des DZHW (Deutsches Zentrum für Hochschul-

und Wissenschaftsforschung) ihr Studium ab, aber nur neun Prozent der Architekturstudenten. Die höchste Abbrecherquote weist die Mathematik auf: 54 Prozent der Studierenden verlassen frühzeitig ihre Hochschule. Erziehungswissenschaften haben mit nur zwölf Prozent eine erstaunlich niedrige Abbrecherquote. Dazwischen liegen die Geisteswissenschaften mit durchschnittlich 37 Prozent. Bei den Ingenieuren scheinen Leistungsprobleme der Hauptgrund zu sein. Der Stoff, der in der Schule zwar gelernt, aber offenbar wieder vergessen wurde, ist hier eine Hürde, an der Studenten scheitern. Bei den Geisteswissenschaften läge vor allem eine ungenügende Studienmotivation und fehlende Fach- und Berufsidentifikation vor. In der Studie nannten immerhin 17 Prozent mangelnde Motivation als einen Grund für ihren Studienabbruch.

Simon, 21, erzählt zum Beispiel, dass er sich nach zwei Semestern VWL in Berlin mit den theoretischen Vorlesungen an der Uni überhaupt nicht anfreunden konnte. »Ich hatte eigentlich ein gutes Gefühl, als ich mich einschrieb. Ich wollte gerne in die Hauptstadt, und Wirtschaft hat mich schon immer interessiert«, sagt er. Aber dann sei das Studium doch ganz anders gewesen, als er es sich vorgestellt habe. »Ich war nicht mehr motiviert, eher enttäuscht.« Seitdem jobbt er und macht interessante Praktika. Das ist praxisbezogener und gibt ihm Zeit, sich den weiteren Weg zu überlegen.

Beim Studienabbruch spielen Finanzen oder die Vereinbarkeit von Geldverdienen und Studium laut der Studie keine große Rolle. Die Zeiten, in denen ein Student mehrere Semester lang vor sich hin studieren konnte, ohne in einer Klausur seinen Leistungsstand unter Beweis stellen zu müssen, sind Geschichte. 14 Semester Theologie, 15 Semester Germanistik, 20 Semester Sozialpädagogik, daneben Taxi fahren – das galt in den Achtzigerjahren als Mainstream.

Mein Onkel, Professor an der Universität Tübingen, berichtete mir oft von seinen Doktoranden der Theologie, die bereits

Familie hatten und seit Jahren promovierten. Er vertrat die Auffassung, im Studium ginge es um den Erwerb von Kenntnissen und Erkenntnissen, nicht um das Sammeln von Seminarscheinen. Seines Erachtens schadete es nicht, wenn ein Theologiestudent ein paar Semester Philosophie belegte. Das Studium der Theologie und der Philosophie dauere nun einmal. Während des Studiums ermunterte er mich, interessante Vorlesungen neben meinen Studienfächern zu belegen, in verschiedenen Ländern zu studieren, generell den Horizont zu erweitern. So dauerte mein Studium sechs Jahre, zwei davon verbrachte ich in Angers und in Genf, einen Sommer studierte ich in Cambridge, drei Monate arbeitete ich als Au-pair in Barcelona. Keine Station möchte ich missen, auch wenn ich dies nicht zwingend für mein Diplom gebraucht habe.

Heute ist ein Großteil der Kurse vorgegeben. Es geht darum, Credit Points zu sammeln. In jedem Fach stehen Klausuren und Hausarbeiten an. Fällt man zu oft durch, wird man zwangsexmatrikuliert. »Der Druck auf die Studenten ist enorm. Den größten Druck machen sie sich selbst«, weiß Rominger aus ihrer Erfahrung im psychologischen Beratungsdienst. »Der Druck ist nicht erst da, wenn jemand zwangsexmatrikuliert wird, sondern bereits, wenn dies überhaupt eine theoretische Möglichkeit ist.« Ständig schwebt ein Damoklesschwert über einem. Besonders hart ist es in Budapest in bestimmten Bereichen der Medizin. Einige Fakultäten erkennen nicht einmal eine Krankschreibung an als Grund, warum man nicht zu einer Klausur kommen konnte.

DIE STUNDE DER WAHRHEIT – WORAN LAG ES?

Vor dem Abbruch eines Studiums steht die wichtigste Frage: Durchhalten oder aufhören? Um diese Frage richtig beantworten zu können, muss zunächst Ursachenforschung betrieben werden. Warum klappt es im Studium nicht? Fehlen Grundkenntnisse – zum Beispiel in Mathematik, Chemie, Englisch, Deutsch? Gibt es grundsätzlich Probleme mit dem Lernen, ist das Lernen womöglich nie gelernt worden? Gelingt es nicht, früh genug vor einer Klausur mit der Wiederholung des Stoffes anzufangen?

Wenn jemand das Lernen nicht gelernt hat und das Studium abbrechen möchte, um ein anderes zu beginnen, wird er auch im nächsten Fach scheitern. Fehlt Allgemeinwissen, das für das Studium unerlässlich ist, zum Beispiel über politische und gesellschaftliche Zusammenhänge für das Fach Politik oder Soziologie? Allgemeinwissen kann man sich aneignen. Wenn jemand zum Beispiel Journalismus studieren möchte und sich nie für Politik, Wirtschaft oder gesellschaftliche Fragen interessiert hat, dürfte es allerdings schwer sein, dies in kürzester Zeit nachzuholen. Unmöglich ist es nicht.

Das Studiennetzwerk Queraufstieg in Berlin, initiiert vom Bundesministerium für Bildung und Forschung, bietet Beratung für Studierende, die an ihrem Studium zweifeln oder es bereits abgebrochen haben. Die praktische Umsetzung übernimmt das Forschungsinstitut Betriebliche Bildung. Im Dezember 2018 lud es Studenten zur »FuckUp Night«. Auf der Webseite prangt eine abgestürzte Rakete, die auf der Nase gelandet ist. Es geht darum, mit innovativen Mitteln eine Ausbildungsmöglichkeit für Studierende zu finden, die geeigneter für sie ist als die Uni. Die Orientierungslosigkeit und multiple Studienabbrüche können hier aufgefangen werden.

NICHT SO SCHNELL AUFGEBEN

Es ist aber wenig sinnvoll, ein Studium abzubrechen, nur weil einem bestimmte Schlüsselqualifikationen fehlen. Vielmehr geht es darum, herauszufinden, was die Ursache zum Beispiel der Aufschieberitis ist, eines der großen Probleme von Studenten. »Meist liegen emotionale Probleme vor, die den Betroffenen nicht bewusst sind. Diese hindern sie daran, mit dem Lernen anzufangen«, sagt Rominger. Zahlreiche emotionale Probleme lassen sich beheben. »Das größte Problem von Studierenden ist der Selbstwert«, berichtet die Psychologin. Nach einer verpatzten Klausur fühlten sich die Studierenden wertlos.

Wichtige Fragen bezüglich des Studiums, die man sich stellen kann, sind auch: Fehlen besondere Fähigkeiten – zum Beispiel Analysefähigkeit und Abstraktionsvermögen, die für viele Fächer unerlässlich sind? Natürlich kann man seine Analysefähigkeit schärfen. Wer jedoch grundsätzlich Schwierigkeiten hat, abstrakt zu denken, dem fehlen für bestimmte Fächer die kognitiven Fähigkeiten. In einigen Bereichen können Studenten mangelnde Fähigkeiten durch Fleiß wettmachen.

Von einer Nachhilfelehrerin aus Osnabrück hörte ich von Julia. Das Mädchen wollte gern Abitur machen und Zahnmedizin studieren, die Eltern haben eine Firma und hofften, auch ihre Tochter würde einen Beruf finden, den sie liebt. Als Julia zwei Jahre vor dem Abitur war, hatte sie in Englisch und Französisch schlechte Noten. Sie erklärte der Nachhilfelehrerin: »Wissen Sie, andere sind viel cleverer als ich. Ich bin nicht besonders schlau. Aber ich habe etwas, das für mich viel wichtiger ist: Ich bin richtig fleißig, und deswegen gleiche ich das aus und schaffe das Abitur.« So viel Selbsterkenntnis erlebte die Lehrerin eher selten. Heute führt Julia erfolgreich eine eigene Zahnarztpraxis.

In Fächern, in denen viel auswendig gelernt werden muss, wie zum Beispiel Medizin, können Studenten mit einer Kombination aus Fleiß und Hartnäckigkeit einiges ausgleichen. Bei der Ursachenanalyse, warum jemand zu Beginn eines Studiums zu scheitern droht, spielt ebenfalls die Persönlichkeit eine Rolle. Ist man eher ein Draufgänger mit einem hohen Maß an Risikobereitschaft oder ein zurückhaltender Mensch? Ist man ein Zahlenjongleur? Tendiert man zum Perfektionismus, oder legt man sehr großen Wert auf Genauigkeit? Besitzt man handwerkliches Geschick, oder hat man zwei linke Hände? Fehlt es an kommunikativen Fähigkeiten, die für ein Studium Voraussetzung sind? Viele dieser Fähigkeiten lassen sich durch Übung erwerben.

Das Fazit lautet: Die Analyse der Gründe für ein Scheitern ist wesentlich, um zu entscheiden: Weitermachen oder abbrechen? Wenn grundsätzliche Kompetenzen oder Persönlichkeitsmerkmale fehlen, die nicht erworben werden können, kann es ein Segen sein, dies zu erkennen und das Studium abzubrechen. Daher ist ein Studienabbruch auch keinesfalls als »Versagen« zu interpretieren, im Gegenteil. Es kann ein Zeichen dafür sein, dass jemand frühzeitig erkannt hat, wo sein Potenzial liegt – und wo nicht. Denn viele erkennen erst nach einem halben Berufsleben, dass sie eigentlich etwas ganz anderes hätten machen wollen, und steuern dann in eine große Lebenskrise.

WAS TUN NACH DEM EXIT?

Auch Aachen hat ein Programm entwickelt hat, das Studienabbrechern eine gute Alternative bietet. Wer bereits zwei Semester studiert und 20 Credit Points gesammelt hat, kann im Rahmen des Programms »Switch« in eine Ausbildung wechseln. »Switch« sieht eine Ausbildung im Schnelldurchlauf vor, schreibt die *Frankfurter Allgemeine Zeitung.* »Im besten Fall ist man nach 18 Monaten fertig, normalerweise dauert es 36«, sagt Thomas Hissel, der Initiator des Programms und stellvertretende Leiter der Aachener Wirtschaftsförderung.

Aber nicht nur Studierende schmeißen hin. Jeder vierte Lehrling bricht seine Berufsausbildung ab. Wo die Vergütung besonders niedrig ist, halten die wenigsten durch. Dies geht aus dem Berufsbildungsbericht 2018 hervor, den das Bundesbildungsministerium jedes Jahr veröffentlicht. Demnach wurden 2017 gut 146 376 Ausbildungsverträge vorzeitig aufgelöst. Erstmals seit Anfang der Neunzigerjahre, als sich die Abbrecherquote zwischen 20 und 25 Prozent bewegte, liegt sie nun bei 26 Prozent. Dabei existieren gewaltige Unterschiede zwischen den Berufen. Am höchsten ist der Anteil bei Auszubildenden als Sicherheitsfachkraft und bei den Restaurantfachkräften – hier schmeißen 51 Prozent hin. Bei den Köchen sind es 49 Prozent, im Gastgewerbe 43 Prozent, bei Gebäudereinigern und Friseuren 50 Prozent. Das bedeutet: In 13 Berufen bricht fast jeder Zweite die Lehre ab.

Am anderen Ende der Palette stehen die Fachangestellten in der Verwaltung. Hier ist die Abbruchquote am niedrigsten, 4,1 Prozent. Abbrecherquoten von unter acht Prozent weisen außerdem auf: Elektroniker für Automatisierungstechnik, Fluggerätemechaniker, Notarfachangestellter, Biologielaborant, Justizfachangestellter, Fachangestellter für Medien und Informationsdienste, Medienkauffrau/-kaufmann für Digital und Print, Fachangestellter für Arbeitsmarktdienstleistungen sowie Fertigungsmechaniker. Was diese Ausbilder richtig machen und die anderen falsch, wieso die Passung bei diesen Berufen besser ist als in den anderen, ist derzeit Gegenstand von Untersuchungen.

»Dort, wo die Vergütung besonders niedrig ist, sind die Abbrecherquoten extrem hoch«, sagt Elke Hannack, Chefin des Deutschen Gewerkschaftsbundes (DGB) der *Süddeutschen Zeitung*[3]. In der Tat variieren die Gehälter im ersten Ausbildungsjahr dramatisch. So kann eine Auszubildende zur Medizinischen Fachangestellten mit 850 bis 1000 Euro pro Monat im ersten Lehrjahr starten, während eine Friseurin oder eine Sicherheitsfachkraft mit gerade einmal 400 Euro nach Hause geht. Da die Einstiegskriterien für die Ausbildungsberufe aufgrund des Nachwuchsmangels gesunken sind, können sich Auszubildende heute ihren Platz vielfach aussuchen. Eine vorzeitige Vertragsauflösung bedeutet also keinen endgültigen Abbruch jeglicher Ausbildung, sondern meist, dass die Betreffenden einen anderen Platz gefunden haben, wahrscheinlich mit einer deutlich besseren Bezahlung.

Immer mehr Betriebe bilden keine Lehrlinge aus, obwohl sie dazu berechtigt wären, weil sie niemanden mehr finden. Ihre Quote stieg erstmals auf mehr als 80 Prozent. Vor allem kleinere Firmen sind betroffen. Im Oktober 2018 meldete die Bundesagentur für Arbeit, dass die Arbeitslosenquote erstmals unter fünf Prozent gesunken sei, das erste Mal seit Jahrzehnten. Zuletzt hatte sie im Jahr 1980 unter fünf Prozent gelegen. Erstmals war die Zahl der gemeldeten Ausbildungsstellen höher als die der Bewerber. Beste Berufsaussichten also für die Generation Z.

Teil 2 // **Die zweite Pubertät**

Oder: Die Reifung des Gehirns
braucht bis Mitte zwanzig
Befunde aus Neurowissenschaft
und Psychologie

Im Schneckentempo
Warum sich das menschliche Gehirn so langsam entwickelt

Ein Lebewesen kann sich im Schneckentempo und im nächsten Moment mit turboartiger Geschwindigkeit entwickeln. Eltern wissen: In der Adoleszenz ist dies möglich. Passiert nach dem Abitur noch alles im Zeitlupentempo, legt sich von einem auf den anderen Tag ein Schalter um, etwa mit der Zusage einer Uni oder für einen Ausbildungsplatz. Die Eltern können gar nicht so schnell reagieren, wie der Sohn oder die Tochter ein WG-Zimmer sucht, den Umzug plant und zu den Ersti-Veranstaltungen aufbricht. Aber vor dieser Beschleunigungsphase liegen zunächst einmal viele Jahre im Schneckengang.

Wenn ein Säugling auf die Welt kommt, ist er in den ersten Jahren seines Lebens vollständig auf elterliche Pflege angewiesen. Die Angehörigen sorgen für seine Nahrung, für Geborgenheit, Schutz, Ruhe und Sauberkeit. Wenn er schreit, ist es ihre Aufgabe, zu erkennen, was das Kind gerade braucht. Das Baby selbst weiß nicht, ob es müde oder hungrig ist, ob es Nähe sucht und auf den Arm genommen werden will oder ob es Angst hat. Sind Mutter und Vater feinfühlig, können sie die kleinen Unterschiede erkennen.

Je höher das Gehirn eines Säugetiers entwickelt ist, desto länger dauert es, bis der Nachwuchs unabhängig ist. Gorillamütter zum Beispiel investieren viele Jahre in die Fürsorge ihrer Babys. Aus diesem Grund bekommen sie auch nur alle fünf Jahre Nachwuchs. Sie können ihre Kinder nicht in die Kita geben, keine Tagesmutter organisieren oder schnell mal die Eltern anrufen, damit sie zur Unterstützung anreisen und die Kinder versorgen. Gorillamütter tragen ihre Babys stattdessen mit sich herum. Ihre Emotionen scheinen denen menschlicher Mütter zu ähneln, sie haben eine enge Bindung an ihre Kinder. Immer wieder gehen Meldungen von trauernden Affenmüttern um die Welt, die sich von ihrem toten Baby verabschieden. In einem Fall trug eine Makakenäffin ihr totes Baby eine Woche lang im Arm, legte es immer wieder ab. Dann nahm ein Mitglied ihrer Gruppe es auf und trug es weiter. Immer wieder brachten die anderen Affen der Mutter das tote Baby, bis sie nach einer Woche der Trauer endgültig Abschied nehmen konnte.

Gorillababys sind lange unselbstständig. Das Gehirn der Gorillas ist hoch entwickelt, sie haben Gefühle, sind soziale Wesen. Eine solche Reifung braucht Zeit. Noch höher entwickelt ist das Gehirn des Menschen, da wir nicht nur Instinkten gehorchen und Gefühle haben, sondern auch über einen Verstand verfügen. Zumindest im Prinzip.

Den Fortschritt hin zu immer mehr Leistung, Lernbereitschaft und komplexeren Fähigkeiten des menschlichen Gehirns verdanken wir in erster Linie der Vergrößerung der Großhirnrinde, der äußeren Schicht des Vorderhirns. Ihr in der Evolution entstandener jüngster Teil heißt Neokortex. Nur Säugetiere verfügen über diese höhere Steuerungseinheit; Fische, Quallen, Insekten oder Würmer beispielsweise nicht. Bei Menschen macht er knapp die Hälfte des Hirnvolumens aus.

Damit diese expandierende, jedoch nur wenige Millimeter dicke Schicht von Nervenzellen noch in den Schädel passt, faltet sie sich wie eine Walnuss mit zerfurchter Oberfläche auf. Breitete man die Großhirnwindungen des Menschen flach aus, würden sie eine Fläche von vier DIN-A4-Blättern bedecken. Das Gehirn des Schimpansen passte auf ein einziges DIN-A4-Blatt. Der ziemlich glatte Kortex einer Ratte hingegen erreicht nur das Format einer Briefmarke.

Auch wirbellose Tiere können Intelligenz ausbilden. Kraken sind darunter die intelligentesten Wesen. Das Gehirn eines Oktopus ist zwar völlig anders gebaut als das eines Wirbeltiers; doch die intellektuellen Fähigkeiten der Kraken ähneln denen von Hunden. Unter den Wirbeltieren wiederum gehören die Gehirne der Elefanten und Wale, aber auch die von Raben zu den Wunderwerken der Natur. Sie sind in ihrer Komplexität mit denen von Menschenaffen und Menschen durchaus vergleichbar.

Der große Unterschied zwischen Menschenaffen und Menschen besteht darin, dass wir im Laufe der Evolution ein viel umfangreicheres Großhirn entwickelt haben. Es voll und ganz zur Reifung zu bringen, dauert in etwa 25 Jahre. Zu diesem Zeitpunkt sind die jungen Erwachsenen bereits selbstständig, manche haben bereits eine eigene Familie. Dennoch ist heute durch neueste Forschungsergebnisse erwiesen, dass sich die jungen Menschen noch lange im Übergang befinden.

Eine große Besonderheit bei der Entwicklung des Menschen bildet dabei die Zeit der Pubertät und die der Adoleszenz, also der Reifungsphase, die auf die Pubertät folgt. Dachte man früher, das menschliche Gehirn sei im Alter von 17 oder 18 Jahren ausgewachsen, weiß man nun, dass der Umbauprozess sich hinzieht. Die Synapsen verschalten sich neu, bilden neue Netzwerke, die verschiedene Regionen des Großhirns verbinden. Gehirnzellen, die nicht gebraucht werden, werden abgebaut. Heranwachsende durchlaufen zwei Phasen der Reifung: die Pubertät und die Adoleszenz. Die WHO definiert die Adoleszenz als Zeit des zweiten Lebensjahrzehnts, also vom 20. bis zum 29. Lebensjahr.

Die Pubertät dauert bei Mädchen etwa bis zum 18. Lebensjahr, bei Jungen bis zum 20. Lebensjahr. Danach folgt die Adoleszenz, etwa bis zum 22. Lebensjahr. Die danach folgende Zeit nennen einige Experten »verspätete Adoleszenz«, sie reicht etwa bis zum 25. Lebensjahr. »Zu diesem Zeitpunkt folgt ein weiterer Übergang. Die jungen Erwachsenen schließen mit dem Studium ab, fangen an zu arbeiten und gehen längerfristige Paarbeziehungen ein«, so Dorothea Ohle, Psychoanalytikerin aus Berlin.

In der Adoleszenz benötigen die Heranwachsenden noch die Unterstützung ihrer Eltern. Vieles erledigen sie allein. Doch bei einigen Dingen wie etwa der Wohnungssuche bitten sie um den Rat der Eltern. In dieser Zeit der Ablösung geht es darum, herauszufinden, was sie allein können und wo sie noch Hilfe benötigen. Hier gibt es große Unterschiede zwischen den jungen Erwachsenen, je nachdem wie autonom sie schon sind und wie weit die Identitätsfindung vorangeschritten ist. Wie bei den Vögeln gibt es Nestflüchter und Nesthocker.

Nesthocker sind vor allem männlich. Stolze 68 Prozent der männlichen jungen Erwachsenen im Alter von 18 bis 24 Jahren leben zu Hause und immerhin 56 Prozent der Frauen. Die Nesthocker schätzen den Hotelservice von Mama und betrachten das Familienauto als »Car to Go« mit einer Flatrate. Gern wird es vollgetankt genommen und bis auf den letzten Tropfen leer gefahren wieder abgestellt. Vielleicht bieten sie ihren Eltern als Gegenleistung einen Fahrservice an, damit diese bei Einladungen Alkohol trinken können. Vielleicht aber auch nicht. Insgesamt empfinden sie den elterlichen All-inclusive-Service als vollkommene Selbstverständlichkeit.

Die Nestflüchter leben zu diesem Zeitpunkt bereits allein, versorgen sich selbstständig oder sind mit ihrem Freund, ihrer Freundin zusammengezogen. So wie Elena, die mit 18 Jahren nach Maastricht ging, um dort Psychologie zu studieren. In den Ferien verdiente sie durch multiple Jobs Geld, um einen Teil ihres Unterhalts selbst zu bestreiten. Ihren Bachelor schloss sie mit der Bestnote ab. Nach ihrem Umzug nach Amsterdam, wo sie mit ihrem niederländischen Freund zusammenzog, absolvierte sie innerhalb von zwei Jahren noch zwei Masterstudiengänge, beide mit Auszeichnung. Ihren Job bei einer großen

Unternehmensberatung, bei der sie parallel arbeitete, hatte sie schon in der Tasche, bevor ihr letzter Master richtig abgeschlossen war. Elena ist jetzt 24 Jahre alt. In diesem Alter wohnen einige noch zu Hause und überlegen angestrengt, was sie mit ihrer Zukunft anfangen sollen.

Die Phase der verspäteten Adoleszenz, also der Zeitabschnitt zwischen Anfang zwanzig und etwa 25, ist von weiteren Entwicklungsschritten geprägt. Die jungen Erwachsenen brauchen ihre Eltern hauptsächlich bei strategischen Entscheidungen, zum Beispiel wie man beim Kauf eines Gebrauchtwagens vorgeht. Dort können sie noch auf die Erfahrungen der Eltern zurückgreifen. Der präfrontale Kortex, Zentrum für strategische Handlungsplanung, Selbstkontrolle und Sitz der höheren Vernunft, ist dann schließlich mit dem 25. Lebensjahr ausgereift.

VERLÄSSLICHKEIT UND VERBINDLICHKEIT

In diesen entscheidenden Jahren der Pubertät und Adoleszenz brauchen Heranwachsende vor allem verlässliche Beziehungen und ein stabiles Umfeld. Wenn Chaos im Kopf und bei den Gefühlen herrscht, sollte die Umgebung eine sichere Größe mit Regeln und Ritualen sein. »Junge Heranwachsende erleben oft, dass ihre Familien weniger verbindlich sind, weniger auf Beziehung angelegt«, glaubt die Psychiaterin Iris Hauth, Ärztliche Direktorin am Alexianer St. Joseph-Krankenhaus in Berlin und ehemalige Präsidentin der Deutschen Gesellschaft für Psychiatrie und Psychotherapie. Es sei nicht mehr generell üblich, sich einmal am Tag zu treffen und mit den anderen auseinanderzusetzen. Dies sind aber die Sicherheit gebenden Gelegenheiten, zum Beispiel am Abendbrottisch, bei denen man mal mit einem etwas sperrigeren Thema herausrücken kann, Dinge klärt, bevor sie zu größeren Problemen werden. Dies sind die Gelegenheiten, bei denen die Bindungen gefestigt werden.

»Jugendliche brauchen besonders den sicheren Halt«, ist Hauth überzeugt. Starke Bindungen zu Familienmitgliedern, Verwandten und Freunden seien der Nährboden für psychische Gesundheit in den Entwicklungsjahren von 15 bis 25. »Auch die äußeren Lebensbedingungen verändern sich in diesem Zeitabschnitt. Nach dem Schulabschluss folgt die Orientierung, wohin es im Leben gehen soll. Die meisten haben zum ersten Mal eine längere Beziehung. Die Heranwachsenden ziehen von zu Hause aus, leben vielleicht in einer fremden Stadt«, berichtet Hauth. Dies bringe immer neue Anforderungen mit sich, an die sich die jungen Menschen anpassen müssen.

FREITAG IST LASAGNE-TAG

Eingespielte Rituale wie beispielsweise ein bestimmtes Gericht, das jeden Freitag gekocht wird, geben Halt. Ich selbst sollte bis vor ein paar Jahren freitags immer Lasagne kochen, weil unsere Tochter das gerne mochte. Als ich mal fragte, ob ich etwas anderes vorbereiten solle für den Abend, erntete ich nur einen ungläubigen Blick. Freitag war also jahrelang Lasagne-Tag. Bei meinen Eltern gab es freitags immer Fisch. Kommt uns meine über 80-jährige Mutter heute in Berlin besuchen, mache ich für sie am Freitag natürlich Fisch, am liebsten Bouillabaisse.

Als ich meinem Bruder davon erzählte, berichtete er mir, dass er für seine Kinder am Freitag immer Spaghetti Bolognese machen muss. Bei meiner Schwester gibt es freitags seit Jahren ein von ihrem Mann selbst gerolltes Sushi. Rituale aus der Kindheit verankern sich, wenn sie von allen positiv wahrgenommen werden. Dann bleiben sie gut im Gedächtnis und werden weitergegeben. In der Pubertät und Adoleszenz kann der Moment kommen, da die Heranwachsenden nicht mehr mit den Eltern essen wollen. Dennoch gibt es ihnen Sicherheit, wenn sie »ihre« Lebensmittel im Kühlschrank finden und sie sich selbst etwas köcheln können. Man kann sich auch abgrenzen, indem man in seinem Zimmer sitzt und selbst gemachte Pasta mit Tomatensoße und Parmesan isst, Hauptsache, es ist jemand zu Hause, von dem man sich abgrenzen kann. Auch das kann zum Ritual werden.

Die norwegische Neuropsychologin Ylva Østby von der Universität Oslo hat zusammen mit ihrer Schwester, der Journalistin Hilde Østby, ein Buch über das Gedächtnis verfasst. In *Nach Seepferdchen tauchen* berichten sie, dass uns Gerüche aus der Kindheit besonders in Erinnerung bleiben. Nehmen wir einen Duft wahr, wird sofort eine Erinnerung getriggert. »Gerüche sind sehr spezifisch, und es ist schwierig, sie in Worte zu fassen und zu kategorisieren. Daher merkt sich ein bestimmtes neuronales Netzwerk während der Kindheit eine Begebenheit verknüpft mit einem Geruch. Erkennen wir diesen Geruch später einmal wieder, wird die Erinnerung wieder wachgerufen«, so Ylva Østby. Ab dem 13. Lebensjahr sei es vor allem Musik, die, selbst wenn ein Lied Jahrzehnte später gespielt wird, die Erinnerung an die Jugend in uns hochspült, als wäre es gestern gewesen.

Düfte und Musik bilden ein festes Gerüst aus Erinnerungen, die bestenfalls eine feste innere Heimat in uns verankern. Rituale verbinden wir mit guten Gefühlen. Farben, Gerüche, Stimmungen werden als positives Erlebnis abgespeichert und können durch entsprechende Auslöser wieder abgerufen werden. In der Zeit der großen Unsicherheit helfen uns diese Erinnerungen, gute Gefühle zu produzieren, die wir in unserem Gedächtnis gespeichert haben.

In der Zeit der Adoleszenz ist die Persönlichkeit noch nicht gefestigt. Die Identitätssuche dauert an. Jugendliche haben Angst, sich zu blamieren, sie sind unsicher im Umgang mit Fremden und fremden Lebensumständen. »In der Schule waren sie in einer Umgebung, in der sie alle kannten und in der alle sie kannten. Ob dies Lehrer waren, Mitschüler, die Eltern der

Schüler, der Hausmeister oder die Nachbarn«, sagt Hauth. Über Jahre hinweg kannten sie die Gesichter der Umgebung.

Im Studium wird alles auf einen Schlag anders. »Plötzlich finden sie sich in einem Hörsaal mit dreihundert unbekannten Gleichaltrigen wieder.« Nach der Vorlesung strömen die Studierenden alle in eine andere Richtung. Vielleicht sieht man sie eine Woche lang nicht wieder. Anders als in der Schule wächst so kein schneller Zusammenhalt. »Die Unsicherheit kann lange bestehen bleiben«, so die Medizinerin. »Die Situationen sind erst einmal ungewohnt und erfordern eine Anpassung. In der Regel gelingt dies auch, aber eben nicht immer.«

Um Stabilität zu entwickeln, muss den Heranwachsenden etwas gelingen. »Selbstwert entsteht durch Erfolgserlebnisse; durch das Gefühl, du kannst etwas, du kannst etwas bewirken«, erläutert Dorothea Ohle. Verwöhnen in der Kindheit kann genauso wie zu viel Härte dazu führen, dass sich diese Stabilität nicht aufbaut. Wenn einem Kind von seinen überengagierten Eltern alles abgenommen wird, kann das Gefühl, etwas alleine zu schaffen, nicht gedeihen.

SCHRITT FÜR SCHRITT WACHSEN UND ERWACHSEN WERDEN

Selbstwirksamkeit entsteht in kleinen Dingen. Das Kind lernt, sein Zimmer selbst aufzuräumen, sich selbst anzuziehen, kleinere Aufgaben im Haushalt zu erledigen, wie etwa Blumen zu gießen. Größere Kinder fahren allein zur Schule, machen ihre Hausaufgaben selbstständig, ohne dass jemand neben ihnen sitzt. Das klingt zunächst banal, doch schon bei den Hausaufgaben geben bei meinen Recherchegesprächen viele Eltern zu, dass sie sich mehrere Stunden pro Woche und auch am Wochenende mit den Aufgaben des Nachwuchses beschäftigen.

»Wir machen ein Referat«, sagte ein Helikopter-Vater vor kurzem und meinte eigentlich seine 15-jährige Tochter. Diese hatte wohl zu spät mit den Vorbereitungen begonnen. Doch anstatt sie die Konsequenzen ihres Handelns erfahren zu lassen, nämlich dass eine schlechte Vorbereitung zu einer schlechten Note führt, reißt er die Aufgabe an sich. So nimmt er der Tochter die Chance, einen Fehler zu begehen, und gibt ihr das Gefühl: Papa macht das schon!

Eltern wollen in der Regel keine schlechten Noten. Das ist verständlich. Allerdings bleibt die Reaktion, sich selbst an den Start zu bringen und mitzulernen, nicht ohne Folgen. Die Kinder sehen sich nicht in der Verantwortung für ihren Lernerfolg, verbuchen die Erfolge nicht für sich. Selbst die Oberstufe ist keine nachhilfefreie Zone mehr. Das Abitur muss her, koste es, was es wolle. Spätestens im ersten Jahr des Studiums ist es dann vorbei. Schlechte Noten, Scheitern beim Lernen, das alles kann die Erstsemester dann in ein Loch katapultieren.

Je älter das Kind wird, desto größer wird sein Verantwortungsbereich. Dabei darf und soll es Fehler machen, denn aus Fehlern können wir lernen. Die Eltern sollten die Kinder nicht beschämen, indem sie immer wieder auf den Fehler hinweisen oder ihnen die gesamte Aufgabe nicht mehr zutrauen. Im Gegenteil, die Message der Eltern sollte sein: »Du schaffst das schon.« Sie ermuntern das Kind, stärken seinen Glauben an sich selbst.

DU SCHAFFST DAS SCHON ALLEINE

Eltern, die ihr Kind verwöhnen, es herumkutschieren, vom Training, Musikunterricht und sozialen Aktivitäten abholen und ihm alle Aufgaben im Haushalt abnehmen, hindern es indirekt daran, Erfolgserlebnisse für sich zu verbuchen. Sie verhindern, dass sich von klein auf das grundsätzliche Gefühl aufbaut: »Ich schaffe das schon alleine.« Ein gutes Miteinander könnte wie im folgenden Beispiel aussehen:

Leo, sieben Jahre, hat im Garten das Kräuterbeet gegossen und ist dann stolz mit nassen, dreckigen Stiefeln ins Haus gelaufen. Der Boden im Flur und im Wohnzimmer sind dreckig.

Leo: »Schau mal, Papa, ich habe draußen gegossen.«

Vater: »Danke, dass du mir das abgenommen hast.« Sieht den Teppich, schluckt. »Schau mal, da hat noch einer irgendetwas draußen gegossen und vergessen, die Stiefel auszuziehen. Sollen wir die Fußspuren mal sauber machen? Das hat derjenige ja wohl nicht absichtlich gemacht.«

Leo *sieht erstmals die Fußspuren.* »Das war ich nicht!«

Vater: »Das ist nicht schlimm, es ist auch nicht wichtig, wer es war. Hol mal den Eimer und den Lappen, wir machen das zusammen.«

Leo holt eifrig die geforderten Dinge. Der Vater füllt den Eimer, das Kind darf wischen. Nach fünf Minuten ist der Boden wieder sauber.

Vater: »Siehst du, das ging schnell. Das passiert manchmal, wenn man draußen im Garten arbeitet. Das habe ich auch schon mal gemacht.«

Leo: »Papa, ich glaube, das war ich doch.«

Vater: »Nächstes Mal ziehst du die Stiefel vorher aus. Es ist nichts passiert. Danke, dass du es mir gesagt hast. Ich dachte schon, Riese Rübezahl wäre in unserem Garten gewesen, so groß waren die Fußspuren. Soll ich dir die Geschichte von Riese Rübezahl mal erzählen?«

Leo schaut begeistert seinen Vater an und freut sich auf die Geschichte.

Der Vorgang des Verschaltens der Synapsen im Gehirn braucht Erfahrungen, die das Kind selber macht. Zu gießen, einen Fehler zu begehen, diesen Fehler mit der Hilfe des Vaters wieder zu beheben, die Ermunterung des Vaters und das schöne Gefühl, eine Geschichte vorgelesen zu bekommen – bei dieser Erfahrung verschalten sich die Nervenzellen vollkommen anders, als wenn der Vater selbst gegossen hätte oder nach dem Gießen mit einem ärgerlichen Gesicht eigenhändig den Dreck weggemacht oder geschimpft hätte. Wichtig bei Lernprozessen ist die Vernetzung im Gehirn, der Aufbau von Gedächtnisinhalten, die positiv assoziiert sind. Lernen braucht Erfahrungen, Erfolge und gute Gefühle.

Es ist ähnlich wie beim Essen. Es nützt nichts, wenn die Eltern das gesunde Gemüse selbst essen, statt es dem Kind zu geben, damit es gesund bleibt. Das Kind muss beim Radfahren auch selbst auf dem Rad sitzen, damit sich seine Motorneuronen und Nervenzellen für Koordination im Gehirn ausbilden. Es muss auch einmal hinfallen dürfen, um einzuschätzen, wie man fällt und wie man es künftig verhindert. So ist es auch bei abstrakteren Lernprozessen.

Für einen solchen Prozess braucht es Zeit, Geduld und Nerven – und unendlich viele Geschichten vom Riesen Rübezahl. Natürlich geht es schneller, wenn ein Erwachsener eine Spülmaschine ausräumt, die Blumen schnell selbst gießt. Doch in Familien geht es eben nicht nur darum, effektiv eine Aufgabe wegzuschaffen. Wer glaubt, es ginge darum, effizient eine Spülmaschine auszuräumen, hat das Wesen der Familie als Lernraum und Ort der vertrauensvollen Beziehungen und positiven Emotionen verkannt.

Es geht vielmehr darum, dass Kinder sicher und wertgeschätzt in einen stetig größer werdenden Verantwortungsbereich wachsen können. Dabei erleben sie, dass sie wichtig sind, dass sie Teil der Familie sind und in der Gemeinschaft einen wichtigen Beitrag leisten – auch wenn sie Fehler machen und alles länger dauert als bei den Erwachsenen. Sie lernen, dass man ihnen etwas zutraut, dass man ihnen vertraut, weil sie etwas können, weil sie wichtig sind. Sie erfahren, wie gut es sich anfühlt, wenn man sich anstrengt und etwas lernt.

VERTRAUEN ALS BASIS

Wer diese Erfahrungen gemacht hat, der ist auch als Heranwachsender eher bereit, seine Fehltritte den Eltern anzuvertrauen und nicht zu lügen. Die Party ist aus dem Ruder gelaufen, das neue Smartphone wurde beim Sport geklaut, die Englischarbeit geschwänzt, weil der Jugendliche nicht ein Spurenelement Ahnung von der abgefragten Materie hatte. Wer immer wieder gelernt hat, dass Fehler gemacht werden dürfen, wenn sie korrigiert werden, hat Vertrauen abgespeichert, wenn es mal brenzlig wird. Wer stets beschimpft und gemaßregelt wird, lernt ganz schnell, dass Fehler abgestritten werden müssen. Schlechte Nachrichten werden schlichtweg verschwiegen. Am Ende auch vor sich selbst. Verdrängen und verschweigen, wegdrücken und die eigenen Gefühle nicht zuzulassen führt dazu, dass wir das Selbstgespür verlieren. Viele Erwachsene leben so, aber sie leben nicht ihr volles Potenzial aus und sind nie vollends glücklich.

»Besondere Härte in der Erziehung gibt es zum Glück nur noch sehr selten«, sagt Ohle. Strenge Eltern hatten eher die in den Sechzigerjahren Geborenen. Damals wurde häufig bestraft, beschämt und verboten. Als Gegenreaktion war diese Gruppe, als sie selbst Eltern war, eher recht lax gegenüber ihren Kindern. Auch das ist nicht immer optimal. Denn klare Regeln in der Familie, gepaart mit Konsequenz, erzeugen eine innere Instanz für Moral, Werte, soziale Normen und ein Gewissen in uns, so Ohle. Sie erlebe heute, dass bei vielen Menschen eine solche innere Instanz nur schwach ausgebildet sei.

Gerade in Schwellensituationen wie in der Pubertät, der Adoleszenz und in der Orientierungsphase nach der Schule sei eine solche innere Instanz hilfreich. Denn sie gebe Vertrauen in das eigene Können, treibe einen an, den inneren Schweinehund zu überwinden, sich gleichzeitig aber nicht zu überfordern. Gerade die Motivation, etwas eigenständig zu tun, wie zum

Beispiel Hausaufgaben zu machen, erwachse aus sehr viel Übung, sanften Impulsen und dem Nachdruck der Eltern. Auch dieser Erziehungsprozess braucht Zeit, Geduld und ist ungemein anstrengend, aber auch sehr erfüllend. Zu sehen, wie das Kind an den Aufgaben wächst, wie es an Selbstvertrauen gewinnt, Kompetenzen erwirbt und einen dann damit überrascht, dass es plötzlich etwas kann, was kurz zuvor noch ein Problem darstellte, ist das große Geschenk für Eltern. Die Bereicherung, aneinander zu wachsen, ist eines der Geheimnisse, warum Familien zusammenhalten.

Der 17-jährige Eric hat keine Lust zu lernen. Bald steht eine Chemie- und eine Biologiearbeit an, beides Fächer, die auf Erics persönlicher *hate*-Skala maximale Punktzahl erreichen. Im Unterricht versteht er schon lange nicht mehr, worum es da vorne geht. Zitronensäurezyklus? Epigenetik? Nur zählen leider *hate*-Punkte nicht mit für das Abitur. Aber was tut man, um wenigstens die minimale Punktzahl in Chemie und Bio zu bekommen?

Mama kennt das Datum der Klausuren, fühlt sich aber schon seit Jahren nicht mehr zuständig für die Schule. Sie weiß nicht genau, wie es um die Fächer steht, ahnt aber aufgrund der mittelmäßigen Laune ihres Sohnes, dass das Halbjahreszeugnis in der elften Klasse eher mau wird. Eric ist ein Gamer, abends spielt er am Computer, er kann einfach nicht aufhören. FIFA 19 ist nun mal ein super Spiel. Ständig dringt ein Surren aus seinem Zimmer, gedämpfte Stimmen, er unterhält sich mit seinen Freunden während des Spiels.

An einem verregneten Nachmittag im November ist Erics Stimmung wie das Wetter draußen: kein Lichtblick in Sicht, nur Nebelschwaden in seinem Kopf. Ihn stressen die bevorstehenden Klausuren, die zum Abi zählen. Er setzt sich zu seiner Mutter ins Arbeitszimmer und erzählt ihr von FIFA 19. Sie hört zu, will wissen, welche Spiele noch interessant sind. Dann wechselt sie geschickt das Thema, fragt, was denn die Vorbereitungen für die Klausuren machen.

Eric verzieht das Gesicht. »Passt schon.« Jetzt ist Mama alarmiert. »Passt schon« kann heißen »Ist okay« oder eben »Ist nicht okay«, je nach Mimik. So ein ganz versierter Burgschauspieler ist Eric aber nicht, da ist seine Schwester Lotte deutlich begabter. Er konnte seine Sorgen und Ängste noch nie verbergen. Deswegen tippt Mama auf »Ist überhaupt nicht okay«. Sie macht den Vorschlag, dass Eric nachmittags seinen Laptop in ihr Büro legt, damit er keine Spiele spielen und sich damit nicht ablenken könne. Den Vorschlag findet Eric »voll daneben«.

Dennoch entdeckt seine Mutter den Computer am nächsten Nachmittag auf ihrem Schreibtisch. Im Zimmer des Jungen ist es so leise wie nie, nur hin und wieder dringt ein Fluchen unter der Türritze durch. Mama schickt Eric eine WhatsApp mit dem Kontakt von Leonardo. Er sei ein toller Nachhilfelehrer, ein Wunder an Pädagogik. Wenn Eric wolle, könne er ihn ja mal anrufen, ob er Zeit für ein »Last-Minute-Training« habe, das bräuchten Weltfußballspieler vor einem Spitzenspiel ja auch.

Eric ruft Leonardo an, trifft sich mit ihm. Bald hört das Fluchen auf, denn Eric hat keine Zeit mehr dazu. Leonardo vollbringt in den nächsten zwei Wochen wie immer ein Wunder, Mama blättert 200 Euro auf den Tisch – und Eric schreibt in Bio und Chemie eine Drei. Geschafft. Im jugendlichen Gehirn bleibt haften: »Gib nicht auf, du schaffst das schon. Verbanne mal vorübergehend FIFA 19, konzentriere dich, dann geht es gut.« Entscheidend waren die sanften Hinweise der Mutter, keine Standpauken oder »Warum hast du nicht«-Statements. »Ganz alleine schaffen es die Heranwachsenden nicht immer, den inneren Schweinehund zu überwinden. Manchmal braucht es eben diesen kleinen Impuls«, weiß Ohle.

OHNE INPUT KEINE AUSEINANDERSETZUNG

So auch nach dem Schulabschluss, wenn die jungen Menschen plötzlich sehr viel Zeit haben. Für vollkommen kontraproduktiv hält es Ohle, wenn Jugendliche nach dem Mittelschulabschluss oder dem Abitur monatelang gar nichts machen. »In dieser Zeit, in der Jugendliche am meisten lernen können, weil das Gehirn äußerst aufnahmefähig ist, braucht es Impulse«, berichtet die Psychoanalytikerin. »Nie wieder sind wir so lernfähig.«

Die Persönlichkeit eines Menschen entwickele sich im sozialen Kontext, im Kontakt mit anderen Menschen und im Handeln. »Beim Nichtstun passiert im Gehirn nicht nichts. Vielmehr baut der Jugendliche Nervenzellen ab«, erklärt die Expertin. Ein Heranwachsender müsse nach dem Abitur nicht wissen, was er machen will, aber er müsse irgendetwas tun. »Vom In-den-Himmel-Schauen vernetzen sich keine Synapsen«, formuliert es auch die Psychiaterin Iris Hauth.

Beide Expertinnen sind sich einig, dass es in der Entwicklungsphase hauptsächlich darauf ankommt, irgendetwas zu machen. Ein Jahr ins Ausland, eine Auszeit mit einem Projekt. Es wäre auch gut, ein Studium anzufangen und es im Zweifelsfall wieder abzubrechen, falls es sich als Fehlentscheidung herausstellt; erst mal eine Ausbildung zu machen oder ganz einfach zu arbeiten. »Wer jobbt, bekommt eine Rückmeldung von den Kollegen, ist eingebettet in soziale Zusammenhänge. Das fördert die Entwicklung der Persönlichkeit. Monatelang chillen ist Gift fürs Gehirn«, ist Ohle überzeugt.

ANFÄLLIG IN DER ENTWICKLUNG

In der Zeit zwischen 15 und 25 Jahren ist das Gehirn anfällig für psychische Erkrankungen. So kann ein als harmlos eingestufter Cannabiskonsum oder Pillen, die bei einer Party geschluckt werden, massive Konsequenzen haben. Drei Viertel aller psychischen Erkrankungen brechen vor dem 24. Lebensjahr aus, schreibt die Neurowissenschaftlerin Sarah-Jayne Blakemore vom University College in London in ihrem jüngst erschienenen Buch über das Teenagergehirn.[4] Nicht nur Depressionen sind bei jungen Erwachsenen auf dem Vormarsch. Angsterkrankungen und Panikstörungen nehmen ebenfalls zu. »Angst ist bei jungen Heranwachsenden eine der häufigsten psychischen Erkrankungen«, erklärt Hauth. Wer unsicher ist und sich nicht traut, auf andere zuzugehen, der landet möglicherweise in einem Kreislauf der Vermeidung. So vermeiden ängstliche Studenten den Kontakt mit Gleichaltrigen, indem sie keine Lerngruppen mit anderen bilden.

Ein weiterer Klassiker ist es, am Wochenende häufig nach Hause zu fahren, anstatt in der Studentenstadt neue Bekanntschaften anzubahnen oder zu vertiefen. Lieber werden alte Freundschaften gepflegt, etwa beim Sport in der Heimatstadt oder beim Ausgehen. So verschärft sich das Gefühl, in der Studentenstadt nicht anzukommen. Sie holen sich die Bestätigung, die sie brauchen, im alten Freundeskreis, bei den Eltern, in der Heimat. In der Zeit des Heranwachsens ist das Selbstwertgefühl noch nicht gefestigt. Die Gefühle können durch äußere Faktoren schnell durcheinandergeraten. Sicherheit und Halt geben hier die Familie und die Peergroup. Dafür müssen aber die Rahmenbedingungen stimmen – das heißt, es gibt Rituale und verbindliche Regeln für das Zusammensein, die den Heranwachsenden Raum geben für die Entfaltung ihrer Persönlichkeit und ihres Potenzials.

Ein tiefes Gespräch, ein inniger Kontakt bedarf der vollen Aufmerksamkeit des Gegenübers, selbstverständlich auch des Blickkontakts. Durch den Augenkontakt spüren wir den anderen und kommen mit ihm in Verbindung. Bei Müttern, die nach der Geburt ihres Babys eine Schwangerschaftsdepression bekommen, ist zum Beispiel aufgrund der fehlenden inneren

Beziehung der Blickkontakt zum Neugeborenen gestört. Eine gesunde Mutter blickt ihrem Säugling liebevoll in die Augen und lächelt ihn an, wenn sie ihn im Arm hält, beim Stillen oder einfach beim Tragen des Babys. »Bleibt der Blickkontakt aus, schreien die Babys«, erklärt Hauth, die in ihrer Klinik Mütter mit einer postnatalen Depression betreut. Die Kinder benötigen die Aufmerksamkeit der Mutter, da sie ihnen Sicherheit gibt. Ohne sie können sie keine Bindung zur Mutter entwickeln und die Mutter nicht zu ihnen. Diese sichere Bindung ist jedoch die Grundlage jeglicher Bindungsfähigkeit im gesamten Leben.

Auf der Station für depressive Mütter fertigen Therapeuten daher Videoaufnahmen von Situationen an, in denen eine Mutter ihren Säugling in den Arm nimmt. Wenn die Mutter im Video ihr Neugeborenes feinfühlig anschaut, machen die Therapeuten sie darauf aufmerksam, wenn sie sich das Video gemeinsam ansehen. »Bei der Auswertung loben die Therapeuten dann diesen Moment und sagen: ›Schauen Sie mal, hier haben Sie es gut gemacht.‹« Dies ermutigt die Mutter, beim nächsten Mal noch häufiger Blickkontakt zu ihrem Kind herzustellen.« Ist der Kontakt zwischen Baby und Mutter nach einer Weile der Therapie wiederhergestellt, hört das Baby auf zu schreien. Es bekommt nun das, was es so lebensnotwendig braucht, die Liebe, Nähe und Aufmerksamkeit, den Blickkontakt der Mutter.

Auch in der Kindheit und Jugend ist der intensive Kontakt durch Mimik und Gestik, mit Augenkontakt und durch feinfühlige Reaktionen aufeinander notwendig. Die gute Verbindung ist die Grundlage für die Ausbildung und Aufrechterhaltung einer intensiven Beziehung, insbesondere in einer Zeit, die durch Unsicherheit geprägt ist. Gelingen diese Beziehungen, kommen Heranwachsende trotz Stürmen gut durch Pubertät und Adoleszenz, dann haben sie eine gute Voraussetzung, auch mit späteren Herausforderungen zurechtzukommen. Das Gefühl »Das schaffst du schon alleine«, das sie als Kind ausgebildet haben, begleitet sie ein Leben lang. Eine stabile Persönlichkeit, ein gutes Selbstwertgefühl und lebendige, tiefe Beziehungen stärken ihre Fähigkeit, sich zu orientieren.

Eine Voraussetzung für gute Beziehungen ist die Fähigkeit, sich in andere Menschen hineinzudenken und hineinzufühlen. Die Neurowissenschaftlerin Sarah-Jayne Blakemore vom Institute of Cognitive Neuroscience in London hat sich auf die Erforschung des Gehirns von Heranwachsenden spezialisiert. Sie ist zu der Erkenntnis gekommen, dass Empathie erst spät reift. Um herauszufinden, wie gut sich Kinder, Heranwachsende und Erwachsene in jemand anderen hineindenken können, hat sie ein Experiment mit 177 Teilnehmern in einer Altersgruppe zwischen sieben und 27 Jahren durchgeführt.[5]

In der Aufgabe geht es darum, Gegenstände in einem Regal umzuräumen. Dabei befinden sich einige Objekte in Fächern mit einer Rückwand, andere in Fächern ohne Rückwand. Hinter dem Regal steht eine Person, der sogenannte Direktor. Er gibt die Anweisungen, welche Gegenstände in ein anderes Fach gelegt werden sollen. Dabei sieht der Direktor aus seiner Perspektive logischerweise nur Gegenstände in einem Fach ohne Rückwand. Das heißt, der Versuchsteilnehmer muss sich darauf konzentrieren, welche Gegenstände er nehmen soll, welche Anweisungen der Direktor gibt und wo die Gegenstände hingelegt werden sollen. Er muss also die ganze Zeit mit den Augen des Direktors sehen.

Heranwachsende haben zur Überraschung der Forscher bei diesem Experiment eine sehr hohe Fehlerquote von etwa 50 Prozent. Es scheint äußerst schwierig zu sein, die Perspektive des Direktors einzunehmen, wenn er beispielsweise sagt: »Lege den Ball aus dem Fach rechts unten in das Fach darüber.« Denn aus der Perspektive des Studienteilnehmers liegt das untere rechte Fach ja links. Die Trefferquote verbesserte sich kontinuierlich mit dem Alter; je älter jemand wird, desto besser kann er die Perspektive des anderen übernehmen. Diese Ergebnisse legen nahe, dass die Fähigkeit eines Menschen, die (visuelle) Perspektive einer anderen Person einzunehmen und sie in den eigenen Entscheidungsprozess einzubinden, sich erst relativ spät entwickelt.

Gute Nachrichten für Eltern: *Me, myself and I*, die typische Perspektive von Teeangern, ist eine Haltung, die sich nach und nach relativiert. Spannend für mich während der über zwei Jahre dauernden Recherche zu diesem Buch war auch, dass ich den Reifungsprozess meiner Interviewpartner in kürzester Zeit beobachten konnte. Die Zeit zwischen Anfang und Mitte zwanzig ist für mich eine der faszinierendsten Phasen der Entwicklung. Ebenfalls verblüffend sind die enormen Unterschiede im Reifegrad. Während einige 22-Jährige sich mit ihrer Selbstfindung und eigenen Zukunft auseinandersetzen, kümmern sich andere intensiv um ihre Freunde, denen es schlecht geht.

So hat sich zum Beispiel Conrad, der bereits erwähnte Student an der United Pop-Akademie in Amsterdam, der viel mitgedacht und viele Interviews für mich geführt hat, um seinen Schulfreund gekümmert, der im Herbst 2018 einen Zusammenbruch wegen seines Kokainkonsums erlitt. Als es Yannik besonders schlecht ging, reiste Conrad zu ihm nach Dortmund, sprach mit ihm, kontaktierte die ratlosen Eltern des Freundes und verschaffte ihm Kontakte zu einer Drogenberatungsstelle und ermunterte ihn, in eine psychiatrische Klinik zu gehen.

Conrad beschäftigte sich intensiv mit Yanniks Problem, obwohl er auf der Suche nach einer neuen Uni für Komposition war. Bei unserem Treffen in Berlin sprachen wir lange über Yannik. Im Anschluss daran gelang es Conrad, seinen Freund davon zu überzeugen, sich in einer Suchtklinik für einen Entzug anzumelden. Selten habe ich einen jungen Mann erlebt, der so klar, so empathisch ist und so viele Menschen und Dinge auf dem Radar hat. Auch wenn sich das Gehirn zunächst im Schneckentempo entwickelt, gibt es einen Punkt, da es plötzlich die Geschwindigkeit eines Geparden aufnimmt.

Spätzünder Vernunft
Wenn Risikobereitschaft und die Folgenabschätzung auseinanderklaffen

Tom ist 24, als Anton ihn an einem Sonntagvormittag in seinem Lieblingscafé zum Interview trifft. Er hat die Schule in München abgeschlossen oder abgebrochen, so genau weiß das hier keiner. Seitdem jobbt er im »Hero«, einem Laden, in dem vormittags ein gemischtes Publikum verkehrt. Nachmittags bevölkern es Schüler des nahe gelegenen Gymnasiums. Darunter mischen sich am Wochenende ehemalige Schüler, die aus ihren Studienstädten nach Hause pilgern, um das W-LAN ihrer Eltern zu reparieren oder ihnen zu erklären, wie der neue Fernseher funktioniert. Das neue Gerät kann jetzt zwar alles, dafür können die Eltern nichts mehr.

Zurzeit arbeitet Tom zweimal die Woche sieben Stunden. Sein Stundenlohn ist mit 10,50 Euro unterer Durchschnitt für München. Brutto kommt er auf etwa 580 Euro pro Monat. Er braucht nicht mehr, da sein Vater ihn finanziell unterstützt. Neben dem Job macht Tom erst mal nichts. Er befindet sich noch in der Orientierungsphase, hat sich bislang für keine Ausbildung erwärmen können. Toms Vater ist Facharzt für Kardiologie mit gut laufender Praxis in der Innenstadt. Anton interessiert sich dafür, warum Tom immer noch im »Hero« arbeitet.

»Hier sind meine Freunde«, meint der nur knapp, als wäre das schon die ganze Wahrheit. Doch je länger Anton ihm zuhört, desto klarer wird ihm – genauso denkt er auch. Es ist das Denken eines 17-Jährigen, dabei ist Tom 24. Er scheint nach dem Ausscheiden aus der Schule in der Welt eines Teenagers stehen geblieben zu sein. Seine Peergroup hat Priorität, mit dem Rest des Lebens setzt sich Tom nicht auseinander. Er ist glücklich, wohnt seit Jahren mit seiner Freundin zusammen. Manche meinen, er habe mal eine schwere Krankheit durchgemacht. Er lebt spontan, kommt dank seines endlosen Vater-Stipendiums mit seinem Geld aus, plant nichts in der Zukunft und genießt sein Leben.

»Über seine Zukunft darf man mit ihm nicht reden«, sagt Leon, 21 Jahre, einer seiner Freunde. Er ist mit ihm zur Schule gegangen. Leon hat wie Tom im »Hero« gejobbt. Daher kennen sie sich gut. Warum man über seine Zukunft nicht mit ihm sprechen könne, will ich wissen. »Das ist ihm unangenehm.« Sich ausprobieren, die Welt erobern, einen Weg einschlagen, einen Sinn im Leben entdecken sind Software-Programme, die nie auf Toms Festplatte installiert wurden.

Er ist ein Beispiel für ein viel beobachtetes Phänomen bei jungen Erwachsenen. Sie kleiden sich wie Teenager, reden wie sie und denken wie sie. Es ist ein unbeschwertes Leben, gesteuert von einem Gehirn, in dem strategisches Denken, die Abschätzung der Folgen des eigenen Handelns, noch nicht so weit entwickelt ist. Die gute Nachricht: Nach Ansicht von Forschern ist dies kein Zeichen für ein emotionales Problem, sondern der ganz normale Verlauf der Hirnreifung. Denn die Vernunft ist ein Spätzünder. Sie ist erst um das 25. Lebensjahr, manchmal auch ein paar Jahre früher oder später, voll entwickelt. Und bei Tom braucht sie noch Zeit.

FORSCHUNGSOBJEKT TEENAGERGEHIRN

Lange gingen Neurowissenschaftler davon aus, dass das Teenagergehirn ein Beispiel dafür ist, dass in der Natur auch einiges schiefgehen kann. »Horror Pubertät«, »Fehlleistung der Evolution«, »Terror aus dem Jugendzimmer« – viel ist über die

Zeit zwischen Kindheit und Erwachsenenalter geschrieben worden. Einiges davon ist mittlerweile veraltet. Bahnbrechende Forschungsarbeiten in den letzten zehn Jahren haben gezeigt, dass die Sichtweise des Teenagergehirns als Irrtum der Natur falsch war, schreibt der Neurowissenschaftler Jay Giedd im *Scientific American MIND*.[6] Das Gehirn sei nicht defekt. Die Evolution habe vielmehr vorgesehen, dass das Teenagergehirn anders als das eines Kindes und auch anders als das eines Erwachsenen funktioniere. Es finde ein gewaltiger Umbauprozess statt – als baue ein Architekt aus einem kleinen Haus für zwei Personen eine riesige Villa für eine ganze Familie mit ausgebautem Dachgeschoss, Gästezimmern, Terrasse und Garten. Im Dachgeschoss soll die Schaltzentrale für das vernetzte Haus eingebaut werden, mit Computern, die alles regeln. Doch es ist auch der letzte Raum, der fertiggestellt wird. Solange dies nicht geschehen ist, funktioniert das Haus noch nicht so wie vorgesehen.

Typisch für das Teenagergehirn ist seine Fähigkeit, sich blitzschnell auf sich verändernde Umgebungsreize einzustellen. Dafür verändert es die Kommunikationsnetzwerke, die verschiedene Hirnregionen verbinden. Diese spezielle Veränderbarkeit, in der Sprache der Neurowissenschaftler »Plastizität« genannt, habe allerdings Vor- und Nachteile, so der Forscher. Der Vorteil sei, dass Jugendliche in dieser Zeit blitzschnell sehr große Fortschritte im Denken und in ihrer Sozialisation machen könnten. Aber die sich rasch verändernden Netzwerke im Gehirn machen es auch sehr anfällig, und zwar sowohl für riskantes Verhalten als auch für schwere psychische Krankheiten.

Neuere Studien legen nahe, dass das jugendliche Risikoverhalten – nächtliche Rasereien mit dem Motorrad, Alkoholexzesse auf Partys, Drogenkonsum, spontane Diebstähle oder aberwitzige Lügengeschichten, die den Eltern aufgetischt werden – von einem Missverhältnis in der Reifung verschiedener

Netzwerke herrührt. Wer hat es nicht erlebt, dass die Hausbar mit dem alten französischen Pflaumenschnaps zum Ablöschen von Soßen geplündert worden war, als man aus dem Urlaub zurückkam, weil der Sprössling eine *Home* organisiert hat.

Für Eingeweihte muss ich nicht erklären, was das bedeutet. Für alle anderen: Eine *Home* ist eine Party, die Eltern nicht haben wollen. Deswegen wird sie auch organisiert, wenn diese außer Haus sind, und zwar mindestens bis zum nächsten Nachmittag. Dies ist der Zeitpunkt, da der Nachwuchs die letzten Gäste hinauskomplementiert, die ihm noch »Geile Party, Alter« zuraunen, und er danach die Kotze wegwischt und die beschädigten Gegenstände entsorgt. Falls Ihnen das schon einmal passiert ist, möchte ich Sie an dieser Stelle beruhigen: Es ist kein böser Wille, es sind die Gehirnzellen im limbischen System. Es fehlt einfach die voll funktionsfähige Schaltzentrale im Dachgeschoss. Und als Trost: Wenn der Sprössling dies einmal erlebt hat, veranstaltet er nie wieder eine *Home*. So zumindest die Erfahrungen aus meinem näheren Umfeld. Zitat unserer Tochter: »Eine *Home* macht einer, der keine Ahnung hat.«

Die Ursache für das jugendliche Risikoverhalten liegt in dem hochsensiblen limbischen System, einer Region für die Verarbeitung von Gefühlen. Während der Teenagerjahre und der Adoleszenz erleben junge Heranwachsende ein stärkeres Gefühl von Belohnung bei Risikoverhalten. Die Forscherin Monique Ernst und ihre Kollegen vom National Institute of Mental Health in Bethesda haben dieses Phänomen im MRT-Scanner untersucht. Dabei stellten sie anhand von Experimenten mit einem Glücksrad fest, dass jugendliche Gehirne mehr Belohnung erfahren als erwachsene, wenn sie kleine oder große Summen gewinnen. Ein ähnliches Experiment der Universität Leiden, geleitet von Eveline Crone und ihren Kollegen, hat die Reaktionen von acht bis 26-Jährigen untersucht, während sie um Geld spielten. Dabei konnten sie entweder ein Spiel wählen, das sie sicher eine kleine Summe Geld (ein Euro) gewinnen ließ, oder eins, bei dem sie mit hohem Risiko eine größere (zwei, vier, sechs oder acht Euro) gewinnen konnten. Wenn die Teilnehmer das höhere Risiko wählten, zeigte sich mit zunehmendem Alter eine stetig abnehmende Aktivität in Gehirnregionen, die die Selbstkontrolle regulieren. Je größer der jugendliche Leichtsinn, desto geringer die Selbstkontrolle.

Gleichzeitig sahen die Forscher, dass das Belohnungssystem hochaktiv war, wobei der Peak in den Jahren der mittleren bis späten Adoleszenz lag. Mit anderen Worten: Hoher Risikoeinsatz in der Adoleszenz beschert den Betroffenen einen Riesenspaß. So ist auch zu erklären, warum der 18-jährige John aus London es für eine großartige Idee hielt, sich im Urlaub an der Algarve ein Auto auszuleihen. Dabei hatte er noch gar keinen Führerschein. Der portugiesischen Autovermietung, des Englischen nicht mächtig, fiel aber nicht auf, dass Johns Führerschein nur für ein Motorrad galt.

Freudig zeigte er seinen Eltern das Video seiner illegalen Fahrt am Küstenstreifen, als er wieder zu Hause war. Er war sich keiner Schuld bewusst. Johns Mutter rechnete im Kopf: Fahren ohne Führerschein, Täuschung oder Betrug, da rappelt es im Strafregister. Ob es eine Vorstrafe gegeben hätte für ihren Sohn, wenn er erwischt worden wäre? Geschweige denn, wenn etwas passiert wäre. Zunächst sind die Eltern so erschüttert, dass ihnen die Worte fehlen. Dann rechnen sie ihm ruhig seine Straftaten vor und bitten ihn, so etwas nie wieder zu tun. John ist schockiert über die Reaktion der Eltern, seine eigene Verantwortung sieht er nicht.

LAMBORGHINI OHNE BREMSEN

Während der Teenagerjahre beschleunigt sich die Reifung der Gehirnzellen im limbischen System, das die Gefühle reguliert, rasant. Die Netzwerke, welche die Vernunft regulieren, entwickeln sich hingegen nur schleichend. Der präfrontale Kortex, der für die Kontrolle der Impulse sowie für unsere Urteilskraft verantwortlich ist, entwickelt sich als letzte Instanz im Gehirn.

»Wir wissen heute, dass sich der präfrontale Kortex bis weit in die 20er-Jahre eines Heranwachsenden dramatisch verändert«, weiß Giedd. Das heißt, dass junge Leute je nach Erziehung und Umgebung, ihrer genetischen Ausstattung und ihrer Persönlichkeit erst mit Mitte bis Ende zwanzig die geistige Reife erlangen, die wir und die unsere Gesellschaft ihnen schon mit Anfang zwanzig abfordern.

Doch nicht nur das Ende der Pubertät hat sich nach hinten verschoben. Experten beobachten seit Jahren, dass sie auch früher beginnt als noch vor zwanzig Jahren. Das bedeutet, dass sich das Missverhältnis zwischen Risikoverhalten und Entwicklung der Ratio über einen weit größeren Zeitraum erstreckt als gemeinhin angenommen. Begann die Pubertät in den Siebzigerjahren mit 13 oder 14 Jahren, zeigen Kinder heute bereits mit zehn oder elf Jahren die ersten typischen Anzeichen der hormonellen Veränderung. Der Körper verändert sich, die Gefühle schwanken heftig zwischen himmelhoch jauchzend und zu Tode betrübt. Die Jugendlichen grenzen sich mehr und mehr von den Eltern ab und gehen in Opposition. Es ist eine Achterbahnfahrt der Emotionen. Die ersten Türen knallen, und laute Wortgefechte wechseln sich mit kindlichem Kuscheln beim Fernsehen auf dem Sofa ab.

Die Pubertät und Adoleszenz, die früher als Zeit zwischen dem 13. und 18. Lebensjahr angesiedelt wurde, dauert heute also deutlich länger. Rechnet man vom elften bis zum 25. Lebensjahr, sind dies 14 Jahre Hirnentwicklung bis zur Reife der Vernunft. Dies ist nicht nur für Eltern enorm anstrengend, sondern auch für die Jugendlichen selbst.

Forscher wissen heutzutage, dass ein erwachsenes Gehirn sich dadurch auszeichnet, dass sich bestimmte Netzwerke verschiedener Hirnregionen miteinander verbinden. Es zählt nicht mehr, wie man früher dachte, das Wachstum der Nervenzellen allein. Reifung braucht also Zeit. Deswegen ist es auch wenig sinnvoll, dass Schüler heute mit 17 oder 18 das Gymnasium verlassen. Die allgemeine Trendwende zurück zum Abitur in 13 Jahren ist ja auch bereits eingeläutet.

Die Diskrepanz zwischen bestens verdrahteten Gehirnregionen für die Emotionen und verlangsamtem vernünftigen Denken ist keine Erfindung der Jugendlichen selbst, sondern der Evolution. Diese Erkenntnis kann Eltern, Lehrern, Beratern und vielleicht auch den Heranwachsenden selbst helfen. Tatsache ist, dass jugendliches Risikoverhalten, die Abenteuerlust, das Sich-Abwenden von den Eltern eine wichtige Funktion haben. Sie ermöglichen es den Jugendlichen erst, wichtige Entwicklungsschritte zu gehen – auszuziehen, sich abzulösen von den Eltern, ihr eigenes Ding zu machen.

Dies ist einfacher, wenn man unerschrocken ist und das Eingehen dieser Risiken vom Gehirn mit einer großen Belohnung verknüpft wird. Diese Entwicklung gehört zum Lernen dazu, denn die Jugendlichen müssen sich später in einer komplexen Welt behaupten. Wer kein Risiko eingehen will, bleibt ewig zu Hause in der Komfortzone. Das gibt es auch: Männer, die nie bei ihrer Mutter ausziehen. Es ist unwahrscheinlich, dass diese Nesthocker Hobbys nachgehen wie Kiten, Fallschirmspringen oder Motorradrennenfahren. Nur mit einer Sturm-und-Drang-Haltung können Jugendliche ihre Entwicklungsaufgaben meistern. Und manchmal geht dabei eben etwas schief.

Nehmen wir einmal Simon. Der 22-Jährige trifft sich mit mir in Berlin am Hackeschen Markt, denn dort befindet sich um die Ecke die Bibliothek der Humboldt-Universität. Simon bestellt sich einen Cappuccino mit Haselnussmilch und braunem Zucker. Leider gibt es keine Haselnussmilch, dafür aber den Rohrzucker. Simon lebt seit einiger Zeit vegan. Er erzählt, was er in den letzten drei Jahren erlebt hat. Denn mittlerweile ist es drei

Jahre her, dass er sein Abitur an einer deutschen Schule in Paris abgeschlossen hat. Dort wohnt seine Mutter.

Nach den üblichen Stationen Jobben und Chillen erwuchs in ihm der Wunsch, Psychologie zu studieren. Da er den Numerus clausus für eine deutsche Universität nicht erfüllte, bewarb er sich im holländischen Groningen. »Dort kann sich jeder einschreiben, ohne Test, ohne NC, ohne alles. Da bekommt jeder einen Platz.« Trotzdem überwältigte ihn die plötzliche Aussicht, mit dem Ernst des Lebens zu beginnen und sich festzulegen.

»Da ich mich nicht festlegen wollte, habe ich mich gleichzeitig für VWL in Berlin beworben«, so Simon. »Psychologie oder VWL?«, frage ich verwirrt. »Das sind ja völlig unterschiedliche Fächer, wo ist da der Zusammenhang?« – »Es gibt keinen«, gibt er zu. Aber: »Auch für VWL an der Technischen Universität Berlin brauchte ich keinen NC. Es war einfach mein Ticket nach Berlin.« Die Wahl des Faches war eher nebensächlich. Wichtig war, sich sicher in die Hauptstadt zu beamen. Nun stand er aber vor einer schwierigen Wahl: Sollte er sein Lieblingsfach in Groningen studieren oder ein Notlösungsstudium in der vibrierenden Partyhauptstadt Europas beginnen? Büffeln in Holland oder Gas geben im Berghain? Die Wahl war ganz leicht.

Dieses Beispiel wäre nie im Kapitel über Risikobereitschaft und mangelnde Folgenabschätzung gelandet, hätte sich Simon damals für Psychologie in Groningen entschieden. Er wählt arm, aber sexy. In Berlin lernt er seine Freundin kennen, mit der er sehr glücklich ist. »Ich fühlte mich einfach noch nicht bereit, den ganzen Tag zu lernen. Außerdem wollte ich nicht in einem Kaff landen. Ich habe immer in Großstädten gewohnt, in München und in Paris. Groningen konnte ich mir damals einfach noch nicht vorstellen«, erläutert er seine irrationale Wahl.

Was Simon damals nicht ahnte: Ein VWL-Studium steckt in den ersten beiden Semestern voller Mathe. Nach zwei Semestern schmiss er hin. »Mathe ist nix für mich.« Die Annahme, dass es ihm in Berlin mit VWL besser gehen würde als mit Psychologie in Groningen, traf also nicht zu. Für ihn spielte es vor Beginn des Studiums keine so große Rolle, das Risiko einzugehen, seinen Wunschstudienplatz kurzfristig aufzugeben. Er entschied damals spontan aus dem Bauch heraus. Nachdem er VWL abgebrochen hatte, lernte er ein paar Wochen für den Aufnahmetest für Psychologie an der Universität Wien. Dort hat nur etwa jeder vierte Student eine Chance auf einen Platz. Er bestand den Test nicht. Ein bisschen bedauert er nun, dass er nicht mit Psychologie angefangen hat.

Simon fühlte sich hin- und hergerissen zwischen den vielen Optionen. »Ich wollte lieber Flexibilität und Freiheit in Berlin«, erklärt er mir. Er hat an sich entdeckt, dass ihn stets das Neue interessiert. Selten habe ich einen so vielseitig interessierten jungen Mann getroffen. »Ich habe Probleme, all die neuen Impulse und Ideen zu kanalisieren. Es muss ja alles am Ende in etwas münden, das zu mir passt. Das gelingt mir noch nicht immer, deswegen will ich mir Optionen offenhalten.« Nie hat einer meiner Interviewkandidaten den *mismatch* der verschiedensten neuronalen Netzwerke im Gehirn junger Menschen besser beschrieben als Simon.

Wenige Eltern oder Teenager werden überrascht sein zu hören, dass sich das Gehirn eines 16-Jährigen von dem eines 18-Jährigen gravierend unterscheidet. Forscher hatten aber immer große Schwierigkeiten, wissenschaftlich nachzuweisen, worin genau der Unterschied besteht. Das Gehirn wird von einer Membran, der Gehirnflüssigkeit und dem Schädelknochen geschützt. Es lässt sich nicht einfach so untersuchen, da man zu Lebzeiten nicht an die Nervenzellen gelangen kann. Erst die Erfindung der bildgebenden Verfahren hat hier einen Durchbruch gebracht. Dank einer Reihe von Studien mit der Magnetresonanztomografie kamen Forscher dahinter, was das Teenagergehirn ausmacht. Fest steht, dass die Gehirne von

Heranwachsenden nicht dadurch reifen, dass sie größer werden, sondern dadurch, dass ihre einzelnen Regionen besser miteinander verknüpft werden und sich spezialisieren.

Im Scan der Magnetresonanztomografie kann man diese zunehmende Verknüpfung der Hirnregionen dadurch erkennen, dass die sogenannte weiße Masse zunimmt. Das Weiß in der weißen Masse stammt von einer fettartigen Substanz, die »Myelin« genannt wird. Man kann sie sich als Isoliermaterial für bestimmte Nervenzellen vorstellen – ähnlich wie es bei Elektroleitungen der Fall ist, die durch Plastikumhüllungen isoliert werden. Genau genommen werden die »Axone«, längliche Äste, die von Nervenzellen abstehen, mit einer Schutzschicht umgeben. Von der Kindheit bis zum Erwachsenenalter wachsen Isolierschichten und bewirken, dass die Nervenimpulse zwischen Neuronen mit einer höheren Geschwindigkeit gesendet werden können. Es ist wie beim W-LAN, es gibt schnelle und langsame Verbindungen.

Axone, die durch eine sie umgebende Myelinschicht isoliert sind, übertragen schnell. Sie können hundertmal schneller funken als nicht isolierte Nervenzellen. Wenn Ihr Teenager zu Hause also stundenlang müde im Bett liegt und danach Unmengen an Essen vertilgt, baut sein Gehirn möglicherweise gerade wieder neue Isolierschichten um die brachliegenden Nervenzellen. Falls Ihre Nerven ebenfalls blank liegen, nehmen Sie sich ein Beispiel an Ihrem Sprössling. Lassen Sie einmal alles liegen, und konzentrieren Sie sich auf die Regeneration Ihrer Nervenzellen. Ein beruhigtes vegetatives Nervensystem wirkt Wunder und spart Schmerzgel, wenn Nacken und Rücken mal wieder verspannt sind. Falls Ihr Sohn oder Ihre Tochter Sie in einer der häuslichen Diskussionen mit einem lässigen »Entspann dich« provozieren möchte, empfehle ich als alternative Reaktion: »Au ja, genau das mache ich jetzt mal.«

Die Isolierschicht stellt ebenfalls sicher, dass die Informationsverarbeitung im Gehirn beschleunigt wird. Nachdem ein

Axon gefunkt und eine Information an eine andere Nervenzelle weitergegeben hat, kann es sich besser regenerieren. Dadurch kann es neue Daten schneller weitergeben. Eine schnellere Erholung der Nervenzellen ermöglicht dem Gehirn eine dreißigfach schnellere Informationsverarbeitung. »Diese einmalige Kombination aus einer schnelleren Weitergabe und einer kürzeren Erholungszeit erlaubt es, dass in dem Zeitraum von der Kindheit ins Erwachsenenalter hinein die Datenverarbeitung des Gehirns eine dreihundertfache Steigerung erfährt«, schreibt Giedd im *Scientific American*. Dadurch ist es möglich, dass sich die verschiedenen Gehirnregionen im Teenageralter stark miteinander vernetzen.

Die fehlende Isolierung kann aber immer mal bewirken, dass Heranwachsende hohe Risiken eingehen, die sie in sehr große Schwierigkeiten bringen. Mein Münchner Freund Laudi, der unsere Versicherungsangelegenheiten regelt, sagt: »Das Erste, was du beim Auszug einer 18-Jährigen machst, ist, eine Privathaftpflichtversicherung für sie abzuschließen. Das ist wichtiger als ein Staubsauger.« Für 35 Euro im Jahr fühle ich mich seither viel sicherer, weil ich das Delta zwischen mangelnder Risikofolgenabschätzung und Gehirnreifung abgedeckt habe. Denn die mangelnde Nervenisolierung kann auch mal zu hohen Schadenssummen führen. Diesen Tipp sollte Laudi unbedingt auch an Johns Eltern in London weitergeben.

Die Isolierung der Nervenzellen hat noch eine andere Funktion. Forscher haben durch neuere Untersuchungen entdeckt, dass es für den Lernprozess wichtig ist, wenn Neuronen zu einem ganz bestimmten Zeitpunkt funken. Die Feinsteuerung beim Senden von Signalen wird ebenfalls durch die Isolierung beeinflusst.

Das Gehirn baut sich nicht nur in der Pubertät um. Die meisten Veränderungen ereignen sich beim ungeborenen Kind in der Gebärmutter. Sehr viele Entwicklungen dauern ein Leben lang an, weit über die Teenagerjahre hinaus. Dennoch hat sich herausgestellt, dass sich während der Pubertät bis zum Alter von Mitte zwanzig insbesondere die Verbindungen der Regionen für die Urteilskraft und Vernunft mit anderen Arealen verknüpfen. In diesem Zeitraum entwickeln sich Fähigkeiten, die im gesamten Leben eines Menschen eine besondere Rolle spielen.

Noch eine weitere Veränderung vollzieht sich im Gehirn von Heranwachsenden. Die Nervenverknüpfungen, die nicht gebraucht werden, werden eliminiert. Der Lehrsatz *Use it or loose it* – »Benutze es oder verliere es« – bedeutet nichts anderes, als dass diejenigen Nervenzellen, die wir nicht gebrauchen, absterben. Häufig verwendete Verbindungen werden verstärkt. Obwohl dieser Prozess zwischen der Stärkung und dem Absterben von Nervenzellen ein Leben lang andauert, besteht bei Heranwachsenden eine Besonderheit. Hier gehen mehr Zellen verloren, da das Gehirn sich an die Bedürfnisse seiner Umgebung anpasst. Wie ein Schneider, der rund um sein Schnittmuster überflüssigen Stoff abschneidet, fertigt das Gehirn eine maßgeschneiderte Blaupause für uns an, die für unsere Bedürfnisse und unsere spezielle Umgebung angepasst ist. Wenn Neuronen nicht gebraucht und abgebaut werden, schwindet die graue Masse des Gehirns.

Graue Masse besteht hauptsächlich aus Zellstrukturen wie zum Beispiel den Zellkörpern. Interessant ist hier folgender Umstand: Der präfrontale Kortex, unsere Vernunftzentrale, hält als letzte Instanz im Gehirn möglichst viel graue Masse. Hier sterben die Zellen als Letztes ab. Das bedeutet, dass dieses Zentrum in der Pubertät als Letztes zur Reifung gelangt. Wir benötigen diese Hirnregion der höheren Hirnfunktionen, wenn wir Entscheidungen treffen, planen, unser Leben organisieren, sowie für die Regulation unserer Gefühle. Dies ist eine ganze Palette von lebenswichtigen Kompetenzen, die für die gesamte Biografie wichtig sind. Ohne strategische Handlungsplanung, ohne gute Entscheidungen können wir unsere Lebensziele nicht erreichen. Wenn wir unsere Gefühle nicht beherrschen, laufen wir Gefahr, Prioritäten nicht verfolgen zu können. Denn Aggressionen, Angst, Wut, Liebe, Trauer, Neid, Rache, Verzweiflung, Glück und andere starke Gefühle machen uns immer wieder einen Strich durch die Rechnung. Wichtig ist, im entscheidenden Moment hinter seine Gefühle zurücktreten zu können, um ein höheres Ziel anzusteuern. Experten sprechen von Selbstregulation.

Genau diese Handlungsplanung, die Fähigkeit, Folgen abzuschätzen, fehlt beim jugendlichen Risikoverhalten. So ist es nicht verwunderlich, dass besonders viele junge Männer unter 20 Jahren tödlichen Badeunfällen erliegen oder mit einer Querschnittslähmung ins Krankenhaus eingeliefert werden, weil sie von einer Klippe gesprungen sind oder einen Unfall durch eine andere Risikosportart erlitten haben.

Risikoverhalten ist jedoch nicht nur auf Heranwachsende beschränkt. Bei vielen Trendsportarten kann etwas passieren. Manche Menschen suchen den Kick jenseits der sicheren Pfade weit über das 25. Lebensjahr hinaus.

JUGENDLICHER LEICHTSINN FÜHRT ZUM CRASH

Auch bei Unfällen im Straßenverkehr führen junge, unter 25-Jährige die traurige Statistik der deutschen Verkehrssicherheit (DVR) an: 18- bis 24-jährige Verkehrsteilnehmer haben immer noch das mit Abstand höchste Unfallrisiko auf deutschen Straßen. 2016 verunglückten in Deutschland insgesamt 65 908 junge Männer und Frauen dieser Altersgruppe. 435 junge Erwachsene wurden getötet. Damit waren 16,5 Prozent aller Verletzten und 13,6 Prozent aller Todesopfer im Straßenverkehr zwischen 18 und 24 Jahre alt.

Durch Maßnahmen wie das begleitete Fahren ab 17 Jahren kann das überproportional hohe Unfallrisiko junger Fahrer deutlich gesenkt werden, da die Heranwachsenden kontrolliert

Fahrpraxis sammeln. Kern des begleiteten Fahrens ist, dass neben einem Jugendlichen eine Person sitzt, deren präfrontaler Kortex voll ausgebildet ist. Der Erwachsene kann die Folgen seines Verhaltens besser abschätzen. Genau dies wird beim Autofahren ja trainiert: sicher zu fahren, niemanden zu verletzten und die Familienkutsche möglichst nicht zu ramponieren.

ES ZÜNDET, ABER SPÄT

All diese Erklärungen bedeuten jedoch nicht, dass Heranwachsende *nur* unvernünftig handeln. Es heißt lediglich, dass das Vernunftzentrum noch nicht vollständig ausgeprägt ist und sie deshalb ein Risiko und seine Folgen oder eine spätere Belohnung nicht gut abschätzen können. Es bedeutet, dass Simon nicht vorhersehen konnte, dass der Psychologieplatz in Groningen ihn seinem Ziel, Psychologe zu werden, schneller näher gebracht hätte. Es bedeutet, dass Tom nicht abschätzen kann, dass ihn das wenige Jobben ohne weitere Perspektive auf die Dauer unzufrieden machen wird.

Zwei Jahre nachdem er den Studienplatz abgelehnt hat, bewirbt sich Simon noch einmal für Psychologie, diesmal in Utrecht. Nach langen Gesprächen mit seiner Mutter kommt er zu dem Schluss, dass er sich nach wie vor ungern festlegt, dass er für das, was er später einmal möchte, aber einen Bachelor braucht. Er hat inzwischen gejobbt und viele gute Erfahrungen gemacht. Dennoch zittere ich ein bisschen und hoffe, dass Simon sein Studium in Utrecht beginnt und durchzieht. Er ist in den drei Jahren nach dem Abitur gereift, aber seine Lust, etwas »Konformes« wie einen Hochschulabschluss zu machen, ist nach wie vor nur mittelmäßig ausgeprägt. In den letzten Gesprächen erkenne ich immer mehr Argumente, die seiner Vernunft entspringen. Sein Bauchgefühl sagt: »Ich will nicht jeden Tag lernen«, doch der Verstand sagt: »Das Psychologiestudium ermöglicht dir später ein spannendes Berufsleben.«

Übergang
Erwachsenwerden oder Erwachsensein?

Was können wir von Regenwürmern über das Erwachsenwerden lernen? Wohl nichts, denken Sie, es sind primitive Tiere, keine Spur von höherem Denken. Doch diese Kriechwesen lernen wie viele andere Tiere auch durch Ausprobieren. Der Philosoph Karl Popper sagte, dass man durch *trial and error*, Versuch und Irrtum, zur Erkenntnis gelange. Seine Theorie des Kritischen Rationalismus ist weltberühmt geworden. Was Popper mit den Regenwürmern zu tun hat, möchte ich Ihnen gern erläutern.

Der Wissenschaftler Robert Yerkes experimentierte mit Regenwürmern, die er durch einen wie ein T geformten Gang vom Eingang aus bis zu einem Querbalken kriechen ließ. Bei einer Wendung nach links musste ein Regenwurm zunächst über kratziges Sandpapier schleichen und erhielt dann einen elektrischen Schlag. Beides ziemlich unangenehme Erfahrungen für einen Regenwurm. Nahm der Wurm die rechte Abzweigung, konnte er das Ziel schockfrei und ohne über das Schmirgelpapier kriechen zu müssen, erreichen. Anfangs robbten die Würmer gleich häufig nach rechts oder links. Nach zwanzig bis hundert Versuchen hatten sie allerdings den Dreh raus. Sie hatten gelernt, dass sie an der Gabelung rechts abbiegen mussten, um schmerzfrei ans Ziel zu gelangen.

Lernen aus Erfahrung – dies ist ein grundlegender Mechanismus, der nicht nur in Würmern, sondern in fast allen Tierarten angelegt ist. Selbst Goldfische lernen nach wenigen Tagen aus Erfahrung, wann Futterzeit ist, und kommen pünktlich angeschwommen, wenn man sie täglich zur selben Zeit füttert.

KAUM MÖGLICHKEITEN ZUM AUSPROBIEREN

Die Lehrerin Lena Heiliger aus Bonn ist ebenfalls davon überzeugt, dass Heranwachsende durch Ausprobieren lernen und so herausfinden können, welcher Beruf zu ihnen passt. Allerdings sei die Situation heute so, dass dies kaum noch möglich sei. Der Grund dafür sei, dass zahlreiche Studiengänge mit einem hohen NC beschränkt seien. Brauchte man vor dreißig Jahren nur für Medizin ein sehr gutes Abi, gelte dies heute für viele Fächer. Der Spielraum für die Wahl nach dem Abitur habe sich verengt, sagt Heiliger. Die Jugendlichen können nur eingeschränkt frei entscheiden, was sie ausprobieren möchten. Sie fühlten sich unter Druck und meinen, schon in der Schule wissen zu müssen, was sie einmal studieren wollen.

Das läge vor allem daran, dass heute viel mehr Kinder auf ein Gymnasium gehen und Abitur machen als vor dreißig Jahren. Damit habe der Realschulabschluss an Wert verloren. In der Schweiz, wo der Realschulabschluss nach wie vor anerkannt ist und die Norm darstellt, wählen viele Schüler im dualen System eine Ausbildung. Heiliger sagt, dass die Jugendlichen eine große Anerkennung erführen, wenn sie einen guten Ausbildungsplatz bekommen. In der Schweiz schließen nur rund 20 Prozent eines Jahrgangs mit dem Abitur oder Fachabitur ab.

Das deutsche System sei inzwischen total aufgebläht durch Nachhilfe, Beratungsangebote für Eltern und Schüler, Coaching und endlose Studienmöglichkeiten, die niemand mehr überblicken könne. Die Lehrerin sagt, dass Eltern heute mit Nachhilfe ihren Kindern zum Abitur verhelfen würden, die sonst mit einem Realschulabschluss, einer Ausbildung und Berufsschule sehr zufrieden gewesen wären. Nach dem Abschluss würden viele Eltern ihren Kindern soufflieren, was sie studieren sollen.

Aus dieser Situation an der Schwelle der Jugend zum Erwachsensein erwächst eine große Orientierungslosigkeit. Inzwischen hat sich hier ein Markt gebildet aus Instituten, die psychologisch basierte Berufsorientierung anbieten. Die Eltern von Hannes aus Kassel wollten nach dem Abitur ihres Sohnes wissen, was dieser idealerweise studieren sollte. Hannes selbst hatte keine Idee. Er war jedoch damit einverstanden, sich ein paar Tests zu unterziehen, schon aus Neugierde auf das Ergebnis. War er am Ende der geborene Architekt, wie sein Onkel?

Schnell war in einem renommierten Institut in Hamburg ein Termin vereinbart. Hannes erschien pünktlich um neun und ließ sich erklären, was an dem Tag passieren sollte. Er durchlief eine Reihe von Tests, in denen es um Konzentration, Intelligenz und Wahrnehmung ging. Er verfasste einen Text zu einem vorgegebenen Thema und absolvierte ein paar Matheaufgaben. Am meisten Spaß machte ihm ein Kurzvortrag, den er vor einer Gruppe halten sollte: Thema Werbung.

Am Nachmittag sprachen verschiedene Mitarbeiter des Instituts, Psychologen, Berufsberater und ein ehemaliger Lehrer mit ihm über seine Interessen, seine Vorstellungen von der eigenen Laufbahn, seine Reisen, die er als Jugendlicher mit den Eltern in die USA unternommen hatte. Eingehend wollten sie von ihm wissen, was er in seiner freien Zeit unternahm. Das Ergebnis war verblüffend: Sie empfahlen ihm den Studiengang Brand Management, einen Fachbereich der Wirtschaft an der privaten Hochschule in Hamburg. Hannes schrieb sich für das Bachelor-Programm ein, studierte dort drei Jahre und ergatterte gleich nach dem Abschluss einen Job bei einer der europaweit renommiertesten Werbeagenturen.

Eric hatte weniger Glück mit seiner Beratung an einem anderen Institut. Er absolvierte ähnliche Tests, führte Gespräche und erhielt einen schmalen Ordner mit einer Bleiwüste voller

Einschätzungen und Analysen. Wie bei Hannes kostete die Beratung rund 1500 Euro, das Ergebnis fiel jedoch recht ungenau aus. »Was mit BWL« war nämlich genau das, was Eric selber dachte, als er zu dem Institut ging. Seine Eltern und er hatten sich erhofft, präziser zu erfahren, in welchen Bereichen seine Kompetenzen liegen, ob eher auf praktischer oder theoretischer Ebene. Außerdem war er sich nicht ganz sicher, ob BWL mit Schwerpunkt auf Mathematik, einem seiner meistgehassten Fächer, wirklich das war, was er belegen sollte. Sollte er nicht lieber einen dualen Studiengang wählen, bei dem er an einen Arbeitgeber gekoppelt war? Gab es Studiengänge, die etwas praktischer orientiert waren, bei denen man bei verschiedenen Firmen arbeitete? Gab es etwas, was mit der Automobilindustrie zu tun hatte, für die er sich sehr interessierte?

Auf diese Fragen erhielt Eric keine Antworten. Er weiß bis heute nicht, wie er sich entschieden hätte, wenn die Beratung wie bei Hannes etwas differenzierter ausgefallen wäre. So entschied er sich für BWL in Berlin – und brach es bereits nach einem Semester ab. Rechnungswesen, Mathe, Marketing, allgemeine Wirtschaftslehre, Recht, Statistik – Eric sah keine Chance, diese Prüfungen zu schaffen.

Nicht nur die Vernunft reift bei jungen Erwachsenen erst mit Mitte zwanzig. Auch wichtige Selbstkompetenzen entwickeln sich heute bei den 18- bis Mitte 20-Jährigen eher langsam. Unter »Selbstkompetenz« verstehen Experten zum Beispiel die Möglichkeit, seinen Gefühlen nicht unwillkürlich wie ein Kind ausgeliefert zu sein, sondern sie situationsgerecht zu regulieren. Eine weitere Selbstkompetenz ist es, mit Niederlagen umgehen zu können. Das bedeutet, nach einem Rückschlag wieder aufzustehen und weiterzumachen. Die Fähigkeiten, Ängste auszuhalten und zu überwinden oder sich selbst zu motivieren, gehören ebenfalls zum Selbstmanagement. In der Zeit des Übergangs wachsen diese Selbstkompetenzen. Aber was passiert, wenn es zwischenzeitlich an jeglicher Motivation fehlt?

Der 17-jährige Carlo hat sich für den Führerschein angemeldet. Die Theorieprüfung legt er in relativ kurzer Zeit ab, da das Lernen mit der App ihm großen Spaß bereitet. Mit der Praxis ist es jedoch so eine Sache. Carlo wohnt im Hamburger Univiertel, das sich durch enge Straßen und ein mörderisch hohes Aufkommen an Fahrradfahrern mit ausgeprägter Risikobereitschaft auszeichnet. Carlo muss während der Fahrstunde nicht nur auf parkende Autos achten, sondern vor allem auch auf aberwitzig viele Studenten, die im Affentempo versuchen, ihn rechts und links zu überholen. Deswegen hat er gehörig Respekt davor, sich in seinem Viertel hinters Steuer zu setzen.

Carlo hat bereits zehn Fahrstunden genommen und schlägt sich mehr schlecht als recht. Dann beginnen die Herbstferien, und die Familie fährt für zwei Wochen nach Italien. Nach den Ferien, so der Plan, will Carlo die restlichen Stunden nehmen und sich dann möglichst schnell zur Prüfung anmelden. Vor Weihnachten, so die Kalkulation der Eltern, sei die Fahrprüfung bestanden. Doch im trüben Oktoberlicht hat Carlo noch mehr Angst vor den Fahrradfahrern als im Spätsommer. Er kann sich kaum noch motivieren, eine Fahrstunde zu nehmen. So lässt er Woche für Woche verstreichen, nimmt bis Weihnachten noch sechs weitere Stunden. Seine Fahrkünste verschlechtern sich, mehrfach übersieht er wichtige Verkehrsschilder oder Radfahrer auf unbeleuchteten Rädern. Anfang Januar sackt seine Motivation auf den Nullpunkt. Dauernieselregen in Hamburg, Papa nennt ihn »Psycho-Regen«, es wird kaum noch hell.

Carlo beschließt, bis zum Frühjahr zu warten, bis das Wetter besser und die Tage heller werden, um weitere Fahrstunden zu nehmen. Seinen Eltern verschweigt er erst mal die Verzögerungstaktik. An einem Freitag fliegt er auf. Seine Mutter trifft den Fahrlehrer zufällig im Supermarkt, der erkundigt sich nach Carlos Verbleib. Er zeigt Verständnis für das Motivationsloch des Schülers, schließlich hat er es seit Jahren mit dem Phänomen des herausgezögerten Führerscheins zu tun.

»Druck hilft hier gar nicht«, verrät er Carlos Mutter. »Aber das Fahren auf dem Übungsplatz mit ihm, das bringt etwas. Da gibt es keine Radfahrer, da kann er Sicherheit und Motivation tanken«, erklärt er. Die Mutter spricht mit Carlo, schlägt ihm vor, gemeinsam auf den Übungsplatz zu fahren. Dort kurvt Carlo nun jeden Samstag und Sonntag herum. Nach zwei Wochen nimmt er die Fahrstunden wieder auf. Im April besteht er die Führerscheinprüfung. Und: Er lernt, wie man sich aus einem Motivationsloch befreien kann. Zum Beispiel, wenn andere gezielt mithelfen.

Viele Forscher beschäftigen sich professionell mit dem Übergang von der Jugend ins Erwachsenenalter. Einen Beruf auswählen, ein Studium oder eine Ausbildung beginnen, von zu Hause ausziehen, eine verbindliche Beziehung eingehen – diese großen Veränderungen fallen häufig in die Zeit zwischen dem 18. und 28. Lebensjahr. Ausnahmen von 30-Jährigen, die noch bei Mama wohnen, bestätigen die Regel. In der Zeit des Übergangs sind junge Menschen besonders anfällig für psychische Erkrankungen: Depressionen, Angststörungen, Drogensucht, aber auch schwere Leiden wie Psychosen oder eine Schizophrenie haben in dieser Zeit häufig ihren Ursprung, manchmal auch schon in jüngeren Jahren.

Ob jemand gut durch diese Phase kommt und unter welchen Bedingungen, interessiert zum Beispiel Resilienzexperten wie Raffael Kalisch.[7] Resilienz beschreibt die Fähigkeit eines Menschen, mental gesund durch Stressphasen zu gelangen. Ich treffe den Hirnforscher in seinem Büro an der Universitätsklinik Mainz. Er leitet dort das Mainzer Resilienzprojekt (MARP), eine Studie, die junge Erwachsene ab dem 18. Lebensjahr wissenschaftlich unter die Lupe nimmt. Das Spannende an der Studie: Kalisch begleitet die Probanden über mehrere Jahre hinweg.

Der Blick vom geräumigen Schreibtisch des Professors für kognitive Neurowissenschaften reicht über alte Wehrmauern bis weit in den Taunus. »Im Sommer rankt hier Grün und verdeckt die Hügel«, schwärmt Kalisch. Ich trete ganz nah ans Fenster und blicke nach unten in einen feuchten Hof vor dem Kellergeschoss, in dem ein paar Paletten verrotten. »Die Paletten sehe ich vom Schreibtisch aus gar nicht«, freut sich der Wissenschaftler. Es kommt eben auf die Perspektive an, ob man die Hügelkette oder den vergammelten Hof betrachtet.

POSITIVE UND NEGATIVE GEDANKENSPIRALE

Diese beiden Sichtweisen – sanfte Hügelkette oder vergammelter Hof – erklärt Kalisch, entsprächen zwei unterschiedlichen Bewertungsstilen. Sie tragen vermutlich ganz wesentlich dazu bei, ob jemand resilient ist oder nicht. Nehmen wir zur Veranschaulichung mal eine hypothetische 30-jährige Anne. »Menschen mit einem positiven Bewertungsstil wie Anne behalten auch in Krisen eine optimistische Einstellung.« Annes Arbeitgeber, eine Werbeagentur, hat ihr gerade unvermittelt gekündigt. Ihr inneres Selbstgespräch bleibt positiv:

»Der Job war zwar gut, aber ich habe mich seit einigen Monaten wirklich jede Woche geärgert. Es wurde nur noch gespart – an Sekretärinnen, freien Mitarbeitern, Dienstreisen. Ich kam nicht mehr voran, trat seit Jahren auf der Stelle. Das Management hat nicht genügend in Neuentwicklungen investiert. Von Social Media wollten die Geschäftsführer, eine Riege eleganter Herren fortgeschrittenen Alters, nichts hören. Sie wissen nicht, was der Unterschied zwischen Influencer und Influenza ist. Wenn ich erzählt habe, dass etwas viral geht, haben sie gewitzelt: ›Sind Sie sicher, dass es keine Bakterien sind?‹ Wenn ich jetzt alle Hebel in Bewegung setze, kann ich womöglich einen besseren Job bekommen.

Schritt eins: Netzwerk aktivieren. Ich mache eine Liste mit

Leuten, die mir helfen könnten. Als Nächstes poliere ich meine Bewerbung auf. Ich brauche ein professionelles Foto und einen knackig formulierten Lebenslauf. Eventuell melde ich mich bei einem Headhunter. Da fällt mir ein, ich kenne ja gar keinen. Egal. Ich frage mal Richard, der hatte doch letztes Mal von einem erzählt, der im Marketing neue Talente sucht. Der Rausschmiss nervt total. Ich habe richtig gut verdient. Aber vielleicht ist das jetzt nicht nur schlecht. Erstens bekomme ich eine saftige Abfindung nach 15 Jahren (zückt ihr Smartphone, überschlägt die Summe und rechnet aus, wie lange sie davon auf Bali leben könnte). Und zweitens eine Chance auf einen neuen Job.«

So klingt es, wenn man in allem etwas Positives sehen kann.

Martin denkt ganz anders. Er ist ein Mensch mit negativem Bewertungsstil. Sein Glas ist immer halb leer.

»Das gibt's doch nicht, schmeißen die mich raus, nach so vielen Jahren, diese Idioten. Was habe ich alles für dieses Unternehmen getan! Loyalität, voller Einsatz, immer klotzen, klotzen, klotzen. Diese blöden Sprüche. ›Nach dem Projekt ist vor dem Projekt.‹ Ich kann's nicht mehr hören. Nie eine richtige Pause zwischen den Stressphasen. Alles umsonst. Diese Ungerechtigkeit, dass sie mich jetzt vor die Tür setzen! Sie selbst haben den Laden doch runtergewirtschaftet mit diesen Beratern, die seit ein paar Monaten überall herumschnüffeln. Was die wohl kassiert haben? Was kann ich denn dafür, wenn die neuen Großkunden ausbleiben? Hätten die mir nicht zumindest die Versetzung in eine andere Abteilung anbieten müssen? Die mickrige Abfindung reicht doch hinten und vorne nicht. Wo soll ich jetzt hin? Wer will mich denn haben mit 52 Jahren? In der Werbung bin ich Methusalem. Mein Topgehalt zahlt mir doch keiner mehr. Heute heißt es doch nur billig und willig. Ich rufe erst mal einen Anwalt an und klage.«

»Der negative Bewertungsstil führt dazu, dass diese Menschen in Krisen weniger Resilienz zeigen«, sagt Kalisch. Sie neigen eher dazu, deprimiert oder gar depressiv zu sein, übermäßig impulsiv zu reagieren oder aufzugeben. Resilienz, weiß Kalisch, ist keine Eigenschaft, die nur auf einem Umstand wie dem Bewertungsstil gründet. »Vielmehr beeinflussen mehrere Komponenten, wie resilient wir sind.« Erste Ergebnisse aus Kalischs Resilienzstudie mit den Jugendlichen (MARP) deuten darauf hin, dass die innere Einstellung zu Stress diesen reduzieren kann: Wenn die Probanden im Tomografen eine vorgegebene Stresssituation im Labor bewusst positiv bewerteten, aktivierten sie bestimmte Hirnareale. Dieser *mindset* geht langfristig mit einer besseren mentalen Gesundheit, also mit Resilienz, einher.

Neben den beiden Bewertungsstilen hilft eine Charaktereigenschaft dabei, in Krisen Widerstandskraft zu zeigen, und zwar Optimismus. Er ist Teil des positiven Bewertungsstils. Ob jemand mit vorwiegend positiver Grundeinstellung oder mit immerwährender Skepsis auf die Welt schaut, ist ein Persönlichkeitsmerkmal. Es ist aber auch veränderbar, je nachdem, ob wir gute oder schlechte Erfahrungen machen. Jede gute Erfahrung stärkt den Optimismus, eine Aneinanderreihung von Pleiten schwächt ihn. Eine optimistische Einstellung hilft beim Übergang ins Erwachsenenleben, da in der Zeit viele Risiken eingegangen, viele neue Schritte eingeleitet und viele wegweisende Entscheidungen getroffen werden müssen. Zweifler und Zauderer haben es dabei nun mal schwerer als Optimisten.

Letztere können auch bei schweren Rückschlägen mit Widrigkeiten umgehen, nichts scheint sie so schnell aus der Ruhe zu bringen. Pessimisten sehen in allem erst einmal das Problem, die Schwierigkeit. »Dennoch ist es nicht Optimismus allein, der resilient macht«, erläutert Kalisch. Studien hätten ergeben, dass er zu einem gewissen Teil Resilienz erklärt, nicht jedoch vollständig. Ein weiterer Schutzfaktor bei Krisen ist Kalisch zufolge die Überzeugung, selbst etwas bewältigen zu können. Forscher sprechen von einer hohen »Selbstwirksamkeitserwartung«. Wer in der Vergangenheit schon Schwierigkeiten aus eigener Kraft bewältigt hat, der weiß, was er bewerkstelligen kann. Ähnlich wie Carlo, der seinen Führerschein zunächst auf den Sankt-Nimmerleins-Tag verschoben hatte, es dann aber mithilfe einer Idee des Fahrlehrers doch geschafft hat, sich wieder zu motivieren.

Diese Stärke wächst mit jeder weiteren Hürde. Sie führt bestenfalls zu einem positiven Selbstbild, das ebenfalls zu einer erhöhten Resilienz führt. Resiliente Menschen haben gute kommunikative Fähigkeiten. Die helfen in Zeiten mit heftigem Gegenwind. Wer gut kommuniziert, unterhält gute Beziehungen und kann leichter andere für sich gewinnen. Die meisten Menschen helfen schließlich einem gut gelaunten Kommunikator lieber als einem miesepetrigen Schweiger. Gerät der Kommunikator in eine Lebenskrise, hat er vorher bereits mehreren anderen Menschen in schwierigen Situationen zugehört, geholfen oder ein paar nützliche Anrufe getätigt. Ist er in Schwierigkeiten, bieten andere ihm Hilfe an, weil er bei ihnen noch etwas guthat. Der wortkarge Kollege hingegen wird es schwerer haben, seinen Chef darum zu bitten, vorübergehend freitags einen Homeoffice-Tag zu bekommen, weil seine Frau krank ist und er mehr Zeit bei ihr verbringen möchte.

Neben der Kommunikationsfähigkeit spielt noch ein weiterer Faktor für die Widerstandskraft ein Rolle: die emotionale und soziale Unterstützung durch das Umfeld. Sie hilft uns in schweren Zeiten. Schon aus der Glücksforschung ist bekannt, dass diejenigen, die enge freundschaftliche Beziehungen pflegen, glücklicher sind als jene, die ihre Freunde seltener treffen. Ein gutes soziales Umfeld kann bei schweren Krisen – etwa wenn eine junge Familienmutter schwer erkrankt ist und kleine Kinder zu versorgen sind – den entscheidenden Unterschied machen. Zum einen erfahren wir praktische Unterstützung – ob die Telefonnummer und den persönlichen Kontakt zu einem Facharzt oder fachkundige Auskunft, was etwa bei einer schweren Krebserkrankung zu beachten ist. Zum anderen hilft das Mitgefühl der anderen, die harte Situation besser zu bewältigen. Geteiltes Leid ist halbes Leid. Eine Gruppe von Gleichgesinnten, die zusammenhalten, kann eine Härte besser abfedern als eine auf sich gestellte Person.

EIN PAAR KRISEN STÄRKEN, ZU VIELE KRISEN SCHWÄCHEN

Resilienz, wissen Forscher heute, ist keine feste Größe, sondern einem dynamischen Prozess unterworfen. Nach einer überstandenen Krise gehen die Menschen gestärkt daraus hervor, sind resilienter als vorher. Die seelische Widerstandskraft wächst. »Jedoch nicht immer«, erklärt Kalisch. Zu viel ist zu viel. »Wer drei bis vier Krisen durchlebt, geht gestärkt daraus hervor.« Wenn aber der fünfte und sechste Schicksalsschlag kommt, etwa der Tod eines geliebten Menschen, ein Arbeitsplatzverlust, eine Krankheit oder ein Unfall, kann eine Person daran zerbrechen. Depressionen, Ängste oder psychische Erkrankungen können dann auf diese Schicksalsschläge folgen.

Nicht nur die Widerstandsfähigkeit entscheidet darüber, wie junge Menschen in der Übergangsphase zum Erwachsensein zurechtkommen. Ganz entscheidend ist, inwieweit sie über ausreichende Selbstkompetenzen verfügen. Eine Selbstkompetenz besteht darin, sich bei Krisen selbst zu beruhigen oder Hilfe zu holen, wenn man die Situation alleine nicht meistern kann. Ferner gehört die Bereitschaft dazu, sich anzustrengen, sich durch etwas durchzubeißen, zum Beispiel um eine Prüfung zu bestehen. Was machen wir, wenn wir unsicher sind? In solchen Momenten zeigt sich, ob jemand bereits erwachsen ist oder noch auf dem Weg dorthin. Bis dahin gilt es, mit der eigenen Unsicherheit umzugehen, wie zum Beispiel bei Julia. Die 19-jährige Zorah trifft sie im Mai 2018, kurz nach ihrem Abitur.

Zorah: »Bist du der Meinung, du hast einen optimistischeren Blick auf deine Zukunft, oder machst du dir eher Sorgen?«

Julia: »Ich glaube, ich mache mir eher mehr Sorgen. Also, manchmal hätte ich gerne einen Plan oder würde gerne wissen, was ich will. Fragen wie: Wo will ich wohnen? Will ich Kinder haben? Keine Ahnung, Fragen, die natürlich noch weit weg sind, aber auch irgendwo ein Ziel sein könnten, auf das man hinarbeitet. Ein Ziel, das ich im Moment nicht habe.«

Zorah: »Wie wichtig ist dieses Thema ›Zukunftspläne‹ in deinem Alltag? Wie viel redest du darüber, mit wem?«

Julia: »Es ist schon ein wichtiges Thema, aber nur so teilweise präsent, weil ich es manchmal auch verdränge oder in den Hintergrund schiebe. Ich denke, es hat alles noch Zeit. Und weil ich mich aus der Planlosigkeit heraus mit anderen Dingen ablenke. Aber es ist schon etwas, was die ganze Zeit in meinem Hinterkopf da ist.«

Zorah: »Das heißt, du machst dir eher alleine Gedanken, als mit anderen zu sprechen?«

Julia: »Ja, das stimmt. Ich habe auch oft das Gefühl, sobald ich mich mit anderen Menschen direkt darüber austausche, setze ich mich unter Druck und vergleiche mich mit anderen. Mit Leuten, die schon viele Pläne haben oder im Ausland studieren. Und ich stehe dann da und weiß noch nichts. Dann fühle ich mich eher schlecht, deswegen vermeide ich das Gespräch mit Gleichaltrigen.«

Zorah: »Das heißt, du spürst den Druck, den richtigen Weg zu finden?«

Julia: »Auf jeden Fall. Wobei ich mir selbst immer einzureden versuche, dass es eigentlich den richtigen oder den falschen Weg nicht gibt; sondern dass jeder Weg, den ich gehe, mir Erfahrungen bringt. Aber es lässt sich nicht immer ganz so optimistisch denken.«

Zorah: »Das versteh ich. Aber du hast dir deshalb keinen besonderen Lebensplan gemacht, mit irgendwelchen Terminen, wann du mit was fertig sein musst?«

Julia: »Nein, überhaupt nicht.«

Während Zorah nach einer Vietnamreise bereits einen Praktikumsplatz bei einer PR-Agentur hat, weiß Julia im Sommer noch nicht konkret, wohin die Reise geht. Interessant ist, dass sie sich Sorgen macht, obwohl ihr mit einem Abischnitt von 1,3 alle Türen offenstehen. Sie spricht häufiger mit Zorah, dann beschließt sie: »Was meiner Freundin gefällt, kann auch gut für mich sein.« Sie beginnt im Herbst ebenfalls ein PR-Praktikum. Sie hat die Unsicherheit nach der Schule ausgehalten, sich Zeit genommen und ist dann durchgestartet. Beim Erwachsenwerden ist sie wieder einen Schritt weitergekommen.

Sehr häufig berichten Jugendliche, dass sie sich in der Übergangszeit unmotiviert fühlen. Die oben beschriebene Unsicherheit, der mangelnde Antrieb, kein Bock auf nichts, das kann zu langen Phasen des Durchhängens führen. In der Bewerbungszeit zählt jedoch, sich selbst immer wieder aufs Neue zu motivieren, auch wenn es schwierig oder langweilig ist. Die Fähigkeit, die negativen Empfindungen angesichts der gähnenden Langeweile auszuhalten, ist ein Zeichen dafür, dass jemand Verantwortung für seine eigene Leistung übernimmt. Sich selbst zu motivieren, negative Emotionen herunterzuregulieren und positive zu stärken ist eine wesentliche Kompetenz. Wer sie beherrscht, wird ein Leben lang einen Vorteil gegenüber Menschen haben, die einen Antreiber von außen benötigen.

Es ist nicht wichtig, wie lange der Lernprozess dauert, bis ein Jugendlicher zum Erwachsenen wird. Entscheidend ist, sich auszuprobieren, die richtigen Schlüsse aus den Situationen zu ziehen, seinen Weg selbstbestimmt zu gehen.

Die große Frage
Wer bin ich?

WIE JUGENDLICHE EIGENE BEDÜRFNISSE UND KOMPETENZEN ENTDECKEN

Leon schmeißt gern große Dinnerpartys, parliert charmant mit allen Gästen, organisiert Weinproben und lädt alle paar Wochen Freunde zu sich nach Hause ein. Er lebt auf, wenn die Gruppe um ihn herumwuselt und sich Freundeskreise mischen. Als Fotograf hat er täglich mit Menschen zu tun, oft sind es Kunden, mit denen er schnell in Kontakt kommen muss, damit der Auftrag gut läuft. Er ist ein Beziehungsgenie, geht offen auf sein Gegenüber zu, ist an Menschen interessiert und bringt sie zum Lachen.

Sophie hat eine Wohnung, die noch niemand aus dem Bekanntenkreis betreten hat. Geburtstage, Beförderungen – dies alles stellt für sie keinesfalls Anlässe dar, um Menschen einzuladen. In den Urlaub fährt Sophie meist allein, ihr Bedürfnis nach einem lustigen Schnack mit Fremden ist überschaubar. Als Zahlenqueen überschaut sie die Bilanzen einer Bank, frisst sich durch die Analysen in den Akten. Das Dickicht an Zahlen bereitet ihr Vergnügen. Zur Entspannung studiert sie abends den Börsenteil der *FAZ*, während ihre drei Bekannten den neuesten Hoteltipp in der *Vogue* oder *Madame* scannen. Beide Zeitschriften bieten natürlich ein paar passende Vorschläge, was die Girls auf der Kulturreise nach Georgien anstellen könnten. Unnötig zu erwähnen, dass Sophie nicht mit nach Tiflis kommt. Sie fährt mit ihrer Mutter zur Documenta nach Kassel.

Wir unterscheiden uns je nach Persönlichkeit, unserer Motivation, den Bedürfnissen, Kompetenzen, Begabungen und Werten voneinander. »Säuglinge kommen schon mit einem eigenen und unverwechselbaren Wesen auf die Welt«, sagt eine analytische Kinder- und Jugendpsychotherapeutin aus Berlin, die zum Schutz ihrer Patienten hier nicht namentlich genannt werden möchte. »Es ist ganz klar, dass bereits Babys etwas mitbringen, das sie ganz unabhängig von den Umweltbedingungen prägt.« So gebe es Kinder, die in Familien mit guten Beziehungen aufwachsen, dies aber aus unbekannten Gründen nicht annehmen können und irgendwann in eine Krise geraten können. Gleichzeitig habe sie auch erlebt, dass Kinder aus schwierigen, vernachlässigenden Verhältnissen jeden kleinsten Krümel annehmen und daraus etwas machen. Aus dem wenigen, was ihnen geboten wird, vermögen sie eine stabile Persönlichkeit aufzubauen. »Man weiß nicht genau, woher diese Unterschiede kommen«, sagt die Therapeutin.

Zu den Unterschieden gehören zum Beispiel verschiedene Grundbedürfnisse. Peter braucht Trubel um sich herum, er wäre auf dem Kulturtrip nach Georgien sofort mit Begeisterung mitgefahren. Sophie nicht. Peter liebt es, mit Fremden ins Gespräch zu kommen. Dafür ist Sophie eine unverzichtbare Mitarbeiterin der Bank, die als stellvertretende Leiterin des Controllings das vollste Vertrauen des Vorstands genießt. In der ersten Reihe stehen will sie aber nicht.

Worin bestehen die grundlegenden Bedürfnisse und Fähigkeiten des Menschen? Entwicklungspsychologen haben sich in den letzten zwanzig Jahren mit dieser Frage auseinandergesetzt. Sie haben Persönlichkeitstests entworfen, mit deren Hilfe sie herausfinden können, welche individuellen Motive jemanden antreiben. So unterscheidet der Psychologe und Persönlichkeitsforscher Julius Kuhl von der Universität Osnabrück vier Hauptmotive, die Menschen antreiben. Ist es das soziale Miteinander, das jemanden ansport, sein Ziel zu erreichen (Anschlussmotiv)? Möchte er zeigen, was er kann, und auf seinem Gebiet immer besser werden (Leistungsmotiv)? Leitet jemanden das Streben, Verantwortung in der Gesellschaft zu übernehmen (Machtmotiv), sodass er die Gesellschaft gestalten, etwas bewegen und seine Meinung dazu äußern kann? Oder strebt jemand nach Selbstentfaltung, der Entwicklung der eigenen Talente und Möglichkeiten (Freiheitsmotiv)?

Niemand wird von nur einem Motiv geleitet, vielmehr gibt es unendliche Kombinationen. Mithilfe eines Tests der sogenannten Top-Diagnostik, in dem Hunderte von Fragen zur Motivation gestellt werden, können Experten herausfinden, welche Motive stark ausgeprägt sind und welche schwach, beziehungsweise welche Kombination bei einem Menschen vorliegt. Wenn jemand ein starkes Leistungsmotiv hat, möchte er immer besser werden und sich weiterentwickeln. Wer kein ausgeprägtes Machtmotiv hat, sollte wie Sophie nicht in einer Führungsposition arbeiten. Menschen mit hohem Anschlussmotiv wie Peter brauchen andere Menschen. In einer Situation, in der sie alleine sind und vor sich hin wirken müssen, gehen sie unter.

All diese Motive spielen bei der Berufswahl eine wichtige Rolle. Denn ein Leuchtturmwärter auf einer Insel wird allein mit sich zurechtkommen müssen, der Sportchef einer Mannschaft hat immer Menschen um sich herum. Er kann diese Funktion aus unterschiedlichsten Motiven erfüllen: Beim Leistungsmotiv geht es ihm darum, dass die Mannschaft immer besser wird und den Titel holt. Beim Machtmotiv möchte er die Mitglieder der Mannschaft führen, Einfluss nehmen und sie von seiner Strategie überzeugen. Beim Anschlussmotiv schließlich geht es ihm darum, in toller Gesellschaft den Teamgeist zu fördern. Ein Mensch, dem es um Inhalte geht, wird langfristig Probleme bekommen, wenn er den ganzen Tag Werbung für Softgetränke macht.

»Der Test bildet auch ab, wie gut die Selbststeuerungskompetenzen ausgeprägt sind«, erklärt Carola Heumann, Ausbilderin für Berufsorientierungs- und Schülercoaches aus Osnabrück. Dazu gehört zum Beispiel die Fähigkeit, Pläne in die Tat umzusetzen, sich selbst zu beruhigen oder zu motivieren, sowie die Anstrengungsbereitschaft.

Heumann coacht selbst Jugendliche in ihrer Praxis und hat die Erfahrung gemacht, dass es hilfreich ist, anhand der Top-Diagnostik festzustellen, wo mögliche Probleme liegen. »Sehe ich bei jemandem, dass er motiviert ist, aber Schwierigkeiten hat, seine Pläne in die Tat umzusetzen, kann ich hier im Coaching ansetzen.« Viele Menschen hätten gute Ideen und Pläne, es hapere aber dabei, sie auch in die Tat umzusetzen. »Anders ist es, wenn bei jemandem eine geringe Anstrengungsbereitschaft vorliegt. Dann ist es meine Aufgabe, mit dem Klienten herauszufinden, woran das liegt, was ihn blockiert.« Die Top-Diagnostik zeige wie eine Landkarte, wo Linien verlaufen, wo Blockaden bestehen und jemanden daran hindern, das zu tun, was er eigentlich möchte.

So kann es sein, dass bei mangelnder Anstrengungsbereitschaft durch die gemeinsame Arbeit im Coaching Handlungsenergie erzeugt werden kann. »Es gibt Menschen, die sind handlungsorientiert, andere lageorientiert, auch das zeigt mir der Test«, erklärt Heumann weiter. »Der handlungsorientierte Mensch hat ein Ziel vor Augen, überlegt Schritte, wie er dahin kommt, und setzt das Ziel um. Der Lageorientierte analysiert seine Situation, ohne etwas daran zu verändern. Diese Energie fehlt ihm.« Lageorientierte Menschen können jahrelang in einer Sackgasse des Lebens verharren und allein nicht herausfinden. Man könne an der Haltung arbeiten, ein *Mindset* erzeugen, bei dem sich eine Veränderung anbahnen ließe. Natürlich gebe es auch ambivalente Menschen. »Hier ist eine wichtige Frage: Soll alles so bleiben, wie es ist, oder soll sich etwas verändern?«

Neu an der Umbruchsituation bei Heranwachsenden sei, dass sie nach der Schule plötzlich gefragt werden: »Und was willst du?« Diese neue Frage könne sie erst einmal sprachlos machen. Die Eltern und vorgegebene Strukturen in der Schule waren vorher die Leitplanken, zwischen denen sich die Kinder vorwärtsbewegt haben. »Jetzt gilt es, in der Berufsorientierung selber etwas zu finden, womit sie später zufrieden, erfolgreich und glücklich werden«, so Heumann.

WAS BRAUCHE ICH, UM ZUFRIEDEN ZU SEIN?

Der Schweizer Entwicklungspsychologe Remo Largo[8] unterscheidet verschiedene Grundbedürfnisse des Menschen. Da ist als Erstes der Wunsch nach körperlicher Integrität, Gesundheit und Wohlbefinden. An zweiter Stelle brauchen wir existenzielle Sicherheit, finanzielle Absicherung und eine bezahlbare Wohnung. Ein weiteres Grundbedürfnis ist der Wunsch nach Geborgenheit. Das bedeutet, dass wir Menschen um uns herum haben, die uns Nähe geben, das Gefühl, gemocht zu werden. Jeder Mensch braucht darüber hinaus Anerkennung und einen gefestigten sozialen Status. Ob der Status aus dem Job, der Anerkennung im Freundeskreis oder Sportverein, in der Familie oder aus einer karitativen Tätigkeit herrührt, spielt dabei keine Rolle. Ein weiteres Grundbedürfnis ist der Wunsch nach Selbstentfaltung, also das Streben danach, seine Talente zu entwickeln. Und schließlich gibt es das Bedürfnis, etwas zu leisten.

Ob jemand wie Julius Kuhl vier Oberbegriffe verwendet, um die Motive eines Menschen zu beschreiben, oder wie Remo Largo sechs Grundbedürfnisse, spielt dabei keine Rolle. Entscheidend bei der Frage ist, dass wir uns darüber klar werden, wer wir sind, wer unsere Kinder sind; dass wir uns damit auseinandersetzen, dass Menschen von ganz unterschiedlichen Dingen angetrieben werden. Um Eckart von Hirschhausen zu zitieren: »Auch jahrelange Psychotherapie macht aus einem Pinguin keine Giraffe.« Sein Appell: Findet heraus, wer ihr seid, in welchem Milieu ihr euch am besten bewegen könnt.

Remo Largo nennt die körperliche Integrität als ein wichtiges Grundbedürfnis. Dazu zählen eine gesunde Ernährung, ausreichend Schlaf, ein lebendiges Sexualleben sowie körperliche Leistungsfähigkeit. Erst wenn diese Grundbedürfnisse gedeckt sind, wenn wir gesund sind, können wir uns um andere Belange kümmern. Wer sich matt und kraftlos fühlt, erschöpft und ständig müde oder gereizt ist, kommt nicht vom Fleck.

Eine wichtige Rolle für Heranwachsende spielt ein weiteres Bedürfnis: das nach Geborgenheit und Zuwendung. Zunächst ist die Familie der Hort der Nähe, doch mit der Pubertät wenden sich die Kinder von den Eltern ab und gehen in ihrer Clique auf, verbringen viel Zeit mit Freunden und suchen sich den ersten Freund, die erste Freundin. Zuwendung von Gleichaltrigen ist in dieser Zeit wichtiger als die der Eltern. Der Wunsch nach Geborgenheit variiert von Kind zu Kind. Einige Kleinkinder freuen sich sichtlich auf die Zeit in der Kita, andere haben mit zehn Jahren noch Probleme, längere Zeit ohne die Eltern bei Fremden zu bleiben. Manche Heranwachsende fahren gern mit ihren Eltern in den Urlaub, andere mögen nicht einmal mehr mit ihnen am Tisch sitzen und essen. Auch später bei Erwachsenen ist das Bedürfnis nach Zuwendung unterschiedlich ausgeprägt.

Das Bedürfnis nach sozialer Anerkennung und Status, einer guten sozialen Stellung in der Gesellschaft, ist uralt und existiert zum Beispiel auch bei Affengruppen. Die Rangordnung in traditionellen Konzernen mit einem mächtigen CEO, den ranghohen Mitgliedern des Vorstands sowie rangniedrigerem Personal ist letztendlich auf einen Urinstinkt gebaut: das Bedürfnis, möglichst weit oben zu sein.

Ein weiteres Bedürfnis besteht darin, sich selbst zu entfalten. Schon als kleine Kinder bewegen wir uns mit Neugierde durch die Welt, wollen alles erkunden, sind stolz, wenn wir etwas entdeckt haben oder etwas können. »Die Stärke der Emotionen weist darauf hin, wie wichtig die Selbstentfaltung für den Menschen ist«, schreibt Remo Largo. Manchmal haben wir unrealistische Erwartungen an uns selbst, wollen unbedingt ein Kunstwerk erschaffen, auch wenn wir nur mittelmäßiges Talent dafür haben. Dennoch können auch Erwachsene mit den durchschnittlichen Ergebnissen ihrer Hobbymalerei sehr glücklich sein und Befriedigung daraus ziehen. »Für unser Wohlbefinden und Selbstwertgefühl ist letztendlich nicht entscheidend, wie erfolgreich wir sind, sondern ob es uns gelingt, individuelle Begabungen zur Entfaltung zu bringen«, schreibt Largo.

Martin liebt es, zu singen. Seit seiner frühen Kindheit ist er bei den Thomanern in Leipzig dabei. Stimmbildung, Auftritte, drei Proben pro Woche, Martin lebt wie ein Profi. Kurz vor dem Abitur, er ist inzwischen 18, überlegt er, ob er eine Karriere als Sänger einschlagen soll. Viele der ehemaligen Thomaner sind mittlerweile an die Musikhochschulen gegangen, geben bereits Konzerte. Dennoch glaubt Martin, dass ihm für ein richtiges Musikerleben ein Quäntchen Talent fehlt, das Überragende, das er an anderen entdeckt, hat er nicht. Er studiert daraufhin Germanistik, singt aber weiter in einem guten Hobby-Chor. Singen bleibt sein Privatvergnügen, das ihn glücklich macht. Aber eben kein Beruf.

Das letzte Grundbedürfnis, das Erbringen von Leistungen, spornt uns an, ehrgeizig unsere Ziele zu verfolgen. Wir strengen uns nicht nur an, um einen möglichst hohen sozialen Status zu erreichen, Geld zu verdienen oder Erfolge zu feiern. Durch uns selbst erreichte Leistungen erzeugen ein tiefes Gefühl der Befriedigung, Selbstwirksamkeit. Sei es die Erziehung der Kinder, das Anlegen und sorgsame Pflegen eines Gartens oder der finanzielle Erfolg der Firma – Leistung zu erbringen, macht glücklich. Eine Niederlage enttäuscht uns, dauerhafte Überforderung im Privat- wie im Berufsleben führt langfristig zum Burn-out.

KUNST KOMMT VON KÖNNEN

Neben den verschiedenen Grundbedürfnissen unterscheiden sich Menschen dadurch, über welche Kompetenzen sie verfügen. Zu den Kompetenzen zählt Largo: soziale, sprachliche, musikalische, figural-räumliche, zeitlich-planerische, motorische sowie körperliche Fähigkeiten. Sie sind im Laufe von Tausenden von Jahren durch ein Leben in der Natur und in der Gemeinschaft entstanden. Heute leben wir allerdings in einer ganz anderen Gesellschaft, die mit der des Urmenschen nichts mehr zu tun hat. Für viele Menschen entsteht dadurch eine ganze Reihe an Problemen, da sie sich für die moderne Massengesellschaft unvorbereitet fühlen.

Kompetenzen entwickeln sich, wenn Babys und Kleinkinder ihrem Alter entsprechende Erfahrungen sammeln. Sie greifen nach Gegenständen, brabbeln, spielen und kommen so ins »Gespräch« mit ihren Eltern. Das sind zunächst ganz kurze Äußerungen wie »da da da«. Aber indem der Vater oder die Mutter »Ja, da« antwortet, werden es für die Kinder sinnvolle Babydialoge. Durch diese frühe Kommunikation entwickelt das Kind seine sprachliche und soziale Kompetenz; durch das Greifen von Gegenständen die motorische Kompetenz. Beim Krabbeln stärkt es körperliche Fähigkeiten.

Schon nach kurzer Zeit sehen Erwachsene Unterschiede bei den Sprösslingen. Der eine Sohn kann bereits mit anderthalb Jahren gut sprechen, dafür baut die Tochter im selben Alter beachtlich hohe Türme, da ihre räumliche Vorstellungskraft sowie die Geschicklichkeit der kleinen Finger weit fortgeschritten ist.

Im Laufe der Kindheit und Jugend bauen wir unsere Kompetenzen aus. Jedoch nicht automatisch. Bekommen wir nie ein Musikinstrument in die Hand oder die Gelegenheit zu singen, hören wir nie Musik, bilden wir auch keine musikalische Kompetenz aus. Sie mag bei uns angeboren sein, kommt aber aus Mangel an Gelegenheit nicht zur Entfaltung. Eine Begabung, die sich nicht entfalten kann, verkümmert.

Conrad spielt Klavier, seit er denken kann. Schon als Jugendlicher fängt er an zu improvisieren. Musik spielt an der Waldorfschule eine große Rolle. Selbst bei »Jugend musiziert« ist er einmal dabei. Verschiedene Instrumente, Schulkonzerte und Auftritte gehören zum Schulalltag. Nach dem Abitur überlegt er in Ruhe und auf Reisen, welche Rolle die Musik in seinem Leben spielen könnte, denn dass er einen kreativen Beruf ergreifen wird, ist ihm klar. An der United Pop-Akademie in Amsterdam hat er Zeit, zu improvisieren. Auf seinem Keyboard spielt er Melodien ein, unterlegt die Stücke mit Rhythmen und exotischen Instrumenten. Conrad schickt mir seine Stücke mit der Auflage, sie nur durch »richtig gute« Kopfhörer zu hören. Die satten Klangteppiche seiner Musik transportieren mich in eine andere Welt – ich entspanne auf dem Sofa und nehme mir Zeit für die Kompositionen (auch eine seiner Auflagen). Ich bin hin und weg. Sein Talent ist von Anfang an gefördert und ernst genommen worden. Wenn er jetzt mit 21 Jahren bereits so Schönes komponieren kann, dann deswegen, weil jemand früh an seine Kunst geglaubt und sie gefördert hat.

BROTLOSE KUNST

Wie oft habe ich im Rahmen meiner Recherchen von Eltern, deren Kinder künstlerische Talente hatten, die Einschätzung gehört: »Schauspiel, das ist ja eine brotlose Kunst.« Oder: »Von der Malerei kann man nicht leben.« Und für viele Künstler mag das ja auch zutreffen. Wenn ich etwas provokativ entgegnete, dass es ja auch zahlreiche Profi-Musiker, Schauspieler, Illustratoren, Autoren, Filmemacher und bildende Künstler gebe, die sehr wohl von ihrer Kunst leben können, waren viele irritiert. Bei ihren Kindern wollten die meisten Eltern sichergehen, dass diese eine sichere Laufbahn einschlagen. So weit, so verständlich.

Es kommt vor, dass Eltern nur die Kompetenzen anerkennen, die für sie etwas zählen. So zum Beispiel logisch-mathematische oder zeitlich-planerische Fähigkeiten, denn mit Mathekenntnissen und Organisationstalent kann man in der Wirtschaft punkten. Was, wenn das Kind aber besonders musikalisch ist, wenn vielleicht ein Komponist in ihm steckt? Was, wenn es handwerklich sehr geschickt ist, wenn es womöglich als Restaurator reüssieren könnte? Was, wenn es besondere soziale Kompetenzen hat und Erzieher, Sozialarbeiter oder Altenpfleger werden möchte? Wenn die Eltern von all diesen Laufbahnen nichts halten, weil diese im Vergleich zu vielen Jobs in der Wirtschaft so wenig Geld einbringen, was passiert dann?

Wahrscheinlich werden die musikalischen, handwerklichen und sozialen Kompetenzen des Kindes weniger gefördert. Die neuronalen Netzwerke für Musik, die motorischen Regionen, die die Geschicklichkeit der Finger steuern, werden sich weniger ausdifferenzieren als andere Netzwerke. Ein Musiker wird dann exzellent, wenn er die Gelegenheit hat, das Talent, das ihm in die Wiege gelegt wurde, täglich trainieren zu können. Kein prominenter Klavierspieler ist einfach aufgrund seines Könnens zu Ruhm gelangt. Kein Sänger hat jemals eine Opernbühne betreten, ohne Zehntausende von Stunden geübt zu haben.

EINFACH MAL PROBIEREN

Ein Freund, der seine Kinder für ein Jahr in einem englischen Internat angemeldet hat, berichtete, dass es dort eine Regel gebe: Jeder Schüler müsse alle Angebote der Schule zumindest ein Mal ausprobieren. Ob Oper, Fotografieren, Drucktechniken, Klettern, Museum, Zeichnen, Kricket, Tennis oder Fußball. Der Schulleiter akzeptierte es nicht, wenn jemand von vornherein etwas ablehnte. »Ablehnen kann jemand etwas, wenn er es nicht mag. Dazu muss man es aber einmal ausprobiert haben«, so der strenge Headmaster.

Ausprobieren – das war eines der wichtigsten Prinzipien an diesem Internat. Interessant war, dass es an dieser Edelschule nicht nur um Englisch, Mathe oder Biologie ging. Gerade die kreativen Fächer sowie Sport stehen im Zentrum des Unterrichts. Es geht darum, die Talente in sich zu entdecken. Die Schule bietet den Kindern die Möglichkeit, eine breite Palette von Kompetenzen auszuprobieren. Wer Spaß an einer speziellen Drucktechnik hat, findet auch einen Lehrer, der sich sehr viel Zeit nimmt, um dieses künstlerische Interesse weiter zu wecken. Stundenlang werden Farben gemischt, Skizzen angefertigt, fotografiert, übermalt. So entstand bei der Tochter des Freundes eine dicke künstlerische Mappe, mit der sie nach einem Jahr nach Hause kam. Vorher galt sie als mathematisches Talent. Künstlerisch begabt war ihre Schwester, dachten die Eltern.

Solche Glaubenssätze sitzen tief. Mathematik – das können ja hauptsächlich die Jungen, meinen zum Beispiel viele. Mit so pauschalen Einschätzungen kann man aber sehr falsch liegen.

VORSICHT VOR VORURTEILEN

Eine neue Untersuchung der Duke-Universität in Durham zeigt, dass Fähigkeiten in Mathe nicht nur angeboren sind, sondern auch die Erziehung eine wichtige Rolle spielt. In den vergangenen Jahren hat sich unter Wissenschaftlern die Überzeugung durchgesetzt, dass Mädchen dazu erzogen werden, keine Überflieger in Mathe zu werden.

In den USA absolvieren jedes Jahr einige Zwölfjährige den sogenannten SAT-Test (Scholastic Assessment Test). Dazu werden jeweils nur diejenigen eingeladen, die besonders gute Noten haben. Seit Jahren schneiden hier hochbegabte Mädchen sowohl in Mathe als auch im Sprachverstehen immer besser ab als Jungen. Allein bei den absoluten Mathe-Cracks fehlen die Mädchen. Mathe-Genies sind männlich – den renommiertesten Preis in Mathematik, die Field-Medaille, gewann 2014 die erste und bislang einzige Frau: Maryam Mirzakhani.

Das folgende Beispiel, das der Deutschlandfunk gesendet hat, macht deutlich, was passieren kann, wenn ein Lehrer einen falschen Glaubenssatz in das Gehirn einer Schülerin einpflanzt – die fatale Einschätzung: »Du kannst kein Mathe.«

Jackie Wagner liebt Mathematik. In ihrem Bücherregal stapeln sich Zauberwürfel. Andere verzweifeln an solchen Spielen, Jackie knackt sie in 30 Sekunden. »Alles nur eine Frage des Algorithmus«, sagt sie. Aber in der Schule kann sie nicht punkten. Seit drei Jahren schreibt sie nur noch Fünfen und Sechsen. Sie ist frustriert. In der Grundschule rechnete sie gerne und war gut. Doch mit einem Lehrerwechsel in der neunten Klasse ging es für Jackie Wagner in Mathe plötzlich bergab. Sie merkt, dass ihre Klassen- und Mathelehrerin sie nicht mag. In der ersten Matheklausur hatte sie eine Fünf, vorher hatte sie eine Zwei auf dem Zeugnis. Nach wenigen Wochen Unterricht hatte die Mathelehrerin schon eine Diagnose parat: Rechenschwäche. Das Mädchen war nun völlig verunsichert und vergeigte auch die nächste Klassenarbeit. Jetzt gab es nur noch Fünfen und Sechsen, egal wie viel das Mädchen lernte.

Von da an verlor sie jede Lust am Lernen und die Hoffnung, dass es noch einmal besser werden könnte. Nur die Jungen in der Klasse waren gut in Mathe. Mathematik und Mädchen scheinen wohl nicht zusammenzupassen, glaubte die damals 15-Jährige. Jeden Tag bekam sie eingetrichtert, dass sie im Rechnen eine Null sei. Da die Mathelehrerin auch die Klassenlehrerin war, hatte sie jeden Tag die Gelegenheit, Jackie spüren zu lassen, was für eine Niete sie war. Das klappte gut. Wer jeden Tag hört, dass er schlecht ist, wird auch schlecht. In dieser Zeit war Jackie sehr unglücklich. Nur durch einen Schüleraustausch nach Frankreich und einen anschließenden Schulwechsel kam sie langsam aus diesem Teufelskreis heraus.

Aber der richtige Durchbruch in Mathe kam erst, als 2013 ein T-Shirt im Internet viral ging. Darauf stand: »In Mathe bin ich nur Deko.« »Das gab's nur in Pink mit Glitzer und auf Frauengrößen zugeschnitten. Für Männer war das T-Shirt gar nicht zu kaufen.« Den Versandhandel, der das T-Shirt anbot, traf daraufhin ein gigantischer Shitstorm. Eine Zeitung rief alle Mädchen auf, eine schwierige Textaufgabe zu lösen. Der Vater legte seiner Tochter die Matheaufgabe vor, Jackie löste sie, und er schickte ihren Rechenweg heimlich an die Redaktion. Am darauffolgenden Sonntag fand sich Jackie zu ihrer Überraschung in der Zeitung. Jackie Wagner schöpfte wieder Mut, bekam Lust auf Mathe. »Als ich die nächste Klausur zurückbekam und eine Eins-plus hatte, bin ich aus allen Wolken gefallen. Das hat mich total glücklich gemacht.«

Vergangenes Jahr hat Jackie Abitur gemacht. Unter den Mädchen war sie die Jahrgangsbeste. Für ihre Zensur in Mathe bekam sie sogar eine Auszeichnung. Sie studiert inzwischen Mathematik an der Universität Heidelberg.

Dank einer besseren Beschulung von Mädchen in Mathe in den USA hat sich die Kompetenz der Mädchen in den letzten dreißig Jahren deutlich verbessert. Anfang der Achtzigerjahre waren unter den exzellenten Matheschülern noch vierzehnmal mehr Jungen als Mädchen. 2010 kamen auf jede Top-Mathe-Schülerin nur noch zweieinhalbmal so viele männliche Cracks.

Die iGeneration
Die psychischen Auswirkungen von Smartphone und Tablet

Das Erweckungserlebnis haben Mama und Papa in ihrem Bretagne-Urlaub. Wochenlange Recherchen nach einem passenden Urlaubsziel förderten einen umgebauten Gutshof mit Pool, Garten und Hortensien zutage. Mama träumt von sonnigen Vormittagen im Grünen, gefolgt von Ausflügen nach Belon zu den Austernbänken, wo sie mit Papa und Tochter Leonie auf das türkisblaue Wasser blicken und dutzendweise Austern schlürfen wollte. Als sie ankommen, übertrifft das malerische Ensemble sämtliche Erwartungen. Der schönste Urlaub ihres Lebens liegt vor ihnen. Was sie übersehen hatten: Der Gutshof war zwar uralt, verfügte aber über W-LAN.

An den ersten zwei Tagen verlässt Tochter Leonie, 13, nur zum Frühstück das Zimmer. Mittags behauptet sie, sie habe keinen Hunger und wolle kein Mittagessen. Die Eltern schieben dies wahlweise auf den Schulstress, die Akklimatisierungsphase oder die Pubertät und lassen sie gewähren. Am dritten Tag – die Vorhänge ihres Zimmerchens sind noch immer zugezogen – bestehen sie auf einem gemeinsamen Ausflug an den Strand. Leonie geht nicht ins Wasser. Sie bleibt komplett angezogen am Strand sitzen. Mama wird sauer, Papa ungehalten. Am Tag vier, als Leonie nach dem Frühstück immer noch nicht den Weg zum Pool findet, rattert bei den Erziehungsberechtigten der Kopf: Was macht Leonie nur stundenlang in ihrem Zimmer? Warum ist sie so schlecht gelaunt? Ein Gespräch muss her.

Papa: »Willst du nicht mal schwimmen? Du liebst doch sonst den Pool.«

Leonie: »Da gehe ich nicht rein.«

Papa: »Komm, lass uns mal ein Wettschwimmen machen.«

Leonie: »Nein, keinen Bock.«

Mama: »Ich habe extra etwas mit Pool gemietet.«

Leonie: »Hmm.«

Papa: »Was machst du den ganzen Tag im Zimmer?«

Leonie: »Nichts.«

Mama *(versucht es auf die besorgte Tour)*: »Geht es dir gut?«

Leonie: »Ich bin müde und habe Kopfschmerzen.«

Papa blickt wissend zu Mama rüber. »Kopfschmerzen« sind eine gängige Ausrede, hinter der Leonie etwas verbergen möchte. Schlagartig ist sein Jagdinstinkt geweckt – jetzt hat er ein Indiz. Nach dem späten Mittagessen wartet er eine Stunde. Dann schleicht er sich mit Mama in Leonis Zimmer, das sie seit Stunden nicht verlassen hat. Leise öffnen sie die Tür und finden das Zimmer in nachtschwarze Dunkelheit getaucht. Die Vorhänge sind zugezogen, es ist totenstill. Zunächst glauben sie, ihr Kind schlafe. Doch dann erkennen sie das bläuliche Schimmern des Smartphones, auf das Leonie gebannt starrt. Sie ist so auf den Bildschirm ihres Smartphones fixiert, dass sie ihre Eltern nicht bemerkt. Etwa 30 Sekunden stehen die Eltern regungslos an der Tür und nehmen die Szene in sich auf. Sie verstehen nicht, was sie sehen. Erst nach und nach dämmert es ihnen: Leonie guckt den ganzen Tag auf ihr Telefon.

Papa *unterbricht die Stille*: »Warum sitzt du im Zimmer und starrst auf dein Handy?«

Leonie: »Häh?« *Leonie ist erschrocken. Sie fühlt sich ertappt.*

Mama *(ungläubig)*: »Was machst du da?«

Leonie: »Ich schreibe mit meinen Freuden.«

Papa: »Das kannst du doch auch heute Abend machen. Komm jetzt doch einmal raus.«

Leonie: »Lasst mich in Ruhe.«

Jetzt ist Papas Geduld am Ende. Er spürt, er muss jetzt Chef sein, sonst wird aus dem Familienurlaub nichts mehr.

Papa: »Gib mir bitte das Handy.«

Leonie: »Nein!«

Papa: »Ich möchte bitte dein Handy, heute Abend bekommst du es wieder.«

Leonie schaut ihren Vater stumm an.

Kurzerhand geht Papa ein paar Schritte auf das Bett zu und greift nach dem Corpus Delicti. Leonies Hände krallen sich um das Gerät. Wie eine Ertrinkende klammert sie sich daran fest. Als sie am Blick ihres Vaters bemerkt, wie ernst es ihm ist, lockert sie den Griff. Dann brüllt sie los. Der Wutausbruch, die Wortwahl, die Lautstärke, unterbrochen von lautem Schluchzen, übertrifft alles, was die Eltern bisher an Teenager-Attacken erlebt haben – als hätten sie einer Süchtigen den Stoff weggenommen.

Zum Glück erinnerte sich die Mutter an das, was sie kurz zuvor in der *Süddeutschen Zeitung* gelesen hatte. Dort wurde berichtet, dass Eltern aus Eichenau bei Fürstenfeldbruck die Polizei gerufen hatten, nachdem es ihnen angeblich drei Tage lang nicht gelungen war, ihrem Zwölfjährigem das Steuergerät der PlayStation zu entreißen.[9] Sie waren also nicht allein mit einem minderjährigen Teenager, der an seinem Gerät klebte.

Schockiert verlassen die Eltern das Zimmer und müssen sich erst einmal sammeln. Papa legt Leonies Handy auf seinen Nachttisch. Nach wenigen Sekunden fängt das Gerät an zu piepen – immer wieder gibt es Töne von sich. Die Eltern sehen sich fragend an. Ein Blick auf das Display fördert etwas zutage, das sie nachhaltig verstört: Alle paar Sekunden trudelt eine

Nachricht auf WhatsApp ein. Herzchen, Sternchen, Smileys von Justin, Eric, Pink Lady, Hase, Joshua, Black Lord, Anne, Lucy und etliche andere schicken ununterbrochen Messages in einer Symbolsprache, die Papa an die Hieroglyphen der alten Ägypter erinnert. Allerdings erspäht er Herzen, Smileys und unverständliche Abkürzungen statt der Schriftzeichen aus der Zeit von Tutanchamun und Echnaton. War dies Ausdruck einer neuen Hochkultur, die in ihrer Schriftsprache an die mehr als 3000 Jahre zurückliegende Pharaonenkultur aus dem Tal der Könige anknüpfte?

Noch bevor die Eltern überhaupt die erste sichtbare Textzeile entziffern können, verdrängen schon die nächsten Hieroglyphen die alten aus dem Blickfeld. Der Message-Flow ähnelt einem Newsticker, der im Sekundentakt Nachrichten in die Welt spült. Leonie hängt am Tropf unendlich vieler Gruppen, die sie mit Messages betanken. Wie ein Nachrichtenjournalist konsumiert sie Textschnipsel und schafft es nicht, sich davon loszureißen. Kein Wunder, dass sie das Zimmer nicht mehr verlässt und tagsüber müde ist.

Die Eltern denken nach. Ist ihr Kind Smartphone-süchtig, so wie der Junge aus Bayern? Zunächst dachte Mama, der Artikel sei übertrieben. Es ging unter anderem um amerikanische Mittelschichtseltern, die Nachhilfelehrer für das Computerspiel »Fortnite« engagiert haben, damit ihre Kinder – meist Jungen – mit der Zockerei erfolgreicher sind. Nach einem Bericht des *Wall Street Journal* hätte allein das Portal Bidvine tausend Coaches vermittelt. Die Eltern plage die Sorge, der eigene Sohnemann könnte als »Fortnite«-Krieger versagen und Minderwertigkeitsgefühle entwickeln. Durch die Nachhilfe (circa 20 Euro pro Stunde) würde die Anzahl der Gegner, die der Sprössling abends eliminieren könne, deutlich gesteigert. Mama hielt das alles für total übertrieben. Jetzt stutzt sie.

Zurück in Berlin, fängt sie an zu recherchieren. Eine US-Studie vom September 2018, die über einen Zeitraum von zehn

Jahren einen ganzen Tag von Acht- bis Zehnjährigen aufgezeichnet hat, stößt auf ihr besonderes Interesse. Forscher Jeremy Walsh, der nun an der University of British Columbia arbeitet,[10] hat 4524 Kinder 24 Stunden lang dabei beobachtet, wie viel sie schliefen, wie viel Bildschirmzeit sie für ihre Freizeit verwendeten und wie viel Sport sie täglich trieben. Die Empfehlung ist, dass Kinder eine Stunde Bewegung, neun bis elf Stunden Schlaf und weniger als zwei Stunden Bildschirmzeit haben sollen, damit ihre kognitiven Leistungen konstant gut sind. Die tägliche und wöchentliche Bildschirmzeit lässt sich mittlerweile auf den Geräten ablesen.

Das Ergebnis: Nur 51 Prozent der Kinder schliefen lange genug, 37 Prozent hielten die Bildschirmzeit ein, und nur 18 Prozent bewegten sich eine Stunde am Tag. Nur mickrige fünf Prozent erfüllten alle drei Gesundheitskriterien. Am Ende stellten die Forscher fest, dass Kinder, die sich viel bewegten, bei den kognitiven Leistungen besser abschnitten. Das hätte Mama ganz ohne Doktortitel und Drittmittel auch mit ihrem gesunden Menschenverstand ermitteln können.

WENIGER IST MEHR

Experten wie der Amerikaner Justin Rosenberg befassen sich mit den psychologischen Auswirkungen der häufigen Handyverwendung. Er muss wissen, wovon er spricht, denn er ist der Erfinder des »Like«-Buttons bei Facebook.[11] Rosenberg gehört zu einer Gruppe von Designern, Produktmanagern und Ingenieuren im Silicon Valley, die die »Aufmerksamkeitsökonomie« kritisieren. Diese bestehe darin, die Inhalte im Internet zunehmend auf die Wünsche der Werbeindustrie zuzuschneidern.

Auf seinem Laptop hat Rosenberg eine Sperre installiert, die es ihm verbietet, zum Beispiel Snapchat zu installieren. Er vergleicht die Programme mit Heroin. Darüber hinaus hat er eine Begrenzung seiner Nutzungsdauer bei Facebook festge-

legt. Noch drastischer ist das, was sich der 34-jährige IT-Spe-
zialist im Sommer 2017 vornahm. Als er ein neues Smartphone
kaufte, bat er seinen Assistenten, eine Elternsoftware zu installieren. Diese soll ihn daran hindern, Apps herunterzuladen.
»Gewöhnlich entwickeln Menschen Dinge mit den besten
Absichten«, sagt Rosenberg. »Dennoch können die Dinge un-
erwartete negative Konsequenzen haben.« Die Anbieter von
Software haben gemerkt, sie müssen reagieren. User können
nun ein Limit setzen, wie viel Zeit sie täglich auf Social-Me-
dia-Apps oder etwa mit Spielen verbringen wollen. Ist die Zeit
abgelaufen, erscheint ein Signal. Auch lässt sich festlegen, ob
man die Dienste nach Erreichen des Limits blockieren möchte.

GUT GELAUNT OHNE HANDY

Aber Leonie hat im Bretagne-Sommer 2015 noch kein Limit in
ihrem Smartphone. Gegen Abend materialisiert sie sich aus
ihrem Zimmer, setzt eine wütende Miene auf und erklärt entschlossen, sie wolle abhauen. Ihre bunte Blumentasche, ein
Relikt aus Kindertagen, baumelt über ihrer rechten Schulter.
Leonie erklärt, der Urlaub sei insgesamt eine Zumutung.

Leonie: »Wenn ich jetzt gehe, bin ich nicht erreichbar.« Dieser Satz wird Mama und Papa sicher Angst einjagen.

Papa: »Wir waren früher auch nie erreichbar.«

Leonie: »Das war wohl in der Kreidezeit.«

Als die Mutter gegen ein Uhr nachts das Zimmer checkt,
liegt Leonie nicht im Bett. Erst am Morgen gegen halb sieben
schläft sie. Zum Frühstück zeigt sie sich überraschend gut
gelaunt. Sie sei zum Strand gelaufen, erzählt sie zwischen zwei
Croissants, und sei dort auf eine Gruppe feiernder Jugendlicher
gestoßen. Die hätten sie eingeladen, mit ihnen am Feuer zu sitzen. Man habe über dies und das gesprochen, und sie habe
erzählt, sie sei aus dem B & B im Gutshof abgehauen, da ihre
Eltern das Handy konfisziert und damit ihre Menschenrechte

verletzt hätten. Schnell sei man sich einig gewesen, das sei ja wohl unmöglich (*merde*, wiederholt Leonie immer wieder). Die internationale Verständigung klappt bestens.

Das Abenteuer und die spontane Solidarität der französischen Freunde am Strand haben Leonies Stimmung merklich aufgehellt. Sie wirkt euphorisch und willigt ein, einen Spaziergang am Strand von Concarneau zu unternehmen. Sie klettert mit Papa über Felsen, erkundet die Gegend, es ist, als hätten die Eltern ihr Kind wiedergefunden. Beim Abendessen fällt kein Wort mehr vom Smartphone. Das hat unterdessen ohnehin den Geist aufgegeben. Der Urlaub geht zu Ende, doch die gespenstische Szene des Sommerabends, an dem ihre Tochter wie in Trance in ihrem Zimmer saß, brennt sich in das Gedächtnis der Eltern.

Die Mutter liest alles, was sie über Smartphone-Sucht finden kann, mit wachsender Sorge. Wenn schon die Erfinder der Software sich selbst vor deren Auswirkungen schützen, was heißt das dann für die psychologische Wirkung auf Jugendliche, deren Gehirne noch nicht ausgewachsen sind?

Tatsache ist, Smartphones und Tablets sind Aufmerksamkeitsstaubsauger. Die Geräte fesseln unser Denken, unser Fühlen, steuern unser Handeln und fressen unsere Zeit. Der Preis dafür, dass sie uns per Navigations-App am Stau vorbeilotsen, mit einem Klick ein Hotel buchen lassen, per App unsere Bank- und Krankenkassenangelegenheiten erledigen, uns mit Freunden, Familie und Kollegen verbinden, ist sehr hoch. Denn es scheint, als könnten wir kaum noch eine Tätigkeit ohne Smartphone ausüben.

Deshalb ist unser Verhältnis zu Smartphones und Tablets zwiespältig. Allen ist klar, dass wir neue Regeln brauchen. Vor allem für junge Menschen, deren Gehirne noch nicht ausgereift sind, ist die 24-Stunden-Bespaßung durch Instagram, YouTube, Netflix & Co. ein Phänomen, dessen langfristige Folgen wir nicht absehen können.

Dabei sind es nicht die Geräte an sich, die den unbändigen Drang erzeugen, sie ständig in die Hand zu nehmen, sondern die Programme wie Instagram, WhatsApp, Snapchat sowie die Spiele. Kurz gesagt ist es die Tatsache, dass die Apps ständig neue Bilder, News, Feedback, Likes oder Nachrichten nach oben spülen. Wir meinen, sie zwanghaft aktualisieren zu müssen. Wir haben Angst, etwas zu verpassen. Gleichzeitig sehen einige ihr Leben durch eine permanente Social-Media-Brille und fragen sich: Ist das Event, auf das ich gehe, foto- oder videotauglich? Kann ich ein Foto oder eine Story posten?

In ihrem Podcast zum Leistungsdruck im Dezember 2018 sagt die Autorin Lynn McKenzie: »Mit der Bildschirmzeit habe ich festgestellt, dass ich in einer Woche 23 Stunden auf Social Media unterwegs war. Das ist fast ein ganzer Tag ohne Schlafen und Essen. Ständig schaut man aufs Telefon. Fragt sich: Was macht der andere gerade? Wieso ist der am Strand? Ist mein Zimmer cool genug eingerichtet? Brauche ich die neuen Sneaker? Ständig vergleicht man sich und fühlt sich schlecht, fühlt sich unter Druck gesetzt. Ich habe die Zeit jetzt auf zwei Stunden täglich begrenzt.«

SICHT DURCH HANDYS VERSPERRT

Bei einem Live-Konzert des Musikers Carlos Vives stand ich neulich etwa zehn Meter von der Bühne entfernt. Dennoch sah ich den Sänger fast nur auf dem riesigen Bildschirm. Meine Sicht wurde durch Hunderte filmender Handys versperrt, die die Fans hoch über die Köpfe der Konzertbesucher hielten. Sie nahmen das gesamte Konzert auf Video auf. Lieber wollten sie ihr Filmchen machen, das zum Teil schon während des Abends gepostet wurde, als allen die Chance zu geben, den Sänger von »Bicicletta« wirklich *live* zu sehen.

Eltern, Kinder, Lehrer, Medienexperten – sie alle streiten seit Jahren über die Frage, wie viel Handy und Tablet es sein darf.

Die einen bilden die Volksfront von Judäa, die vor der digitalen Demenz warnen, die anderen die judäische Volksfront, die die Errungenschaften der digitalen Helfer preist. Irgendwo in der Mitte suchen Millionen von Familien nach praktikablen Lösungen, um den Familienfrieden zu wahren. Dabei könnten sich Eltern selbst hinterfragen: Wie oft hängen sie an den Geräten? »Muss nur noch kurz die Welt retten, noch 148 Mails checken, und gleich danach bin ich wieder bei dir«, singt Tim Benzko in seinem berühmten Song. Es gibt keinerlei Konsens darüber, wie viel Smartphone-Nutzung in Gesellschaft anderer akzeptabel ist.

WALLE, WALLE MANCHE STRECKE

Schon der Zauberlehrling in Goethes *Faust* rief die Geister, als der alte Hexenmeister einmal aus dem Haus gegangen war. Schon bald verlor er die Beherrschung über seine Hexerei. Erfindungen wie der Like-Button oder die Aktualisierung der Storys auf dem Handy können nach Ansicht von Experten eine Verhaltenssucht hervorrufen. Die Technikindustrie weiß genau, wie sie ein Produkt konfigurieren muss, um einen Suchtfaktor zu schaffen. Das Smartphone ist kein Zufallsprodukt, seine Software dient dazu, die User möglichst lange zu fesseln. Denn je länger jemand online ist, desto mehr gezielte Werbung konsumiert er. Heranwachsende und einige Erwachsene haben bereits die Lust an Facebook verloren. Datenskandal, mutmaßliche Einmischung in Wahlkampagnen, tonnenweise Werbung – das lehnen Anfang 20-Jährige und viele Ältere zunehmend ab. Sie sind zu Instagram und Snapchat gewandert.

Die Biologie der Verhaltenssucht ist gut erforscht. Ob Glücksspiel, Gaming-, Shopping- oder Sportsucht, sie alle basieren auf den gleichen Mechanismen im Gehirn, schreibt der Professor Adam Alter in seinem Buch *Unwiderstehlich*.[12] Diese unterscheiden sich nicht von Drogen- oder Alkoholabhängigkeit. »Drogen und süchtig machendes Verhalten aktivieren im Gehirn das gleiche Belohnungszentrum«, weiß Claire Gillan.[13] Die Neurowissenschaftlerin untersucht zwanghafte und sich wiederholende Verhaltensformen. Fest steht, dass Kokain und Heroin eine unmittelbarere Wirkung auf das Belohnungszentrum ausüben. Der Botenstoff Dopamin wird blitzartig ausgeschüttet und versetzt uns in Euphorie. Ein warmes Gefühl durchströmt den Körper, wir fühlen uns unbesiegbar, berauscht, leicht und überglücklich. Wie bei Frischverliebten schlägt das Herz schneller, wir sind hellwach, brauchen weniger Schlaf und könnten die ganze Welt umarmen.

GEFÜHLT SCHON AN DER NADEL

Lange dachten Wissenschaftler, nur stoffliche Süchte seien gefährlich und machten abhängig. Alkohol, Heroin, Kokain, Ecstasy oder Crack waren das, wovor Eltern Angst hatten. Spiel- oder Computerspielsucht, Fitness- oder Shopping-Sucht, so die landläufige Meinung der Forschung, seien nicht mit den Drogensüchten vergleichbar. Heute weiß man, dass Verhalten ebenso süchtig machen kann wie Drogen. »Solange ein Verhalten angenehm ist – und es in der Vergangenheit an angenehme Folgen gekoppelt ist –, wird es im Gehirn auf die gleiche Weise behandelt wie Drogen«, erklärt Claire Gillian. Kokain und Heroin wirken viel intensiver auf das Belohnungszentrum als zum Beispiel Glücksspiel. Der Mechanismus ist jedoch identisch.

Diese Erkenntnis ist für Laien neu und hat weitreichende Konsequenzen. Beim Konsum von Drogen oder suchtauslösendem Verhalten schüttet das Gehirn den Neurotransmitter Dopamin aus. Er versetzt den gesamten Körper in einen Lustrausch. Wenn wir einen geliebten Menschen sehen oder ein Erfolgserlebnis haben, durchströmt uns ebenfalls ein wohliges Gefühl. Der Körper aktiviert sein eigenes Belohnungssystem. Im Vergleich dazu ist der Kick, den Verhaltenssüchte entfachen, ungleich intensiver. Das Dopaminsystem des Körpers gerät damit außer Kontrolle. »World of Warcraft«-Abhängige berichten etwa, dass sie bereits vor dem Beginn einer neuen Mission einen Rausch spüren, der mit nichts anderem in ihrem Leben vergleichbar sei.

Ein Problem entsteht erst, wenn der nächste Kick ausbleibt. Dann nämlich kommt es zu Entzugserscheinungen. Wie beschrieben, produziert der Körper in Glücksmomenten (Waldspaziergang, ein Essen mit dem geliebten Menschen, ein Konzert) selbst Dopamin, wenn auch in geringen Dosen. Bei der Überflutung mit Dopamin durch den Kick, ausgelöst durch Drogen, Shoppen oder Social-Media-Aktivitäten, erkennt das Gehirn das Überangebot an Dopamin als Fehler im System. Dies ist das Problem. Es reduziert dann nämlich schrittweise seine körpereigene Produktion von Dopamin. Das ist fatal, denn nun gibt es nur noch eine einzige Chance, ein neues High zu erleben, nämlich die Droge zu konsumieren, ein Computerspiel zu spielen, auf WhatsApp zu gehen und mit den Freunden zu schreiben.

KEINEN BOCK AUF NICHTS

Das Normale wird langweilig. Alltag ist öde. Der einst so geliebte, spannende Partner ist plötzlich entzaubert, da kaum mehr körpereigenes Dopamin ausgeschüttet wird. Die von der Natur mitgegebene Glücksquelle ist versiegt. Entzugserscheinungen entstehen. Diese können mild ausfallen oder äußerst ausgeprägt. Wer einmal ansatzweise wissen möchte, wie sich Entzug anfühlt, sollte wahlweise – je nach Vorlieben – einen Monat auf Alkohol verzichten, auf Sex oder Süßigkeiten, einen Monat nicht rauchen, sein Handy für eine Woche weggeben oder sich einen Monat ein striktes Kaufverbot auferlegen. Unruhe, Nervosität, depressive Stimmung, Stimmungsschwankungen, erhöhter Puls, Aggressivität, Unausgeglichenheit gehören zu den Symptomen, die sich bei Entzug einstellen.

Der Vater eines Heranwachsenden schilderte mir, dass er seinem Sohn für ein paar Wochen das Handy abgenommen habe. Dauernd habe es Diskussionen um die Bildschirmzeit gegeben, die in der Familie eigentlich beschränkt war. Aber wer kann das durchsetzen bei einem 17-Jährigen, der alleine in seinem Zimmer sitzt? Was der Vater tagelang beobachtete, war für ihn eine der schmerzlichsten Erfahrungen, die er mit seinem Sohn je gemacht hatte. Sein Sohn litt an Entzugserscheinungen. Er schrie ihn an, war unruhig, konnte weder schlafen noch sich konzentrieren. Erst nach ein paar Tagen beruhigte sich die Situation. Aber es erschien ihm alles öde. Diese Langeweile am Leben dauerte Wochen an. Erst nach und nach gewann er wieder Freude an Aktivitäten. Dann bekam er das Handy wieder, mit festen Regeln.

Bei starkem Entzug wird die Unruhe von körperlichen Qualen, Schmerzen, Pulsrasen und dem unbändigen Versuch, wieder an den Stoff zu kommen, begleitet. Aber der Entzug geht vorüber. Nach einigen Wochen kann der Körper langsam wieder lernen, eigenes Dopamin auszuschütten.

VOLL ERWISCHT

Mein eigener kalter Entzug begann nach dem Lesen eines Buches. Die Psychologin Jean Twenge beschreibt in ihrem Buch *Me, My Selfie and I* die Abhängigkeit von sozialen Medien. Interessiert las ich, wie viel Zeit amerikanische Teenager in den sozialen Netzwerken verbringen. Je länger ich mich beobachtete, desto klarer wurde mir, dass mich mein Facebook-Konsum eine Stunde Zeit am Tag kostete. Zeit, die ich nicht für die Arbeit, Sport, Erledigungen und andere Menschen verwenden konnte. Bis Anfang 2018 las ich morgens Facebook. Neben der Lektüre von Posts über das Neueste aus der Wissenschaft, gepostet von zwei Frühaufsteher-Wissenschaftsjournalisten, benötigte ich mindestens 30 Minuten für Klatsch und Tratsch. Ein ehemaliger Kollege zeigt Bilder vom letzten Skitag, jemand anders von einer Reise, seinen Kindern oder einem Event. Die Minuten vergingen. Aber was blieb wirklich davon hängen?

Nachdem ich durch meine Recherchen erfuhr, dass der Erschaffer des Like-Buttons seine Erfindung aufgrund ihrer süchtig machenden Wirkung bereut, löschte ich Facebook von meinem Smartphone, nicht jedoch von meinem Laptop, wo ich es aber nie verwendet habe. Das war mein Glück. Denn die Unruhe, die mich befiel, weil ich nun morgens die Artikel nicht mehr auf dem Handy lesen und die Flut von Bildern nicht mehr konsumieren konnte, machte mich rasend. Mindestens dreimal am Tag dachte ich darüber nach, Facebook wieder zu installieren. Krampfhaft nutze ich nun Instagram, aber mein Account gibt überhaupt nichts her. Ich mache dies nur aus Neugier und bin mit wenigen Menschen verbunden. Mindestens zehnmal am Tag irrlichterte ich Anfang 2018 nun auf Instagram herum, das legte sich erst nach ein paar Wochen, zumal ich eine Bildschirmsperre installierte, die meine Zeit mit sämtlichen Apps nun streng reguliert.

Ich war Smartphone-süchtig. Seit ich dies weiß, habe ich den Konsum drastisch reduziert. Nach drei Monaten Selbstversuch war das *Craving* erloschen. Mein Glück: Facebook auf dem Laptop war nicht der Stoff, nach dem ich süchtig war. Sitzen am Laptop ist mein Signal zum Arbeiten. Die Umgebung löst keinerlei Suchtdruck in mir aus. So entscheidend sind Umweltreize. Trotzdem habe ich die Restriktion erweitert, schon um des Experiments willen. Beim Spazierengehen oder bei kleinen Erledigungen lasse ich nun das Handy zu Hause. Ich stelle es auch einfach mal stumm.

Als nächsten Schritt meldete ich mich in einem Kloster an. Zehn Tage digitaler Komplettentzug, stattdessen Kräutertee, Waldspaziergänge, Achtsamkeit und Yoga. Herrlich. Seitdem

bin ich produktiver. Der digitale Detox hat mein Leben bereichert.

LEG DEIN TELEFON WEG

Im September 2018 begaben sich Dutzende Kinder in Hamburg mit selbst gebastelten Plakaten auf einen Protestmarsch
gegen den Handy-Konsum ihrer Eltern. »Spielt mit mir! Nicht
mit euren Handys!«, lautete das Motto der Aktion. Der sieben
Jahre alte Emil Rustige aus Eppendorf hatte die Idee zu der
Demo, seine Eltern meldeten sie bei der Polizei an. »Wir sind
hier, wir sind laut, weil ihr auf euer Handy schaut«, stand auf
einem Plakat. Oder: »Flugmodus an, jetzt bin ich dran.« Die
rund 150 demonstrierenden Kinder schafften es in die Schlagzeilen mehrerer Tageszeitungen. Kinder protestieren öffentlich,
damit Eltern ihnen Aufmerksamkeit schenken. Genauso wie
diese Demonstration wäre wohl eine Aktion von Eltern denkbar, die gegen den Handykonsum ihrer Kinder auf die Straße
gehen. Ihr Slogan wäre vielleicht: »Sprich mit mir, nicht in
dein Handy.« Denkbar wäre auch: »Netflix & Instagram aus,
sonst fliegst du raus.«

»Das Risiko, süchtig zu werden, ist bei jungen Erwachsenen am höchsten. Sehr wenige Menschen werden in späteren
Lebensphasen süchtig, wenn sie nicht bereits einmal süchtig
waren«, sagt die Suchtexpertin Maia Szalavitz. Insgesamt
2,6 Prozent der 12- bis 17-Jährigen sind süchtig nach Whats-
App, Instagram, Snapchat & Co. Dies geht aus einer repräsentativen Studie der Krankenkasse DAK-Gesundheit und des
Universitätsklinikums Hamburg-Eppendorf hervor. Mädchen
seien stärker betroffen als Jungen. Die Forscher befragten etwa
tausend Jungen und Mädchen und rechneten die Ergebnisse auf
ganz Deutschland hoch. Wie die Studie zeigt, verbringen
Jugendliche durchschnittlich zweieinhalb Stunden täglich mit
sozialen Medien. Dadurch, so die Forscher, können gesund-

heitliche und soziale Probleme entstehen. So bekommen viele Kinder zu wenig Schlaf, nutzen die Medien als Flucht vor der Realität oder haben deswegen Streit mit den Eltern.

85 Prozent der Kinder und Jugendlichen sind laut der Untersuchung täglich insgesamt knapp drei Stunden in sozialen Medien unterwegs – Mädchen mit 182 Minuten etwas häufiger als Jungen, diese sind eher bei Computerspielen gefährdet. Am häufigsten nutzen die Befragten WhatsApp (66 Prozent), vor Instagram (14 Prozent), Snapchat (neun Prozent) und Facebook (zwei Prozent). Der digitale Lifestyle der Mädchen wird durch die sozialen Medien geprägt.

Zahlreiche Forscher haben sich mit der psychischen Abhängigkeit von Social Media beschäftigt, so auch der Psychologieprofessor Stefan Stieger von der Universität Konstanz.[14] In seinem Experiment ließ er Freiwillige eine App auf ihrem Smartphone installieren, die alle Social-Media-Accounts für sieben Tage sperrt. Täglich fragte er die Probanden, wie es ihnen geht. Sie berichteten von Entzugserscheinungen, Langeweile und Rückfällen. 59 Prozent erlebten so ein starkes *Craving*, dass sie die Sperre mindestens einmal umgingen.

Bei den Jungen sind es eher die Computerspiele, die sie binden. In Deutschland ist jeder zwölfte Junge oder männliche Heranwachsende süchtig. Nach Ergebnissen einer gemeinsamen Studie der DAK und des Deutschen Zentrums für Suchtfragen des Kindes- und Jugendalters der Uniklinik Eppendorf[15] aus dem Jahr 2016 sind 8,4 Prozent der männlichen 12- bis 25-Jährigen abhängig. Bei den Betroffenen schafft die exzessive Nutzung von Computerspielen massive Probleme im Alltag. Zum Vergleich: Nur 2,9 Prozent aller Mädchen und jungen Frauen sind süchtig.

Für die Untersuchung »Game over: Wie abhängig machen Computerspiele?« hat das Forsa-Institut 1531 Kinder und Heranwachsende im Alter von 12 bis 25 Jahren befragt. Erstmals wurde damit die Häufigkeit einer Computerspielabhängigkeit wissenschaftlich für Deutschland untersucht. Grundlage sind wissenschaftliche Kriterien aus den USA *(Internet Gaming Disorder Scale)*. »Nach der aktuellen DAK-Studie sind in der Altersgruppe der 12- bis 25-Jährigen 5,7 Prozent von einer Computerspielabhängigkeit betroffen«, sagt Rainer Thomasius, Leiter des Deutschen Zentrums für Suchtfragen des Kindes- und Jugendalters am Universitätsklinikum Hamburg-Eppendorf.

Nachdem die Eltern und Leonie sich neue Smartphone-Regeln gegeben haben, geht die Mutter noch einen Schritt weiter. Bei ihren Abendessen, zu denen sie liebend gern einlädt, fällt ihr nach ihrem Sommerurlaub auf, dass nicht nur die Generation Smartphone an der digitalen Nadel hängt. Nein, die Hälfte ihres Freundeskreises scheint Smartphone-süchtig zu sein. Statt das Lachstatar mit Orangenschnitzen zu genießen, springt Johann auf, um den Anruf eines Kunden anzunehmen. Petra liest unter dem Tisch, was ihr ihre Töchter schreiben. Davon hat Mama nun die Nase gestrichen voll. Vor jedem Dinner reicht sie kühl lächelnd ein Körbchen herum, in das alle Gäste ihr Handy legen sollen. In den Gesichtern liest sie Panik, aber jedes Mal erzählt sie von der smartphoneabhängigen Tochter aus der Bretagne – und das wirkt. Schließlich will niemand der Erwachsenen zugeben, nicht für ein paar Stunden auf das Gerät verzichten zu können.

Neulich hat sie Lydia erwischt, die sich offenbar mit einem Zweithandy ins Bad verdrückt hatte, um eine »dringende« Nachricht ihrer Tochter abzuhören. »Mensch, Mama, es ist keine Tiefkühlpizza mehr im Haus«, tönte es aus dem Badezimmer.

»Lydia? Hast du etwa heimlich ein Handy ins Bad geschmuggelt?«, rief Mama. Dann hörte man nur noch, wie Lydia vor Schreck ihr Handy in die Toilette plumpsen ließ.

Teil 3 // **Ausweg: Was Eltern tun können – und was sie lieber lassen sollten**

Reifung braucht Zeit
Ein Plädoyer für Auszeiten

Gap Year, Sabbatical, Auszeit. Deutschlands Schüler brauchen nach der Schule erst einmal eine Pause. Sie kümmern sich nicht die Bohne darum, dass die Verfechter des Turbo-Abiturs sie mit Warp-Geschwindigkeit durch Schule und Studium katapultieren wollten – und dann auf den Arbeitsmarkt. Je schneller jemand im Leben der Millennials auf Vorspulen drückt, desto langsamer werden sie. Die Mehrheit von ihnen, gerade mal 17 oder 18 Jahre alt nach dem Abitur, denkt nicht im Traum daran, früher mit dem Studium zu beginnen. Sie wollen nach der Schule erst einmal Party machen, überlegen, wie es weitergeht. Sie fühlen sich zu jung für eine Entscheidung und wählen instinktiv eine Auszeit.

56 Prozent planen zunächst ein Jahr Pause, die große Mehrheit von ihnen im Ausland. »Der Klassiker ist, erst mal ein paar Monate nach Australien zu fahren, weil da der Mindestlohn zwischen 18 und 21 Dollar liegt. Dann, wenn man genug Geld hat, ab nach Asien. Da ist alles billig, und man macht sich einen lauen Lenz«, sagt Luise, eine meiner Interviewpartnerinnen, frisch zurück aus Australien.

Nur knapp 44 Prozent aller künftigen Studenten wollen direkt nach dem Abitur an eine Hochschule. Zu diesem Ergebnis kommt eine repräsentative Umfrage des Trendence-Instituts unter 21 000 Schülern in Deutschland. »Wenn meine Freunde nach Australien reisen, fahre ich auch dorthin«, ist das Motto dieser reiselustigen Generation. Man trifft sich am

Strand von Bali, war schon mit 20 Jahren auf mindestens drei Kontinenten.

Ein Sabbatical nach dem Abi ist für die Mehrzahl der Schulabgänger gut investierte Zeit. Denn viele bekommen ihren Wunschstudienplatz ohnehin nicht sofort und sind für Bewerbungen um eine Ausbildung für den Herbst zu spät dran. Wer eine Lehre im August beginnen möchte, bewirbt sich ein halbes bis ein Jahr vorher. Natürlich gibt es aber auch zahlreiche Abiturienten, die aufgrund eines sehr guten Schnitts sofort an ihren Wunschstudienplatz kommen.

So etwa Annika aus Hamburg. Mit einem Abi von 1,1 bekommt sie ihren favorisierten Nachrückerplatz für Medizin an der Medizinischen Hochschule in Lübeck – ihr absoluter Traum. Zum Wohnungsuchen, Einrichten und Umziehen bleiben ihr exakt vier Wochen. Der Wohnungsmarkt in Lübeck ist da bereits fast leer gefegt. Ihre Mutter und sie mieten, was noch zu haben ist. Da sie erst Anfang Oktober 18 Jahre alt wird, darf sie noch nicht allein Auto fahren und organisiert einen Teil des Umzugs mit Bahn und Fahrrad. Zum Glück ist Annika gut organisiert und souverän. Sie braucht weder eine Auszeit noch große Unterstützung bei ihren Plänen. Schon in ihrer ersten Woche an der Uni überlegt sie, an welcher Klinik sie ihr Pflegepraktikum machen könnte. »Ich glaube, ich mache in den Wintersemesterferien mal zwei Monate, dann noch einmal einen Monat im Sommer. Man kann das ja auch splitten. Auf jeden Fall gehe ich nach Hamburg, vielleicht an die Uniklinik Eppendorf«, erzählt sie mir.

Das Gros der 18-Jährigen hat aber nicht die planerischen Fähigkeiten einer Annika, ebenso wenig wie ihren Abischnitt. Hier heißt es, erst einmal Erfahrungen zu sammeln. Dabei sitzen Eltern und Heranwachsende zwei Irrtümern auf. Irrtum Nummer 1: Im Ausland kann man nur gute Erfahrungen sammeln. Irrtum Nummer 2: Wenn man wiederkommt, weiß man automatisch, was man machen will. Das Plädoyer für Auszeiten bezieht sich daher auf solche, die vorab gut geplant werden, um in Australien nicht den Backpacker-Abzockern in den Working Hostels in die Hände zu fallen. Darüber hinaus sollte das Gap Year dafür genutzt werden, aus seiner Komfortzone herauszukommen, neue Erfahrungen zu sammeln und sich Zeit dafür zu nehmen, über die Zukunft nachzudenken. Es kommt also sehr darauf an, was jemand plant und mit wem.

DEUTSCHUNTERRICHT GEBEN IN KOLUMBIEN ODER WORK & TRAVEL IN NEUSEELAND?

Ein Sabbatjahr können sich Schüler heute à la carte aussuchen. Eine spezialisierte Industrie befasst sich inzwischen damit, Abgänger auf der ganzen Welt in den Orbit zu schicken, je nach individuellen Wünschen: Zur Auswahl stehen zum Beispiel ein Bildungsprojekt in Ghana mit der Organisation Weltwärts oder wahlweise Work & Travel in Australien und Neuseeland. »MyAuslandspraktikum« vermittelt ein Sozialpraktikum in England oder Irland mit Stipendium. Der American Field Service (AFS) bietet international Hilfsprojekte an, bei denen sich Jugendliche einbringen können. Deutsch unterrichten in Kolumbien? Mit AFS kein Problem: Die Reise wird gefördert, sodass der Aufenthalt mit einer freiwilligen Spende von rund 2000 bis 2500 Euro abgedeckt ist – inklusive Flug.

Wer nicht arbeiten möchte, kann auch eine Sprachreise unternehmen. Das geht einfach oder, wenn gewünscht, exklusiv. Ein Sprachenjahr in Cambridge bietet ein Luxusanbieter derzeit für knapp 18 000 Euro an. Au-pair-Stellen vermitteln spezielle Agenturen. Allerdings stehen diese bei Jugendlichen zurzeit nicht so hoch im Kurs. O-Ton einer 18-Jährigen: »Was bringt es mir denn, wenn ich auf Kinder von anderen Leuten aufpassen soll?«

Auf der anderen Seite lernt man die Sprache bei einer Reise nebenher, so wie Katharina aus München. Sie belegte erst ein paar Monate einen Sprachkurs in Spanien und reiste dann durch Südamerika, um die Sprache zu vertiefen und Abenteuer zu erleben. »Wenn du dich mit Spanisch durchschlagen musst, sprichst du es nach einer Zeit automatisch«, so Katharina.

INTERVIEW IN HANOI

Deutlich mehr en vogue sind Freiwilligenprojekte, wie sie zum Beispiel David erlebt hat. Der 18-jährige Hamburger hat 2017 sein Abitur gemacht und sich ein zweimonatiges Projekt mit Straßenkindern in Nepal ausgesucht. »Ich habe den Tag für die Kinder geplant, sie von der Schule abgeholt, mit ihnen Fußball gespielt und Hausaufgaben gemacht. Was man mit Kindern halt so unternimmt«, erzählt David, der von Timon, 19, im vietnamesischen Hanoi interviewt wird. Nach dem Projekt reist David durch Indien und Vietnam. In Hanoi lernt er neue Freunde kennen, da er dort zwei Monate am Stück bleibt.

Sowohl David als auch Timon, die sich aus der Schulzeit kennen, wissen zu Beginn der Reise nicht, was sie später studieren wollen. Sie verbringen viel Zeit mit Herumreisen, Sich-treiben-Lassen, Nachdenken und Gesprächen mit anderen Travellern. Äußerst kritisch sieht Timon das, was er auf seiner Reise durch Vietnam in einigen Hostels erlebt hat. »In einer von uns ›Kiffer Hostel‹ genannten Jugendherberge gab es sehr billig Cannabis zu kaufen. Ein Gramm kostet dort einen Euro, in Deutschland zehn. Das reicht für drei Joints. Alle haben dort gekifft – ich selbst nicht. Einige haben drei bis zehn Joints am Tag geraucht, weil es so billig war und sie den ganzen Tag high sein wollten. Damit hatte ich ein Problem.« Timon berichtet, dass ein Freund von David, der zu den Hostelkiffern gehört, dort hängen geblieben sei. »Er wollte im Frühjahr schon weiterreisen, ist aber immer noch am selben Ort«, erzählt er mir.

Seine Reise führte ihn mit einem Around-the-world-Ticket nach Australien und Asien. Das Ticket ermöglichte es ihm, mit ein paar Stopps die ganze Welt zu bereisen. Kostenpunkt: 1800 Euro. Von Australien berichtete er zur Erheiterung seiner Familie via Facetime, dass die Überlandbusse voller deutscher Backpacker seien, die auf der Suche nach dem Abenteuer und sich selbst durch die Gegend reisen. »Man hat das Gefühl, die Hälfte aller deutschen Abiturienten ist hier runtergeflogen«, so Timon. Eine Art Malle für Schulabgänger. In Asien allerdings gäbe es kaum Deutsche.

Während David sich für Sozialpädagogik interessiert, liebäugelt Timon mit Jura. Sein Onkel ist Anwalt, seine Tante Richterin. Nach der Reise steht fest, er wird sich für Jura bewerben. Er fährt mit seinem Vater nach Göttingen und schaut sich Stadt und Uni an. Timon bewirbt sich ebenfalls in Hamburg, Heidelberg und Berlin. Prompt bekommt er einen Platz an der juristischen Fakultät in Göttingen. Im Oktober 2018 zieht er in die Studentenstadt und startet mit dem ersten Semester. Jetzt ist er froh, seine Reise nach Australien und Asien gemacht zu haben, denn der Alltag an der Uni ist hart.

In den ersten Wochen muss man erst mal trinkfest sein. »Beer Pong« heißt das Trinkspiel, das in den Kennenlerntagen ansteht. Organisiert von der Fachschaft oder den politischen studentischen Vereinigungen, soll es aus Fremden eine Gruppe von Freunden machen. Nach der Kennenlernwoche (»viel Bier, wenig Schlaf«) beginnen die Vorlesungen häufig um acht Uhr morgens. 23 Stunden Vorlesung hat er im ersten Semester. Doch sein Akku ist voll, aufgeladen am Strand der Fidschi-Inseln. Von den exotischen Eindrücken kann er nun lange zehren.

SPRING BREAK FEELING IN ASIEN

Ganz anders sind die Erfahrungen bei einem Gap Year als All-inclusive-Version. Sie ähnelt einer Kreuzfahrt: Zu Beginn muss nur die Route und die Kabinenkategorie festgelegt werden, der Rest wird organisiert. Dabei ergibt sich wie von selbst, dass sich am Zielort, etwa einem Partystrand auf Bali, lauter Gleichaltrige tummeln. Schnell noch per Instagram ein paar Freundinnen herlotsen – »#Strandpartyalarm. Hier ist es mega, kommt her.«

Solche Erfahrungen macht die 19-jährige Clara aus Essen. Sie hat die Adressen der einschlägigen Partystrände im Gepäck. Nach einer Woche trudelt ihre beste Freundin Esra aus der Schule ein. Party pur. Nur Einheimische haben beide nie kennengelernt. Unter Abiturienten haben sich die Locations der Beach-Partys in Asien überall herumgesprochen. Was sie erwartet, wenn sie dorthin reisen, sind Hotspots voller deutscher Abiturienten. Überall trifft man auf Gleichgesinnte. Es macht sich ein Spring-Break-Feeling breit, das man bislang aus den Urlaubsorten der US-Studenten in Florida oder Mexiko kannte. Im März und April *(spring break)* machen sich Tausende amerikanischer Studenten auf den Weg nach Florida oder auch Cancún, um dort die Sau rauszulassen.

Das Programm »Totale Eskalation« ist definitiv auch bei deutschen Heranwachsenden angesagt. Das erste Mal kommen Jugendliche auf ihrer Abireise damit in Kontakt. Nur: Statt Tequila gibt es stets das ortsübliche Getränk. So schildert Zorah aus Berlin, 18 Jahre, wie ihr Aufenthalt in Calella an der Costa Brava sie nachhaltig enttäuscht hat. Sie war mit der Klasse nach Spanien gefahren, um das bestandene Abi zu feiern.

»Schon zu Beginn dämmerte uns, was die Gruppe in dieser Woche erwarten würde. Denn obwohl es erst Mittag war, brachten unsere Betreuer zur ersten Besprechung Sangria bis zum Abwinken mit. Dann erklärten sie uns, dass Kiffen, öffentlicher Sex und Trinken zwar verboten seien; wenn man aber ein paar Regeln beachte, könne man es trotzdem wagen. Es käme hauptsächlich darauf an, sich nicht erwischen zu lassen. Wie das geht, verrieten dann ihre praktischen Tipps. Ich war total baff. Danach bekamen alle eine VIP-Karte geschenkt, die uns Zutritt zu sämtlichen Klubs und Bars in dem Ort verschaffte. Auf der Straße sprachen alle Deutsch. Jemanden auf Spanisch nach der Uhrzeit zu fragen, wäre total sinnlos gewesen. Selbst im Supermarkt konnte man erkennen, welche Klientel hier verkehrt: Alkohol und Tiefkühlessen waren billig, den Rest gab es zu Standardpreisen. Hier war alles auf die Abiturienten vorbereitet, die sich die Kante geben wollen. Ich würde nie wieder freiwillig nach Calella fahren. Spanier nennen den Ort *Calella la alemana*, ›Calella der Deutschen‹.«

Zorah hätte sich für ihre Abifahrt etwas mit mehr Stil vorgestellt.

Reisen bildet. Aber eben nicht immer. Die »Man-spricht-Deutsch-Hotels« in Asien vermitteln dem Post-Abi-Touristen, dass er sich eben nicht anstrengen muss in der Fremde. Alles läuft wie beim Thailänder in Castrop-Rauxel, nur das Essen ist ein bis zwei Chilischoten schärfer. Wer monatelang eine Art Calella-Feeling in Asiens Partyhochburgen mitnimmt, erlebt nichts von den Herausforderungen, mit denen David und Timon auf ihrer Asienfahrt konfrontiert wurden: Verständigungsprobleme, eine andere Kultur, fremdes Essen, fremde Menschen, die permanente Suche nach einem neuen Hostel.

Ob ein Heranwachsender nun die Rucksack-Variante oder die All-inclusive-Version mit Flatrate-Saufen bucht, macht den entscheidenden Unterschied im Gap Year. Denn schon die individuelle Vorbereitung ist ein Prozess, bei dem der eine etwas lernt, der andere nur auf Knopfdruck bucht. »Sich selbst ein Hostel zu besorgen, zu überlegen, wo man wann hinreist und was man den ganzen Tag dort tut, ist ganz schön anspruchsvoll«, weiß Timon. Lucas, der ebenfalls in Australien war, bestätigt das. »Es geht darum, dass du improvisieren musst, dass du schauen musst, wie du auch aus Notsituationen wieder herauskommst«, so der 20-jährige Lüneburger Student.

»Ich bin einmal in eine Situation geraten, wo mein Auto, das ich mir gerade für 1000 Dollar für eine Fahrt von der Westküste Australiens nach Osten besorgt hatte, mitten in der Wüste stecken blieb. Motorschaden. Der Abschleppdienst hat mich dann abgezockt und 4000 Dollar verlangt. Aber was sollte ich in der Wüste auch machen? Das war alternativlos. Mein ganzes Geld, das ich für die Reise nach Osten verdient hatte, war damit verbraten. Ich habe bei einem Hostel im Dreck gezeltet und drei Tage an der Straße gestanden, bis mich einer in die nächste, zehn Stunden entfernte Stadt mitgenommen hat. Das war zwar ätzend, aber irgendwie auch die beste Zeit«, so Lucas. »Denn ich habe es geschafft, da selbst herauszukommen.«

Vorsicht ist auch geboten in den sogenannten Working Hostels. Die 19-jährige Berlinerin Luise, die demnächst Architektur studieren möchte, erzählt: »Viele Farmen in Australien arbeiten mit Working Hostels zusammen. Du bekommst nur einen Job auf der Farm, wenn du in dem überteuerten Hostel buchst. Einmal habe ich 700 Dollar pro Woche für die Unterkunft bezahlen müssen. Da es aber weit und breit nur diese eine große Mandarinenfarm gab, musste ich das Angebot annehmen. Blöderweise hat es dann an einem Morgen ein ganz kleines bisschen geregnet, und wir wurden angewiesen, nicht zu pflücken. Die Mandarinen würden sonst platzen, hieß es. Dabei war der Regen schnell vorbei. Nach drei Stunden, in denen alle Backpacker unter dem Baum gewartet hatten, wurden wir dann nach Hause geschickt. Wir haben an dem Tag nichts verdient, aber 100 Dollar Übernachtungskosten bezahlt. Solche Abzocke gibt es bei den Farmen häufig. Sie versuchen so, unter den Mindestlohn zu kommen, der ja in Australien vorgeschrieben ist.«

Auch Lucas weiß eine Story zu berichten, wie eine Farm »kreativ« den Mindestlohn unterwandert hat. »In einem Hostel habe ich mir unter anderem mit einem Franzosen ein Zimmer geteilt, ein Mann, der vorher beim Militär gearbeitet hat, total durchtrainiert und hart im Nehmen. Man wurde auf der Erdbeerfarm nicht nach Stunden, sondern nach Eimern bezahlt – fünf Dollar pro Eimer. Okay, dachte der Mann, das geht in Ordnung. Dann hat man ihm aber eine Art Regentonne als »Eimer« in die Hand gedrückt. Ich sah, wie der Mann ranklotzte, um genug zu verdienen. So viele Erdbeeren hat da zehn Jahre lang keiner mehr gepflückt. Ich selbst habe einmal einen Job hingeschmissen, bei dem ich ein Schiff renoviert habe. Es ging darum, es innen mit einem ätzenden Lack zu streichen. Der Job war sehr gut bezahlt, wie alle Baujobs. Das sind die bestbezahlten in Australien. Man musste aber immer so lange streichen, bis man fast kollabiert ist von den ätzenden Dämpfen. Dann durfte man kurz draußen nach Luft schnappen.«

Luise weiß von Mädchen in Melbourne, die auf einer beliebten Webseite, bei der unter anderem die Backpacker Jobs suchen, ihr Profil hinterlassen haben. Dann erhielten sie eindeutige Angebote von älteren Herren, die nach sexuellen Dienstleistungen Ausschau hielten. »Ein paar Mädchen sind darauf eingegangen, weil sie so pleite waren«, meint Luise.

COCKTAIL AUS PRAKTIKUM, CHILLEN UND GRÜBELN

Neben dem Reisen gibt es weitere Möglichkeiten, das Jahr Auszeit zu gestalten. Die Mischung aus Chillen, von den Eltern gecasteten Praktika und dem Versuch, sich in einem Studium auf Probe zu sammeln, sind dabei eine besonders gut gebuchte Variante. Wie bei Lotte.

Den ersten Schock erlebt Lotte im Abitur. Schon immer hat sie Mathe nicht so gern gemocht, doch mit ihrem Durchfallen bei der Prüfung hatte die 19-jährige Schülerin aus Bayern nicht gerechnet. In der Nachprüfung schafft sie die Hürde, doch der Schreck hinterlässt bei ihr eine wabernde Energielosigkeit. »Ich habe meinen Eltern klipp und klar gesagt, dass ich mir ein Jahr freinehme«, sagt sie. Offenbar hat nicht nur Lotte einen Schock erlitten. Auch die Eltern sind vor Angst erstarrt, als sie fürchteten, ihre Tochter könnte durchs Abi rasseln. Nach den Prüfungen räumen sie ihr erst mal viel Zeit zum Ausruhen ein, vor allem weil sie selbst ganz erschöpft sind.

Nach ein paar Monaten Nichtstun, in denen Lotte keine Femtosekunde daran denkt, einen konkreten Plan zu entwerfen, sehen die Erziehungsberechtigten Handlungsbedarf – sie fühlen sich in diesem Moment auch ein bisschen als Erziehungsverpflichtete. Gammeln, das haben sie auch schon beim Sohn der Nachbarn gesehen, führt geradewegs in … Na ja, nirgendwohin. Deswegen schlägt die Mutter vor, Lotte solle sich eine Praktikumsidee überlegen. Eines Morgens eröffnet Lotte ihr, sie wolle ans Theater. Immerhin eine Idee, denkt sich Mama und ruft ihre Schwester an.

Diese ist Kostümbildnerin an einem großen Theater. Tante Carola zaubert einen Hospitantenplatz aus dem Hut, und im September zieht Lotte für zweieinhalb Monate nach Norddeutschland. Für das Stück »Geschichten aus dem Wienerwald« benötigt das Ensemble Unterstützung in der Kostümbildnerei. Doch der Funke springt nicht über. Carola beobachtet ihre Nichte und erkennt wie diese, dass sie sich schwertut. Sie ist in der neuen Umgebung unsicher. Doch sie sieht auch die große Begeisterung bei Lotte für das Theater – für das Stück, die Schauspieler, das Geschehen auf und hinter der Bühne. Lottes Augen leuchten, wann immer sie die Kostümbildnerei verlässt und mit den neuen Kollegen ins Gespräch kommt. Nach der Hospitanz steht für Lotte fest: Theater ja, Kostüme nein. Am Ende gibt ihr die Tante noch etwas mit auf den Weg: »Die Dramaturgie wäre doch etwas für dich. Du arbeitest doch gerne mit Texten.«

UNSICHERHEIT LÄHMT

Wie Tausende Abgänger, die über ihre Zukunft grübeln, zweifelt auch Lotte konsequent weiter an sich. Zurück in München, traut sie sich nicht, eine Theaterlaufbahn anzusteuern. Es scheint ihr zu unsicher. Sie ist jetzt 19 Jahre alt und weiß auch nicht, wie sie es einfädeln sollte. Deswegen denkt sie zunächst pragmatisch und zieht wieder zu Hause ein – zurück auf Los. Lotte wird zum Bumerang-Kid. Wie auch nach dem Abi zieht sie keine Ereigniskarte. Allerdings spielen nun die Eltern ihr Kreuzass unter den Erzieherkarten aus: Sie sind dann mit der fortlaufenden Auszeit einverstanden, wenn sie ab sofort einen Großteil ihres Unterhalts selber verdient. Vorübergehende Aushilfsjobs gibt es en masse. In einem Gespräch mit der 21-jährigen Interviewerin Katharina aus München erzählt sie, was sie in der Zeit des Nachdenkens erlebt hat.

Katharina: »Du hast dich also durchgejobbt?

Lotte: »Ich habe in der Fabrik Sachen eingepackt, Schokolade auf dem Weihnachtsmarkt verkauft, auf Messen gearbeitet, im Büro Rechnungen sortiert. Eigentlich war ich überall. Das hat total Spaß gemacht.«

Katharina: »Hast du dabei daran gedacht, was du in Zukunft mal machen willst?«

Lotte: »Nein. Wenn ich mit der Arbeit fertig war, bin ich in die Stadt gegangen, habe Freunde getroffen.«

Katharina: »Hattest du in der Zeit eine Art Sinnkrise?«

Lotte: »Ich habe nichts gemacht, was mich gefordert oder weitergebracht hätte. Das hat mir schwer zu schaffen gemacht. Ich habe einfach abgeschaltet, weil ich nicht wusste, wohin ich sollte. Ich habe meinen Wunsch, etwas mit Theater zu machen, unterdrückt. Ich habe einfach nur im Hier und Jetzt gelebt.«

Katharina: »Wie alt warst du da?«

Lotte: »19 Jahre. Meine Eltern haben immer wieder gefragt,

wie meine Pläne aussehen. Ich wollte aber keine Entscheidung für mein ganzes Leben treffen. Ich habe ihnen gesagt, dass ich *nichts* machen will. Nichts passt zu mir. Da gab es viele Tränen.«

Katharina: »Und dann kam dein Vater mit einer guten Idee.«

Lotte: »Er hat gesagt: ›Lotte, setz dich mal hin und denk über dich nach. Erstelle eine Liste mit dem, was du kannst, was du willst, was deine Stärken und was deine Schwächen sind.‹ Großkotzig und arrogant, wie man in dem Alter ist, habe ich zu ihm gesagt, dass ich das doch schon alles wüsste. Da wurde er ganz ruhig und hat gesagt: ›Na gut, Lotte. Dann erzähl mir das mal.‹ Das konnte ich aber nicht. Da hat er mich gefragt: ›Was willst du eigentlich? Es reicht nicht, einen Großteil von Werdegängen einfach auszuschließen.‹«

Katharina: »Womit er ja recht hat.«

Lotte: »Wochenlang habe ich über das Gespräch mit meinem Vater nachgedacht. Dann habe ich tatsächlich ein Blatt Papier genommen und es vor mich hingelegt. Ich habe eine Stunde vor dem leeren Blatt verharrt. Mir fiel nichts ein. Dann habe ich etwas aufgeschrieben und bin damit zu meinen Eltern gegangen. Auch wenn mir der Schritt sehr schwergefallen ist. Wir haben dann darüber gesprochen, was ich geschrieben hatte.«

Katharina: »Und? Was kam aus dem Gespräch heraus?«

Lotte: »Es war klar, dass ich nicht in die naturwissenschaftliche Richtung gehe. Ich habe aufgeschrieben, dass ich gut kommunizieren und organisieren kann, dass ich mich für Politik, Geschichte und Medien interessiere. Plötzlich fiel mir auch wieder ein, wie gut es mir am Theater gefallen hat. Dieser Spur bin ich dann nachgegangen und habe mal im Internet geschaut, welche Studiengänge dazu passen. So kam ich auf Theaterwissenschaft oder Medien-, Film- und TV-Produktion.«

Katharina: »Hat Theaterwissenschaft nicht einen hohen Numerus clausus?«

Lotte: »Ja. Es war schnell klar, dass ich mit meinem Abi von 2,7 für dieses Fach ins Ausland gehen muss, um zu studieren. In dem Jahr, in dem ich anfangen wollte, gab es einen NC von ungefähr 1,7. Da hätte ich in Deutschland hundert Jahre warten müssen. Ich hatte auch meine Favoritenstädte, zum Beispiel Berlin. Ich fand es gruselig, in eine kleine Stadt gehen zu müssen, etwa nach Göttingen. Aber ich hatte ja schon eineinhalb Jahre vertan und wollte nun endlich losstarten.«

Katharina: »Was hast du dann gemacht?«

Lotte: »Ich habe einen Studiengang gefunden, der mich interessiert hat. An die Hochschule für Film-, TV- und Medienproduktion in Wien. Die hatte jedoch einen Aufnahmetest. Ich bin also kurzerhand mit meinem Freund nach Wien gezogen und habe für den Test gelernt.«

Katharina: »Wie? Du bist ernsthaft ohne Studienplatz nach Wien gezogen?«

Lotte: »Ja, weil ich da unbedingt hinwollte. Aber von den zweihundert Leuten, die den Test gemacht haben, sind nur gefühlt zehn genommen worden. Also Plan B, dachte ich und habe mich für Theaterwissenschaft an der Universität Wien eingeschrieben.«

Katharina: »Und da hat's gefunkt?«

Lotte: »Na ja. Das Studium ist zwar wahnsinnig wissenschaftlich, aber ich gleiche das mit Praktika aus. Ich will das jetzt unbedingt durchziehen. Ich bin jetzt im fünften Semester. Zwei Sommer lang habe ich als Produktionsassistentin bei den Salzburger Festspielen gearbeitet. Ich bin total im Studium angekommen, auch wenn ich manchmal Zweifel habe und mich frage: Was machst du eigentlich? Ich kämpfe mich da jetzt durch.«

DER WEG IST DAS ZIEL

Der Entwicklungsprozess bis hin zu einer passenden Laufbahn kann über viele Stationen erfolgen und Zeit in Anspruch nehmen. Denn es ist ja nicht nur die Laufbahn, die die Heranwachsenden in dieser Zeit beschäftigt. Die erste Liebe, vielleicht der erste Sex, Eifersucht und Beziehungsdramen fallen ebenfalls in diese Zeit. Dabei erweisen sich gerade die scheinbaren Umwege als wichtige Eckpfeiler für eine Entscheidung. Lotte erkennt beim Praktikum in der Kostümbildnerei, dass sie eine Leidenschaft für das Theater hat, auch wenn das Arbeiten mit den Kostümen nichts für sie war. Beim Jobben wird ihr klar, dass das praktische Arbeiten ihr Spaß macht, sie aber nicht weiterbringt oder fordert. Sie beschließt, parallel zum Studium immer auch etwas Praktisches zu arbeiten. Die Salzburger Festspiele sind dabei der Sechser im Lotto.

Lernprozesse lassen sich nicht einfach verkürzen. Die Auszeit gibt einem jungen Menschen die Möglichkeit, Berufsfelder auszuprobieren, vor allem sich selbst auszuprobieren, langsam zu reifen und über den Tellerrand hinauszuschauen. Im Theater spürte Lotte den Flow. »Mich mit den Inhalten zu beschäftigen, ist ganz mein Ding«, erzählt sie. Die Mischung aus Herausforderung und Lernen, die zu einem nachhaltigen Glücksgefühl führt, ist ein klares Zeichen dafür, dass man seinen passenden Bereich gefunden hat. Dabei hat Lotte entdeckt, dass die Kombination aus Theaterwissenschaft und den Praktika bei den Salzburger Festspielen, Theorie verknüpft mit Arbeitserfahrung im passenden Umfeld, genau das ist, wonach sie monatelang gesucht hat.

Entscheidend war das Gespräch mit dem Vater, der sie zur Selbstreflexion ermuntert hat. Solche Gespräche sind der Schlüssel zu interessanten neuen Ideen. Dennoch sind diese Gespräche eher selten. Denn die Eltern wissen nicht, was die

Kinder wollen, und die Heranwachsenden finden das Gespräch unangenehm. Zum einen verdrängen sie selbst, dass sie keinen Plan haben, zum anderen machen die Eltern ihnen womöglich zu viel Druck, sich endlich zu entscheiden. Was genau die richtige Mixtur aus sanftem Impuls, Erwartungen und langer Leine ist, hängt ganz von der Persönlichkeit ab und davon, wo jemand in der Entwicklung steht.

Charlotte, 19 Jahre, weiß bei Antritt ihrer Reise nach Kolumbien auch noch nicht, was sie später einmal machen soll. Das Mädchen aus Berlin hat einen Abischnitt von 2,2 und interessiert sich im weitesten Sinn für Wirtschaft. Nach Sogamoso, einem kleinen Städtchen in der Region Boyaca in Kolumbien, reist sie mit AFS (American Field Service). Die Organisation, die auch viele Schüleraustausche organisiert, stellt für ihr Jahr die Kosten des Aufenthalts und eine Gastfamilie zur Verfügung, inklusive Flug. Dafür verpflichtet sie sich, als Assistenzlehrerin an einer Schule Englisch zu unterrichten. Erwartet wird ebenfalls eine Spende in Höhe von etwa 2000 bis 2500 Euro an die Organisation.

»Ich hatte Glück mit meiner Familie, denn dort hatte ich zwei Brüder, 21 und 27 Jahre alt, mit denen ich sehr viel unternommen habe«, erzählt die junge Frau. So lernt sie auch schnell die Sprache. »In dem Jahr bin ich persönlich weitergekommen. Ich kann mich jetzt viel unabhängiger entscheiden, was ich machen möchte«, sagt sie, als sie von der Reise wieder zurückkommt. Sie zieht von zu Hause aus und beginnt ihr Studium der VWL an der Technischen Universität in Berlin. Wenn ich mit ihr rede, wirkt es, als spräche ich mit einer 25-Jährigen, die kurz vor Studienende steht. Selbstbewusst, gut organisiert, dynamisch stürmt sie ins Leben. »Jetzt muss ich erst mal gucken, was alles noch fehlt in der Wohnung«, kürzt sie das Gespräch ab. Danach muss sie für eine Klausur lernen. VWL, das bedeutet viel Mathe. Erst Mitte Oktober und schon Klausuren. Manchmal verstehe ich den Druck nicht, den die Unis machen. Hätte ich damals ein einziges Semester an meiner Uni Heidelberg überlebt, wenn die Prüfungen schon angefangen hätten, noch bevor ich einen Wasserkocher kaufen konnte?

Auf dem Prüfstand
Der ehrliche Check der elterlichen Erwartungen

Keine Frage: Eltern wollen nur das Beste für ihre Kinder. Sie hoffen und bangen mit ihnen, lenken sie durch das Leben. Sie halten sie davon ab, aus der Kurve zu fliegen. Sie geben ihnen erreichbare Ziele vor und vermitteln bestimmte Werte, indem sie etwa Schulen für sie aussuchen, sie mit Menschen zusammenbringen oder sie zum Fußball anmelden. Dabei erwachsen bei den Eltern mit der Zeit Vorstellungen davon, wie die Zukunft des Kindes aussehen könnte. Dies gilt besonders für den Übergang von der Schule in das Berufsleben, denn hier werden wichtige Weichenstellungen vorgenommen.

In diesem Kapitel geht es um Erwartungen, ausgesprochene wie unausgesprochene, offensichtliche und verborgene. Denn diese haben einen erheblichen Einfluss auf das Denken, Fühlen und Handeln der Kinder. Anders als die Generation der Babyboomer, denen die Wünsche der Eltern zwar wichtig, aber nicht alles entscheidend waren, orientieren sich heutige Jugendliche sehr an der beruflichen Laufbahn und den beruflichen Erwartungen ihren Altvorderen. In ausnahmslos allen Gesprächen, die meine Interviewer oder ich selbst mit den Beteiligten geführt habe, war es den Befragten äußerst wichtig, was ihre Eltern zu ihrem Ausbildungsweg und ihrer Berufswahl denken. Nicht alle hielten sich jedoch an das, was die Eltern ihnen mit auf den Weg gaben – sei es der Wunsch, »etwas Vernünftiges zu studieren«, in die »Fußstapfen des Vaters oder der Mutter zu treten« oder auf keinen Fall Richtung »brotlose Kunst« zu steuern.

Die Welt ist komplexer geworden, die Zukunft unsicher, zumindest in der Vorstellung der Generation, die jetzt ins Leben startet. Die Basis zu Hause spielt daher eine wesentliche Rolle für sie. Das liegt zum einen daran, dass das Verhältnis zwischen Kindern und Eltern häufig von einer freundschaftlichen Beziehung geprägt ist. Man spielt im selben Team. Die Baby-Boomer hatten noch Eltern, die nicht ihre Freunde sein wollten. Sie waren allerdings auch nicht besonders autoritär wie ihre Großeltern. Diese regierten noch mit Strenge, machten klare Vorgaben, welchen Weg ihre Kinder einzuschlagen hatten.

Heute tragen Töchter und Mütter manchmal Partnerlook, Männern Mitte bis Ende vierzig schloddern lässige Jeans um die Taille, die hippen Sneaker der Väter signalisieren: »Ich bin jung. Zumindest fühle ich mich so.« Natürlich hat sich meine Tochter hin und wieder ein Stück aus meinem Schrank geliehen, als sie noch zu Hause wohnte. Aber ich doch nicht aus *ihrem*.

18-Jährige sind, wie in Teil II dieses Buches beschrieben, weniger reif als noch vor dreißig bis vierzig Jahren. Die Eltern, die ihnen bislang den Weg geebnet haben, mischen auch bei der beruflichen Orientierung mit, vor allem wenn sie diese finanzieren. Gap Year in Asien? Die Wahrscheinlichkeit, dass dies mit der Kreditkarte der Eltern passiert, ist recht hoch. Einige Jugendliche sparen auf das Jahr im Ausland, die meisten verdienen sich Geld in Australien oder suchen einen Weg mit einer Freiwilligenorganisation, welche die Kosten des Gap Year deckt.

Andere verlassen sich darauf, dass die Eltern sie weiter unterstützen oder zumindest einen Teil ihrer monatlichen Kosten tragen. Bei kostspieligen Studien im In- und Ausland, wie zum Beispiel dem Medizin- oder Psychologiestudium an einer der privaten Hochschulen, müssen die Eltern von dem Studienwunsch der Kinder äußerst überzeugt sein. Denn wer zahlt schon Tausende Euro für eine Ausbildung, die er für Humbug hält? Und natürlich sind sie enttäuscht, wie Stefan, dessen Sohn in Budapest Medizin studiert hat, aber zweimal durch sein Physikum rasselte. Rund 70 000 Euro in den Sand gesetzt.

VORSICHT VOR ERWARTUNGSFALLEN

An dieser Stelle kommen die Erwartungen ins Spiel. Eltern wollen, dass ihr Kind eine solide Grundlage für das Leben aufbaut, dass es ihm finanziell einmal gut geht und es einen Beruf hat, der ihm Spaß macht und eine gute Stellung in der Gesellschaft verschafft – je nachdem, welche Werte die Eltern vertreten. Dabei können sie in verschiedene Erwartungsfallen tappen, die auf falschen Vorstellungen beruhen. Das geht schon in der Schule los. Ziel dieses Kapitels ist, die Erwartungen zu hinterfragen, sich damit auseinanderzusetzen, ob sie auf soliden Annahmen gründen. Es ist nur ein kleiner Denkanstoß, hinter dem große Themen wie das eigene Wertesystem, eigene Erfahrungen oder die Ansichten über die Zukunft stecken.

ERWARTUNGSFALLE NUMMER 1: ABITUR UM JEDEN PREIS

Der erste dringende Wunsch vieler Eltern ist, dass ihre Kinder Abitur machen. Eine ganz einfache Erwartung, fast schon eine Selbstverständlichkeit. Und nun wird das Einfache kompliziert. Denn bei uns in Deutschland erliegen viele Menschen einem weitverbreiteten Irrtum. »Dieser besteht in der Annahme, dass das Abitur immer besser sei als ein Mittelschulabschluss, ein Studium stets besser als eine Ausbildung«, sagt Bildungsforscher Rainer Bölling aus Düsseldorf. Bölling sowie der Philosoph Julian Nida-Rümelin und andere haben in den letzten Jahren den Akademisierungswahn unserer Gesellschaft hinterfragt.

Rainer Bölling erklärt: »Die Idee, dass möglichst viele Schüler Abitur machen sollen, hat die OECD in die Welt gebracht. Sie basiert auf falschen Einschätzungen. In den USA haben Experten behauptet, dass eine Gesellschaft mit möglichst vielen Abiturienten eine größere Wirtschaftskraft entfalte. Dabei bezogen sie sich jedoch auf das US-System der Highschoolabschlüsse, die mit dem deutschen Abitur nicht zu vergleichen sind. Ein Highschoolabschluss ist vergleichsweise einfacher zu bestehen und stellt eben nicht die Hochschulreife unter Beweis. Es ist ein Abschluss für viele, nicht für die Leistungsstärksten eines Jahrgangs.«

Dass Länder mit einer hohen Abiturientenquote über eine stärkere Wirtschaftskraft verfügen, ist längt widerlegt worden. In Frankreich, so Bölling, absolviert seit Mitte der Achtzigerjahre ein Großteil eines Jahrgangs das Abitur, da dies politisch so gewollt ist. Der sozialistische Erziehungsminister Chevènement setzte dem Land 1985 das Ziel, dass 80 Prozent der Schüler Abitur machen sollten. 2018 wurde diese Marke erreicht. Viele strömen dann an die hoffnungslos überfüllten Universitäten und scheitern dort.

Laut einer Untersuchung brachen ein Drittel der Erstsemester, die 2007 angefangen hatten, nach einem Jahr das Studium wieder ab. Nur 39 Prozent, so Bölling, schafften nach drei bis vier Jahren den Abschluss. Gleichzeitig liegt Frankreichs Wirtschaft seit Jahren am Boden. Im Herbst 2018 flutete eine Welle der Gewalt durch Paris, Autos wurden in Brand gesetzt, der Triumphbogen beschädigt. Die protestierenden Gelbwesten, Menschen der unteren Mittelschicht, wollen die Regierung von Macron zum Rücktritt zwingen. Der war jedoch angetreten, um längst überfällige Reformen durchzusetzen. Schon lange liegt in Frankreich die Quote der erwerbslosen 15- bis 24-Jährigen meist über 20 Prozent, im Jahr 2018 bei 20,4.

Auch Italien, wo rund 90 Prozent aller Schüler Abitur machen, leidet an einer desolaten Wirtschaft mit einer dramatischen Verschuldung. Das Land taumelt von einer Wirtschafts-

und Regierungskrise in die nächste. In Süditalien findet jeder zweite Jugendliche zwischen 15 und 24 Jahren keine Arbeit, jeder dritte ist langzeitarbeitslos. Im Norden hat jeder vierte keine Stelle, jeder zehnte seit mehr als einem Jahr.

Noch 2008 war die Jugendarbeitslosigkeit in Italien halb so hoch. Die Finanz- und Wirtschaftskrise hat das Land härter getroffen als andere Staaten.[16] Denn auch in Italien eröffnet das Abitur nicht gleich eine Chance auf einen Job oder ein gutes Studium. Bis heute gibt es kein duales System in Italien, einen Uni-Abschluss mit dem Bachelor schaffen nur 38 Prozent. 30 Prozent aller Bachelor-Studenten brechen nach vier Jahren ihr Studium wieder ab. Diese Misere dauert schon lange an, hat sich nach 2008 noch verschärft und treibt junge Italiener aus dem Land.

Noch desaströser ergeht es jungen Menschen in Spanien. Dort begannen 2012 45 Prozent der Schüler ein Studium. Die Arbeitslosigkeit unter den Jugendlichen erreicht in Europa Spitzenwerte, sie liegt bei 33,4 Prozent (2018). Nur Griechenland kann dies toppen. Das Land führt die traurige EU-Statistik der Perspektivlosigkeit mit 39,7 Prozent Jugendarbeitslosigkeit an.

All diesen Mittelmeerländern ist gemein, dass sie im Gegensatz zu Deutschland, Österreich und der Schweiz über kein duales System verfügen, das eine Ausbildung mit begleitender Berufsschule vorsieht. In Deutschland, wo im Jahr 2018 durchschnittlich rund 41 Prozent aller Schüler Abitur machen, geht es Firmen und Arbeitnehmern so gut wie nie zuvor. Mit nur 6,1 Prozent beschäftigungslosen jungen Menschen steht die Jugendarbeitslosigkeit auf ihrem niedrigsten Stand, Deutschland bildet damit das rühmliche Schlusslicht in der europäischen Jugendarbeitslosigkeitsstatistik. Die Annahme, eine hohe Abiturquote ginge mit einer starken Wirtschaft einher, ist schlichtweg falsch. Österreich hat rund neun Prozent Jugendarbeitslosigkeit und liegt damit weit unter dem EU-Schnitt. Die

Schweiz zählt zu den Ländern mit Vollbeschäftigung, unter den 15- bis 24-Jährigen waren im Oktober 2018 2,4 Prozent arbeitslos gemeldet.[17]

Dennoch sind viele Eltern fest davon überzeugt, nur das Abitur verschaffe ihrem Nachwuchs einen Turbostart ins Berufsleben. Da wird gezetert und gezittert, geschimpft und gebetet und sehr viel Geld in Nachhilfe gesteckt. Sollten früher nur die leistungsstarken Kinder ins Gymnasium, also etwa 20 Prozent eines Jahrgangs, erwarten Eltern heute auch von ihren durchschnittlich begabten Söhnen und Töchtern, dass sie – koste es, was es wolle – über die Abi-Hürde springen. Dabei gilt: »Hauptsache, bestanden, wenn auch mit Arsch über Latte«, wie mir eine Abiturientin verriet.

»Mit dem Anstieg der Abiturquote geht seit Jahren eine Verbesserung der Noten einher, die schon inflationären Charakter angenommen hat«, erläutert Bölling das deutsche Abi-Wunder. Das bedeutet: Deutschlands Schüler sind nicht cleverer geworden. Vielmehr ist es heute leichter, die Abschlussprüfung zu bestehen. Auch die Noten sind in den meisten Bundesländern besser geworden. Lag die Durchschnittsnote, die die Kultusministerkonferenz jedes Jahr erhebt, 1990 in Berlin bei 2,7, liegt sie heute bei 2,39. In Bayern lag sie 1990 bei 2,42, heute bei 2,32. In Hessen hat sich in den Jahrzehnten allerdings nichts verändert. 1990 wie heute liegt der Notendurchschnitt im Abi bei 2,4.[18]

STADT, LAND, FLUSS

Der Run auf das Abitur gilt nicht für alle Regionen gleichermaßen. Es existieren sehr große Unterschiede. Im März 2018 verfassten zwei *ZEIT*-Redakteure ein interessantes Dossier dazu. Der Titel lautete: »In Braunschweig machen 48 Prozent der Schüler Abitur. In Cloppenburg 18 Prozent. Wie kann das sein?« Die Journalisten werteten die Abi-Absolventen-Daten der Kreise aus, fuhren nach Cloppenburg und Braunschweig und drehten dort jeden Stein um. Sie interviewten eine Schuldirektorin in Cloppenburg sowie deren Bruder in Braunschweig, der dort ebenfalls eine Schule leitet. Sie suchten nach Erklärungen für das Phänomen.

Offenbar spielt es für die Erwartungshaltung der Eltern eine Rolle, wo sie wohnen. In traditionell ländlich geprägten Regionen, in denen das Handwerk sowie mittelständische Betriebe stark vertreten sind, wie in der Gegend um Cloppenburg, raten Eltern ihren Kindern eher dazu, eine berufliche Ausbildung zu absolvieren. Der Besuch der Realschule und eine Laufbahn über die örtlichen Betriebe, wo ein erfolgreicher Aufstieg durch Erfahrung und kontinuierliche Weiterbildung möglich ist, gilt dort nach wie vor als attraktive Laufbahn – zumal zurzeit um den Nachwuchs nach dem Mittleren Schulabschluss gebuhlt wird wie nie zuvor.

ERWARTUNGSFALLE NUMMER 2:
AKADEMIKER VERDIENEN IMMER BESSER

Neben der Erwartungshaltung, dass ihr Kind Abitur macht, kommt nach dem Schulabschluss eine weitere Erwartung hinzu: Mein Kind soll studieren. Dabei spielt eine wesentliche Rolle, dass der Sohn oder die Tochter später einmal gut verdienen soll. Hier hält sich hartnäckig der Irrglaube, ein Akademiker bringe automatisch das bessere Gehalt nach Hause. Selbstverständlich können Universitätsabsolventen zum Beispiel mit einer technischen Studienausrichtung wie Wirtschaftsingenieur, Programmierer etc. später einmal Spitzengehälter erreichen. Aber immer schon schwer hatten es Abgänger mit Abschlüssen im Bereich Kultur, Soziales sowie zahlreiche Geisteswissenschaftler. Ausnahmen bestätigen die Regel.

Die Bundesagentur für Arbeit stellt ein Portal zur Verfügung, über das sich Gehälter vergleichen lassen. Die Zahlen auf gehalt.de beruhen auf Schätzungen der Bundesagentur und auf Millionen von Daten. Beim ehrlichen Check der elterlichen Erwartungen in Bezug auf das potenzielle Gehalt ihrer Kinder hilft es, einen Blick in diese Datenbank zu werfen. Was verdient denn ein Mechatroniker, ein studierter Kulturmanager oder eine Psychologin durchschnittlich?

Sucht man nach Stellen für Kfz-Mechatroniker, finden sich massenweise Stellenangebote. In München sucht eine Firma beispielsweise eine Fachkraft für Autos: Jahresgehalt zwischen 60 000 und 82 000 Euro. Die renommierte Prüfgesellschaft, die Gutachten für Fahrzeuge erstellt, sucht für München und sechs bayerische Städte nach Kfz-Mechatronikern. Jahresgehalt: um die 58 000 Euro. In Bayern und besonders der Münchner Umgebung werden Spitzengehälter gezahlt, sonst kommt niemand und sucht auf dem aberwitzig teuren Wohnungsmarkt eine Bleibe. Aber auch in Eppenheim bei Heidelberg sucht eine Firma für Softdrinks einen Mechatroniker für ein Jahresgehalt von 44 000 bis 64 000 Euro. Natürlich gibt es auch Stellen mit weit geringeren Jahresgehältern. Dennoch sind derartige Gehaltsklassen keine Einzelfälle.

Kfz-Mechatroniker verdienen also weitaus mehr als so mancher Uni-Absolvent mit einem Master in Archäologie, Vergleichender Literaturwissenschaft oder Kunstgeschichte. Er muss sich auch nicht wie ein promovierter Wissenschaftler an der Universität mit auf sechs oder zwölf Monate befristeten Verträgen über einen Hungerlohn abfinden. Ganz im Gegenteil, seine Firma wird alles tun, um ihn zu halten.

VW in Wolfsburg hat 2018 ein neues Programm gestartet, um Informatiker selbst auszubilden. Hartnäckig versucht die Personalabteilung seit geraumer Zeit, Hunderte offene Stellen im IT-Bereich zu besetzen, der durch die Entwicklung vernetzter Autos, Digitalisierung und E-Mobilität kontinuierlich wächst. Ohne Erfolg. Personalvorstand Gunnar Kilian hat deswegen ab dem Frühjahr 2019 hundert neue Stellen für Softwareentwickler geschaffen, die im Betrieb selbst ausgebildet werden sollen. »Fakultät 73« heißt das Programm an der Auto-Uni, das zwei Jahre dauern soll und sich an Mitarbeiter und Studienabbrecher der Informatik, Physik, Mathematik und Wirtschaftsinformatik wendet. »Ein IT-Azubi verdient im ersten Lehrjahr 1135 Euro«, sagt Kilian. Das macht den Standort Wolfsburg auch für Software-Freaks attraktiv. 1600 Bewerbungen kamen auf hundert Stellen. Auch in den kommenden Jahren will der Konzern, der sich diese Ausbildung 20 Millionen Euro pro Jahrgang kosten lässt, weiter auf selbst geschulte Kräfte setzen.

Auch Medizinische Fachangestellte verdienen ein ansehnliches Gehalt. Im ersten Ausbildungsjahr starten sie zum Beispiel in Berlin mit monatlich 700 bis 1000 Euro. Letztere Summe wird an großen Kliniken gezahlt, wo Schichtdienst herrscht. In München sind Gehälter zwischen 30 000 und 55 000 Euro im Jahr üblich, die Liste der offenen Stellenangebote ist endlos.

Psychologen, einer der unter den jungen Menschen besonders favorisierten Berufe, verdienen in Hamburg zum Beispiel auch nicht viel mehr als gute Fachkräfte. Eine Firma beziffert ihr Gehalt mit 30 000 und 40 000 Euro pro Jahr. In Lüneburg zahlt ein Klinikum für einen Psychoonkologen zwischen 40 000 und 56 000 Euro. Hier variieren die Gehälter je nach Arbeitgeber und Position. Natürlich kommen einige auf bis zu 100 000 Euro im Jahr, aber eben nicht automatisch.

Besonders gefragt sind zurzeit Anlagenmechaniker für Sanitär-, Heizungs- und Klimatechnik. Hier werden 26 000 bis 38 000 Euro Jahresgehalt geboten, die Topverdiener bekommen in Ausnahmefällen auch mal 70 000 Euro. Eine Heizung zu installieren oder zu reparieren, erfordert heute IT-Kenntnisse, denn es handelt sich im Grunde genommen um einen Computer, der Haus oder Wohnung wärmt. Technische Spezialkenntnisse wollen bezahlt werden. Der Inhaber einer Berliner

Firma für Heizung und Sanitär, der händeringend Auszubildende sucht, beschreibt seine Erfahrungen so: »Wenn bei mir jemand kommt und einen Schnuppertag macht, ist er am zweiten Tag weg. Denn irgendwann im Laufe des Tages werden meine Leute zu einer verstopften Toilette gerufen. Die Interessenten erleben dann, dass man eine Verstopfung nicht mit einer App lösen kann. Am nächsten Tag kommen die dann einfach nicht mehr.«

Die Beispiele zeigen: Psychologen, die ein mehrjähriges Studium absolvieren, verdienen manchmal nicht mehr als ein Sanitär-, Heizungs- und Klimatechniker oder ein Mechatroniker, mitunter sogar weniger. Bei den technischen Berufen können Azubis manchmal bereits ab dem ersten Ausbildungsjahr so viel Geld verdienen, dass sie ihr eigenes Leben finanzieren und eine eigene Wohnung unterhalten können. Drei Jahre dauert die Ausbildung im Durchschnitt, dann haben die Absolventen mit Anfang zwanzig einen fertigen Berufsabschluss und können sich unter vielen freien Stellen einen Job aussuchen. Der Student oder die Studentin der Psychologie benötigt einen NC von 1,0 bis 1,6 in Deutschland, hat dann eine Wartezeit zu überbrücken oder studiert für entsprechende Gebühren an einer Universität im Ausland.

Falls die Eltern erwarten, dass ihre Kinder einmal gutes Geld verdienen, wäre es ratsam, sich eingehend über die Verdienstmöglichkeiten der nichtakademischen Berufe zu informieren. Das relativiert unrealistische Erwartungen an einige Akademiker-Laufbahnen und offenbart die Attraktivität klassischer Ausbildungsberufe. Es baut Vorurteile ab und lockert den Druck auf die Heranwachsenden, unbedingt Abitur machen zu müssen und zu studieren.

Niemand kann für die Zukunft vorhersagen, welche Jobs in zehn bis zwanzig Jahren mit Topgehältern vergütet werden. Die Wirtschaft wird gerade von einer Welle an Erneuerungen erfasst, Roboter werden Jobs im Produktionsbereich übernehmen, künstliche Intelligenz unser Leben verändern. Dennoch bieten sich in vielen Bereichen neue Chancen, die jetzt noch gar nicht sichtbar sind. Die gute Nachricht ist: Die Generation der Millennials, die jetzt einen Ausbildungs- oder Studienplatz suchen, hat sehr gute Chancen auf dem Arbeitsmarkt, denn der Bedarf an Nachwuchs ist groß. Die Ängste vieler Mittelschichtseltern werden von ihren Kindern gar nicht geteilt.

ERWARTUNGSFALLE NUMMER 3:
ANSEHEN UND STATUS

»Lassen Sie mich durch, ich bin Arzt.« Glaubt man den repräsentativen Umfragen, können Sie diesen Satz überall in Deutschland in die Menge rufen, und eine Schneise tut sich vor Ihnen auf. Die Weißkittel stehen im Prestige unangefochten an erster Stelle. Seit 1966 ermittelt das Institut für Demoskopie Allensbach das Ansehen ausgewählter Berufe, und von Anfang an rangiert der Arztberuf unangefochten an Nummer 1.[19] An zweiter Stelle folgt die Krankenschwester und der Krankenpfleger. Der Polizist hat sich an die dritte Stelle vor den Lehrer und Handwerker geschoben. Der Hochschulprofessor und der Ingenieur sind 2013 im Ranking knapp hinter den Pfarrer gefallen.

Bei einigen Berufen gab es im Laufe der Zeit deutliche Veränderungen. Gestiegen ist der Status der Krankenschwestern und Polizisten, denen inzwischen besondere Achtung entgegengebracht wird. Beide Berufe wurden erst in den neueren Umfragen in die Liste aufgenommen. Zu den Schlusslichtern der Rangliste zählen neben Bankern und Fernsehmoderatoren auch die Politiker. Das Ansehen dieser Berufsgruppe ist in den vergangenen Jahrzehnten langsam, aber kontinuierlich gesunken.

Einen Beruf nach dem vermeintlichen Prestige auszusuchen, erscheint in Zeiten der schnellen Veränderungen als unsichere Strategie. Soll man seinem Kind von einer Banklehre abraten, weil einige Tausend raffgierige Vertreter des Berufsstands das Finanzsystem an den Rand des Kollapses geführt haben? Möglicherweise werden in zehn Jahren Vertreter der modernen Start-up-Banken mit einem nachhaltigen Investmentkonzept die Helden sein, die das System positiv verändern?

Auch beim Thema Prestige gilt es für Eltern, ihre unterschwelligen Annahmen über das Ansehen von Berufen auf den Prüfstand zu stellen. So wie die Eltern von Samantha aus Dubai. Als Samantha, Kind iranischer Eltern, mit 18 Jahren die Highschool in Dubai abschließt, erwarten alle Mitglieder der Familie, dass sie in die Business-Welt eintaucht, Wirtschaft studiert oder sich gleich einen guten Job sucht. Samantha wurde in den Niederlanden geboren, danach war die Familie nach Dubai ausgewandert. Samantha wollte alles, nur eben nicht auf die Ratschläge ihrer Familie hören. »Seit ich denken kann, habe ich Musik gemacht, vor allem gesungen. Mit 17 Jahren wusste ich, ich werde Sängerin«, erzählt die junge Frau Conrad, dem Interviewer aus Amsterdam. »Meine Großmutter wollte mich davon abbringen. Ihr wäre Jura, Medizin oder das Geschäftsleben deutlich lieber gewesen.«

Die Eltern hielten sich zurück, empfahlen ihr jedoch nicht, den Weg in Richtung Musik zu gehen. »Ich habe erst einmal drei Jahre gearbeitet«, sagt die Studentin, die heute auf der United Pop-Akademie in Amsterdam studiert. »Denn ich war mir nicht hundert Prozent sicher.« In dieser Zeit jobbte sie und zog von zu Hause aus. Ein halbes Jahr lang versuchte sie, im Verkaufsbereich Fuß zu fassen und – wie von ihrer Familie erwartet – in der Business-Welt anzukommen, »doch das hat nicht zu mir gepasst.«

Seit 2017 studiert sie in Amsterdam Musikmanagement und Toningenieur. Gleichzeitig tritt sie als Sängerin auf und besucht einen Songwriter-Vorbereitungskurs für das Konservatorium. »Seit meine Eltern gesehen haben, wie glücklich ich mit der Musik hier in Amsterdam bin, unterstützen sie mich«, freut sich Samantha. Von Business ist jetzt keine Rede mehr. »Meine Freunde in Dubai fragen mich, wie ich denn später mal Geld verdienen will, weil das mit Musik ja schwierig ist, aber ich höre nicht auf sie. Ich kann auch eine Band managen oder in der Musikproduktion einen Job finden, das wird kein Problem sein.«

SICHERHEIT STEHT AUF DER WUNSCHLISTE

Die Erwartungen der Eltern beschränken sich nicht auf eine akademische Laufbahn oder einen gut bezahlten Job mit Ansehen. Viele wollen auch Sicherheit. Dieser Wunsch ist verständlich. Wenn jemand jedoch wie Samantha Musikerin sein möchte, gibt es keine Sicherheit, wie das bei allen künstlerischen Berufen der Fall ist. Überrascht hat mich bei der Recherche, dass Sicherheit ganz oben auf der Wunschliste der Anfang 20-Jährigen steht. Beamte mögen wohl im Bevölkerungsdurchschnitt laut Umfragen ein niedriges Prestige haben, bei jungen Leuten stehen sie heute hoch im Kurs. Denn ein Beamter kann seinen Job in der Regel nicht verlieren. Die Mehrheit der deutschen Studenten wünscht sich vor allem eine sichere berufliche Zukunft, schreibt auch die *Frankfurter Allgemeine Zeitung* im Mai 2017.[20] Die Verdienstaussichten im künftigen Job spielen eher eine untergeordnete Rolle. Das ergab eine aktuelle deutschlandweite Umfrage des Personaldienstleisters univativ unter 1023 Studenten.

Mit anderen Worten: Es hat einen Wertewechsel zwischen Erwachsenen und der jungen Generation gegeben. Spielte der Verdienst bei den Eltern noch die wesentliche Rolle, sehen viele junge Leute dies als nicht mehr so wichtig an. In Zeiten großer gesellschaftlicher Umwälzungen ist für sie die Sicherheit eines Jobs entscheidend. Insofern ist es für Eltern wichtig zu wissen, dass ihre Erwartungen an die Berufe der Kinder auf eine veränderte Wertehierarchie stoßen können.

Samantha rät Gleichaltrigen: »Seid ehrlich, arbeitet hart, seid loyal gegenüber dem, was euch interessiert, und offen für Gelegenheiten, die sich bieten. In Dubai hat die Familie einen großen Einfluss auf das, was du studierst. Einige meiner Freunde belegen ein Studium, das mit ihren wahren Interessen nichts zu tun hat. Ich höre das an der Art, wie sie darüber sprechen. Sie machen das, weil sie viel Geld verdienen wollen. Ich glaube aber nicht, dass mich das glücklich machen würde. Deswegen bin ich froh, dass meine Eltern nun sehen, dass Musik das Richtige für mich ist.«

IN DIE FUSSSTAPFEN DES VATERS
ODER DER MUTTER

Eine Besonderheit stellt es dar, wenn die Eltern erwarten, der Sohn oder die Tochter möge die eigene Firma, die Praxis oder Kanzlei übernehmen. »Das, was ich jahrelang aufgebaut habe, habe ich nur für dich gemacht«, kann es dann heißen – wenn auch nicht immer ausgesprochen, so doch subkutan. In jedem Fall ist es heikel. Denn ein solches Erbe kann eine fantastische Chance sein oder das Unglück, das einen ein Leben lang verfolgt. Tausende von Firmengründern suchen in den nächsten Jahren ihren Nachfolger, ob für das erfolgreiche Schraubenunternehmen auf der Schwäbischen Alb, den Kiosk in Duisburg, die Praxis in Freiburg oder den Fahrradladen in Niedersachsen. Einsteigen oder etwas ganz anderes machen – diese Frage stellen sich alle Kinder von Unternehmern und Selbstständigen.

Sportlich ist es, wenn ein Vater über seine 17-jährige Tochter sagt, dass sie seine augenärztliche Praxis einmal übernimmt. Dies drückt derart klare Erwartungen aus, dass kaum Raum für eigene Wünsche übrig bleibt. Immerhin dauert es in diesem Fall noch ein Jahr bis zum Abitur und zwölf Jahre bis zur Beendigung des Facharztes. Ein Jahr Wartezeit auf einen Studienplatz und ein Gap Year für andere Erfahrungen ist da noch nicht einmal eingepreist. Wie kann ein Vater so sicher sein, was seine noch minderjährige Tochter in 14 Jahren einmal machen möchte?

Die Hoffnung auf ein Abitur und Studium um jeden Preis, Prestige, Sicherheit oder die Fortführung einer Familientradition, dies alles sind Erwartungen, die die Berufswahl der Kinder maßgeblich leiten, aber auch fehlleiten können. Im Zweifelsfall hilft ein sehr offenes Gespräch. Es kann sehr entlastend für die Jugendlichen sein zu hören, dass die Eltern vor allem eines hoffen: dass ihr Kind etwas findet, das zu ihm passt. Mit welcher Laufbahn auch immer.

Runter vom Radar
Eigenverantwortung statt Rundumkontrolle

Keine Generation von Kindern und Jugendlichen ist so umfassend überwacht worden wie die heutigen Anfang 20-Jährigen. Ortungs-Apps auf dem Handy, Jugendschutzsoftware auf dem Computer, Kinderuhren mit eingebautem GPS und Software, die es Eltern ermöglicht, das Smartphone der Kinder aus der Ferne zu sperren, wenn sie ihre Anrufe ignorieren. Der US-Anbieter »Ignore No More« hat sich auf das Wegdrücken elterlicher Anrufe spezialisiert. Antworten die Kinder nicht am Telefon, können die Eltern es so lange sperren, bis der Nachwuchs sich zurückmeldet. Mit »MamaBear« können Eltern Aktivitäten auf sozialen Netzwerken verfolgen oder Textnachrichten mitlesen. Und wenn das Kind etwa bei WhatsApp Wörter benutzt, die auf selbst gesetzten Index-Listen stehen, wird Alarm per App geschlagen.

»Schau mal, Katharina ist gerade am Strand von Nizza«, sagte meine Freundin Ursula im Sommer zu mir und deutete auf einen winzigen blinkenden Punkt auf ihrem Display. Katharina, 17 Jahre, machte einen Ferien-Sprachkurs. »Vorher war sie in der Altstadt.« Nach den Anschlägen von Nizza war die Mutter beunruhigt, ob die Stadt für eine Sprachreise sicher genug wäre. Die App wurde eigens für den Urlaub ohne Eltern auf das Smartphone gespielt. Ich frage mich, wann der Zeitpunkt ist, sie wieder zu löschen? Ich kenne Paare, die sich gegenseitig Ortungs-Apps auf ihr Handy gespielt haben und so stets überprüfen können, wo sich der andere gerade aufhält.

Erwachsene müssen dem Prozedere zustimmen, minderjährige Kinder haben oft keine Wahl.

Dann der Schock: Plötzlich sind die lieben Kleinen 18 Jahre alt und sollen in eine fremde Stadt ziehen. Gestern flogen noch ein Helikopter und eine Mama-Drohne über ihre Köpfe, verfolgten ihr Tun auf Schritt und Tritt. Und heute sollen sie alles alleine können? Und die Eltern sollen lässig loslassen. In diesem Spagat leben Familien, deren Kinder volljährig geworden sind. Doch eines steht fest: Die Kontrolle kann nicht ewig andauern. Zwischen dem Laisser-faire der Hippie-Generation und dem total überwachten Kind sind nur ein paar Jahrzehnte vergangen. Doch um sich selbstständig entwickeln zu können, brauchen Jugendliche Freiräume, Spielräume, die frei von der Beobachtung der Eltern sind.

Für beide ist dies ein Lernprozess, denn wenn Kinder kleiner sind, ist das Sichkümmern um deren Belange, zu dem auch bestimmte Kontrollen gehören, wichtig für ihre Entwicklung. Dass ein Kind zweimal am Tag die Zähne putzt, überwachen Eltern im Interesse der Söhne und Töchter. Dass sie nicht unbegrenzt Zeit mit Medien verbringen, auch. Runter vom Radar und rein in das eigene Leben: Das sehen Menschen, die mit Heranwachsenden zu tun haben, als eine wichtige Voraussetzung dafür, dass ihnen der Start ins Erwachsenenleben gelingt.

Doch so eindimensional ist das Thema nicht. Denn elterliche Kontrolle und Sorge können nicht einfach so abgestellt werden. Da die Jugendlichen heute sehr jung sind, wenn sie mit der Schule fertig sind, ziehen sie manchmal mit 17 Jahren aus – noch minderjährig. Mama muss mit zur Wohnungssuche, zur Immatrikulation, zum Eröffnen des neuen Bankkontos; denn der Sohn oder die Tochter sind noch nicht geschäftsfähig. Außerdem fällt ihr Abschluss manchmal noch in die Periode, in der das adoleszente Risikoverhalten noch voll ausgeprägt ist. Da fällt es Eltern mitunter schwer, loszulassen.

Elterliches Kümmern und eine gewisse Kontrolle sind in der

Pubertät ein Schutz gegen Risikoverhalten wie Drogenkonsum, Schulschwänzen oder Jugendkriminalität. Zu diesem Schluss kommt ein Forscherteam der Universität Heidelberg. Zahlreiche Forschungsarbeiten haben die Rolle von elterlichem Monitoring als Schutzfaktor für Verhaltensprobleme von Jugendlichen in der Pubertät bereits belegt. Eine Stichprobe von 494 Schülern und Schülerinnen der Klassenstufen 5, 7 und 9 an verschiedenen Schultypen sowie deren Eltern beantworteten Fragen zur »elterlichen Informiertheit«, »Kontrolle«, »Nachfrage« und der »Mitteilungsbereitschaft des Kindes«. Die Jugendlichen beantworteten zudem den Fragebogen zu Stärken und Schwächen sowie Fragen zu Risikoverhaltensweisen, zum Beispiel zu Gewalthäufigkeit, Kriminalität, Drogenmissbrauch, selbstverletzendem Verhalten und unentschuldigtem Fehlen in der Schule. Eine bessere »Informiertheit« der Eltern führte dazu, dass Jugendliche weniger Risikoverhalten zeigten. Mehr »Kontrolle« führte ebenfalls zu weniger riskanten Aktionen.

Vertrauen ist gut, Kontrolle ist besser. Dieser Satz gilt selbstverständlich nicht für alle Jugendlichen in der Pubertät. Aber bei Heranwachsenden mit besonders erhöhtem Risiko hilft es, sie davor zu schützen, abzurutschen. Dennoch ist es ein Unterschied, ob es sich wie in der oben genannten Studie um 11- bis 15- oder 16-jährige Kinder und Jugendliche handelt oder um 18- bis 22-jährige Heranwachsende. Wann ist der Zeitpunkt, an dem Eltern ihre Kontrolle lockern und ihre Kinder in die Eigenverantwortung entlassen sollten?

Wenn es gut läuft, überlassen Eltern ihren Kindern Stück für Stück Aufgaben, die sie selbst erledigen. Mit 16 ist ein guter Zeitpunkt, Jugendlichen viel Eigenverantwortung zuzutrauen – selbstständig zu lernen, ohne Kontrolle; Termine selbst zu vereinbaren, etwa bei Ämtern; Entscheidungen selbst zu treffen, allein mit Freunden in den Urlaub zu fahren. Es muss ja nicht gleich Australien sein. Geht etwas schief, können Eltern den Prozess wieder enger begleiten. Es kommt sehr auf die Jugendlichen an, wie gut sie darin sind, Verantwortung zu übernehmen. Das hat nach Ansicht von Experten nicht allein etwas mit dem Alter zu tun. Wenn die Heranwachsenden nach der Schule in eine Orientierungslosigkeit geraten, hilft keine Manndeckung. Nun gilt es, sie selbst Erfahrungen machen zu lassen. Falls sie sich nicht entscheiden können für ein Studium oder eine Ausbildung, können sie immer noch jobben gehen.

KEIN RUNDUM-SORGLOS-PAKET

Das Geschäft von Wolfgang Zimmer liegt mitten im Trubel der Rosenhöfe in Berlin. Wer über die Treppe in das geräumige Dachgeschoss kommt, tritt in eine Oase der Ruhe ein. Der Kontrast zu der Menschenmenge draußen könnte nicht größer sein. Die Räume sind lichtdurchflutet, weitläufig, dezent eingerichtet. Leise Musik dringt aus den Boxen. Starfriseur Wolfgang Zimmer, zu dem auch Sharon Stone, Eva Padberg, Linda Evangelista und andere Weltstars kommen, wenn sie in Berlin sind, legt in jeder Hinsicht Wert auf Stil. Neben seiner Friseurtätigkeit arbeitet er seit Jahren für internationale Modemessen, stylt für Fotoshootings oder unterrichtet als Dozent an der Universität der Künste in Berlin. Er liebt es, seinen Enthusiasmus an seine Kunden sowie an junge Menschen weiterzugeben.

»Eigenverantwortung sehe ich als eine wichtige Triebfeder für junge Menschen, ihr Leben zu gestalten«, sagt er. »Dazu gehört für mich, dass, wer nach der Schule noch zu Hause wohnen möchte, um zu jobben, etwas Geld zu Hause abgeben muss.« Ein Rundum-sorglos-Paket von den Eltern hält er für hinderlich. »Jeder soll sich so viel Zeit für die Berufswahl nehmen, wie er will. Ich halte nichts davon, den jungen Leuten vorzugeben, was sie machen sollen.« Dazu gehöre für ihn aber, dass sie zu ihrem Lebensunterhalt etwas beitragen müssen. »Wo liegt die Motivation zu arbeiten, wenn ich das Geld nicht brauche? Das demotiviert und lähmt den Ehrgeiz.«

Den Biss zu entwickeln, etwas erreichen zu wollen, darum gehe es im Leben. »Ich möchte von einem Bewerber, der hier bei mir das Friseurhandwerk lernen will, begeistert werden«, erzählt er. »Wer kommt und keine gute Antwort hat auf die Frage, warum er unbedingt Friseur lernen möchte, hat schon verloren.« Für viele junge Bewerber stehe die Karriere nicht mehr an erster Stelle im Leben. »Das hat für viele keine Priorität.« Viele hätten bereits beim Berufsstart sehr viel, seien weit gereist, hätten einen Führerschein sowie ein eigenes Auto. »Worauf sollen sie am Berufsstart hinarbeiten?« Als Arbeitgeber sieht er, dass die Millennials anders ticken als frühere Berufsanfänger. Jede Generation habe ihre eigenen Werte. Was die derzeit Anfang 20-Jährigen nicht mögen, ist Druck, den haben sie schon in ihrer gesamten Schulzeit.

Arbeitgeber sind bereits dabei, sich auf die Millennials vorzubereiten, denn viele von ihnen können sich ihren Arbeitgeber aussuchen. Wer die Mitarbeiter der Generation Z auch längerfristig halten will, muss sich auf ihre Werte und Wünsche einstellen. Der übliche Dienstwagen ist für sie nicht so wichtig – Ausnahmen bestätigen die Regel. Carsharing ist in den überfüllten Innenstädten das, was viele schätzen. Aber einige haben auch gar keinen Führerschein.

Flexible Arbeitszeiten ermöglichen es ihnen, auch andere Dinge in ihrem Leben gleichwertig zu integrieren: Freunde, Familie, Zeit für sich selbst. Wenn zukünftige Väter eine Familie gründen, möchten sie sich auch um die Kinder kümmern und nicht wie einige ihrer arbeitssüchtigen Väter nur Zaungäste bei der Erziehung sein. Die Generation Z arbeitet von überall aus, ist viel unterwegs. Wenn ein Ticket nach London so viel kostet wie eine Tageskarte für die Münchner U-Bahn, verbringen einige lieber ein Wochenende an der Themse statt im Perlacher Forst. Denn sie wissen nicht, wie es ist, an einem Schreibtisch mit einem Festnetztelefon sitzen zu müssen, um beruflich erreichbar zu sein, wie andere Generationen vor ihnen.

Auch hinsichtlich der Werte der jungen Menschen könnten einige Firmen ins Aus geraten: Nachhaltigkeit, Fairness, Gleichberechtigung bei der Beförderung und den Gehältern von Frauen, Sicherheit vor sexueller Diskriminierung, Beschäftigung von Arbeitnehmern unterschiedlicher Herkunft und gleichberechtigter Umgang mit ihnen. Dies alles sind Themen, die viele junge Menschen aus dieser Generation für selbstverständlich halten

TEENAGER UNTER STRESS

In einer Studie untersuchte UNICEF die Lebenszufriedenheit von Kindern und Jugendlichen in 29 Industrienationen – Deutschland belegte in der Selbsteinschätzung nur Platz 22. Jeder siebte deutsche Jugendliche sei unzufrieden. Das Problem liegt laut Jürgen Heraeus, dem Vorsitzenden von UNICEF Deutschland, im ständigen Leistungsdruck und dem geforderten formalen Erfolg. Wenn Eltern aufhören, ihren Kindern Leistungen abzuverlangen, werden diese erst einmal auf sich selbst geworfen. Dies hilft, über sich selbst nachzudenken, ein paar klare Gedanken zu formulieren, übernommene Werte zu hinterfragen und eigene Werte zu definieren.

Das selbstständige Lernen für den nächsten Bildungsabschluss, sei es der Berufsschul- oder Studienabschluss, das selbstständige Wohnen, die Verantwortung für die Finanzen, das Regeln von Alltagsfragen wie: Wo kommt mein W-LAN her, und wie viel kostet es?, sind Fragen, die erst auftauchen, wenn Mama und Papa abtauchen. Wie komme ich allein in einer WG oder einer Wohnung zurecht? Wie arrangiere ich mich mit den Nachbarn oder Mitbewohnern? Wer abseits von zu Hause lebt, kann kontinuierlich kleine Erfolge verbuchen und daran wachsen. So wie zum Beispiel Lena aus Berlin.

Die 18-Jährige hat eine Ausbildung zur Versicherungskauffrau begonnen und lebt seit einem Monat in ihren eigenen vier

Wänden. Die Eltern haben bei IKEA eine Grundausstattung mit ihr ausgesucht und in die Wohnung geschleppt. Eine Kommode, zwei Stühle, ein Tisch, Bettwäsche, Geschirr und diverse Kleinigkeiten mussten aus dem Auto in den dritten Stock gehievt werden. Um alles aufzubauen, waren sie nach dem Umzug zu erschöpft. Seitdem rätselt Lena, was wohl die Symbole auf der Bauanleitung ihrer neuen Kommode mit sechs Schubladen zu bedeuten haben. Wie kriegt man die Roller für die Schubladen bloß an die Bretter? Nach 30 Minuten weiß Lena: Das können andere besser als sie.

Sie beschließt, ihre Mitschülerinnen aus der Berufsschule zu fragen. Nur mit Teamarbeit kann sie hier punkten. Alina bietet Lena spontan an, ihr beim Aufbau zu helfen. Als Papa anruft und fragt, ob er an einem der nächsten Wochenenden noch einmal anrücken soll, um die Möbel fertig aufzubauen, die Garderobe anzubringen und ein paar Umzugskisten abzuholen, gibt sich Lena selbstsicher: »Lass mal, Papa, das schaff ich schon alleine.«

Vier Wochen später besuchen die Eltern Lena in ihrer neuen Bleibe, um mal zu gucken, wie es so aussieht. Die Kommode steht – zumindest teilweise. Die Schubladen und Rollen haben noch nicht zueinandergefunden. Aber immerhin, das Gerüst ist aufgebaut, der Prozess ist im Gang. In der Berufsschule begann die Zeit der Klausuren für Lena überraschend bereits nach vier Wochen. Jetzt heißt es: Drei Tage arbeiten, zwei Tage Berufsschule, danach lernen.

Die Eltern unterdrücken krampfhaft ihren Möbelaufbaureflex, der sie befällt, sobald sie einen Inbusschlüssel erspähen. Tochter Lena soll es jetzt auch lernen. Papa wird nachdenklich. Warum ist seine Generation nur so erpicht darauf, alles zacki, zacki zu erledigen? Ist es besser, rund um die Uhr ranzuklotzen und dann tagelang mit Muskelkater, Rückenschmerzen und Mattigkeit zu kämpfen? Kein Wunder, dass Tausende in den Burn-out rauschen, als gäbe es kein Morgen mehr. Die Generation Z zeigt ihm, dass nichts anbrennt, wenn man im Leben mal auf Entschleunigung setzt.

Als er in sein erstes Zimmer nach Hamburg zog, hat ihm niemand einen Umzugs- und Rundum-sorglos-Service angeboten. Niemand hat kontrolliert, wann er sich einen Teppich gekauft hat. In seiner Erinnerung brauchte er dafür zwei Jahre. Mit damals 20 Jahren lagen Einrichtungsfragen auf der nach oben offenen Total-egal-Skala bei 95. Seine früh verwitwete Mutter konnte garantiert keine Lampen montieren und hat sich bestimmt auch nicht gefragt, ob er einen Putzeimer und einen Spezialreiniger für Parkett in seiner Wohnung hatte. Sie sah es auch nicht als ihre Aufgabe an, ihm mitzugeben, dass Holzböden mit anderen Reinigern bearbeitet werden müssen als Fliesen oder Laminat. Trotzdem stellen sich Eltern heute all diese Fragen. Kommt das Kind alleine zurecht? Papa realisiert: Seine Tochter muss dringend runter vom Radar. Ein Lernprozess – für alle.

Mama interessiert brennend, ob Lena genug Handtücher hat. »Ja, habe ich«, flötet sie. »Und Vorhänge?« Mamas Frageliste ist noch nicht abgearbeitet. »Wozu brauche ich Vorhänge?«, fragt Lena ungläubig. Den Eltern gefällt der Gedanke, es wie Lena langsam angehen zu lassen. Spontan beschließt die Familie, essen zu gehen, statt auf dem Boden herumzukriechen und Inbusschlüssel-Yoga zu praktizieren.

EINE KLAUSUR OHNE PAPA

Die praktischen Belange wie den Aufbau einer Kommode allein zu regeln, gehört zu den wichtigen Lebensaufgaben. Genauso wichtig ist es, dass Heranwachsende selbstständig lernen. Das klingt für einige vielleicht banal. Tatsache ist aber, dass eine nicht kleine Gruppe in schulischen Dingen bis zum Abitur von den Eltern betreut wird, sei es durch Nachhilfe oder durch persönliche Unterstützung. »Selbst im Studium verlangen Eltern Termine für eine Art Sprechstunde«, verrät mir eine Professorin für Psychologie. »Sie wollen wissen, wie sich der Sprössling so macht.« Ungläubig hake ich nach. »Sprechstunde?« – »Ja, weil Studenten zum Teil noch minderjährig sind und sich die Eltern immer noch verantwortlich fühlen.« Dies lehne sie jedoch ab. Der Radar mancher Eltern reiche weit über den Schulabschluss hinaus. Die Professorin erzählt, dass viele Heranwachsende erst an der Uni lernen, wie man sich selbst reguliere. Dies erschwere den Übergang, denn plötzlich lebe man in einer anderen Stadt, habe ein Studium begonnen, habe ein neues Umfeld ohne die gewohnten Freunde. Und schließlich müsse man auch noch lernen, wie man eigenständig lernt. Alles zum gleichen Zeitpunkt.

Eigenständig lernen bedeutet, dass die Heranwachsenden Strategien dafür haben, wie man sich Inhalte merkt, wie man sie vertieft und mit eigenen Worten wiedergibt. Dafür benötigen sie Aufmerksamkeit, Anstrengungsbereitschaft und Ausdauer. Niemand ist mehr an ihrer Seite, der daran erinnert, wie man sich gegen Ablenkungen schützt. Zum Beispiel, dass man erst abends zum Sport geht, wenn alle Seiten im Skript durchgeackert sind – und nicht schon nachmittags, wenn man keine Lust mehr hat.

Es geht darum, selbst Ziele zu definieren, selbstständig zu überwachen, ob man sie mithilfe des Zeitplans erreichen kann. Wer ständig alles nach Mamas Regieanweisungen erledigt hat, dem fällt es schwer, selbstständig zu planen. Darüber hinaus benötigen Studenten Korrekturstrategien, die ihnen helfen, den Weg zu ändern, wenn sie auf dem Holzpfad sind. Sie müssen lernen, mit Erfolg und Misserfolg umzugehen. Mit schlechten Ergebnissen oder mehreren gescheiterten Prüfungen klarzukommen, fällt ihnen schwer. Dies haben alle Interviewkandidaten bestätigt. Gelingt ihnen dann jedoch etwas, werten sie es als ihren ureigenen Erfolg. Genau diese Erfahrungen benötigen sie, um zu wachsen.

Die Entwicklungssprünge, die junge Menschen in dieser Zeit innerhalb weniger Wochen und Monate machen, sind gewaltig. Denn beides fällt weg, wenn die Eltern nicht mehr in unmittelbarer Nähe sind: Schutz und Hemmnis. Die Schwierigkeiten bei der Wohnungssuche selbst zu bewältigen, stärkt das Ego. Eine Familie gestaltet bestimmte Tage immer auf ihre Art, ritualisiert. Geburtstage laufen nach einem ähnlichen Muster ab, ein typischer Sonntag beginnt immer gleich. Diese Rituale sorgen dafür, dass Geborgenheit entsteht.

Wenn die Kinder ausziehen, schaffen sie ihre eigenen Rituale, schaffen sich ihr Zuhause, in dem sie sich wohlfühlen, das ihnen Geborgenheit gibt jenseits des Elternhauses. Der perfekte Sonntag sieht nun anders aus. Die Wahrscheinlichkeit, dass er erst gegen frühen Nachmittag beginnt, ist ziemlich groß.

Auch für Jonny aus Berlin, 21, war es wichtig, von zu Hause auszuziehen. Ein Jahr lang überlegte er, was er mit dem Rest seines Lebens anstellen wollte. Es gab Streit zu Hause, da seine Eltern der Ansicht waren, er solle mehr mit anpacken, da er außer einem Gelegenheitsjob in einer Bar nicht viel zu tun hatte. Doch da waren anfangs seine Freundin und seine Freunde, die ihn Zeit kosteten. Einkaufen, die Spülmaschine ausräumen, das waren missliebige Tätigkeiten, denen er aus dem Weg ging. Alles wurde einfacher, als Jonny eine eigene Wohnung fand. Zusammen mit seinen Freunden Julian und Marcus zog er in ein anderes Viertel. Besuchte er nun seine Eltern, war er bester Stimmung, zumal der Haushalt auch alles bot, was in der WG so fehlte. Seine Phasen von Unzufriedenheit waren verflogen. Wenn er die Familie besuchte, freute er sich auf die Gespräche mit seiner Mutter oder einen Fußballabend mit seinem Vater – dieser hatte Sky, einen privaten Sportsender, abboniert.

Raus aus der Familiendynamik
Mentoren als neutrale Ansprechpartner

Lucija ist 18, als sie nach ihrem Schulabschluss aus Kroatien wegzieht. Sie geht nach Amsterdam, ihre Eltern wollen gern, dass sie die Welt kennenlernt. Ein Semester lang versucht sie, an der Universität Fuß zu fassen und Kulturwissenschaft zu studieren. Ihr Abitur, das sie in Zagreb gemacht hat, liegt noch nicht lange zurück. Sie hat das Studium gewählt, da ihre Eltern Druck gemacht haben. Nicht unbedingt Richtung Kulturwissenschaft, sondern dass sie überhaupt etwas studiert. »Wenn du kein Studium anfängst, unterstützen wir dich nicht mehr«, hieß es. »Sie hatten einfach Angst, dass ich nie studieren würde, wenn ich nicht sofort anfange«, erzählt Lucija Conrad aus Amsterdam. Aber die Fachrichtung war nur halbherzig gewählt. »Ich saß in den Vorlesungen und habe mich gefragt: Worum geht es hier eigentlich? Ich verstehe kein Wort.« Lucija bricht das Studium ab und fährt zurück zu ihren Freunden nach Kroatien – die sollen sie trösten.

Seit ihrer Schulzeit ist sie in einer Clique von rund zwanzig Leuten, die sich nie aus den Augen verloren haben. »Heute wohnen viele in anderen europäischen Städten, aber irgendeiner mit einem offenen Ohr ist immer da«, erzählt die junge Frau. Die Freunde verstehen, warum Lucija mit Kulturwissenschaft fremdelt. Sie sind ihre Mentoren, die ihr Feedback geben, ihr die richtigen Fragen stellen. »Was willst du wirklich aus deinem Leben machen?«, fragt jemand. »Warum hast du dich für Kulturwissenschaft entschieden?

Lucija dämmert, dass sie über all die Fragen noch nie grundlegend nachgedacht hat. Vielmehr hatte sie die Entscheidung für ihr Studienfach getroffen, um Ruhe an der Elternfront zu haben. Es war eine Entscheidung weg von den Eltern, nicht hin zur Kulturwissenschaft. Und genauso fühlt es sich jetzt an. Was für Berufsaussichten sie erwarten, was es bedeutet, in einem fremden Land mit einer fremden Sprache zu leben, darüber hatte sie sich keine Gedanken gemacht. Erst im Nachhinein wurde ihr klar, dass sie die ersten sechs Monate in Amsterdam todunglücklich war. »Ich habe mein Zimmer kaum verlassen, ich fühlte mich sehr einsam. Besser wurde es, als ich mit einer Mitstudentin zusammenzog«, berichtet Lucija.

Immer wieder spricht sie mit ihren alten Freunden. Sie erzählt ihnen, dass sie in Amsterdam ein paar Leute kennengelernt habe, die Musik machen und in einer Band spielen. Sie stellt fest, dass ihr dieses freie Leben gefällt. In den Gesprächen mit ihren Mentoren wird ihr Stück für Stück klar, dass sie selbst Künstlerin werden möchte. Nach einigen Recherchen im Internet findet sie die United Pop-Akademie in Amsterdam, an der sie nun Musikproduktion studiert wie der Interviewer Conrad.

»Als ich dort anfing, merkte ich sofort, dass dieses Studium ein Volltreffer ist. Hier sind nur Leute, die Musik lieben, die für die Musik leben«, sagt die Studentin. »Solange ich hier einen Abschluss mache, mit dem ich etwas anfangen kann, ist es auch für meine Eltern okay.« Für die Gespräche über ihre Zukunft sucht sie weder den Kontakt zu ihren Eltern noch zu ihrem erweiterten Familienkreis, da diese ihre Sichtweise nicht verstanden hatten. »Es war zu früh, mit 18 Jahren sofort ins Studium zu gehen. Ich fühlte mich zu unreif, wie wohl alle anderen Erstsemester auch«, sagt Lucija.

Mentoren außerhalb der Familie setzen andere Prioritäten als die eigenen Eltern. Sie haben andere Gedanken und einen neutralen Blick auf das Geschehen. Wenn die Familiendynamik verfahren ist wie bei Lucija, bringt die Sichtweise von anderen

Menschen neue Perspektiven. Wenn Gleichaltrige sich gegenseitig motivieren, über einen gangbaren Weg nachzudenken, bringen sie einen kreativen Prozess in Gang, bei dem aus guten Vorschlägen gute Werdegänge werden. Das Vertrauen untereinander sowie die Fähigkeit, die Gedanken des anderen zu lesen, also empathisch zu sein, sind hier die Voraussetzung für diesen Prozess des erfolgreichen Mentorings. Lucija hat durch die Gespräche mit ihren alten, vertrauten Freunden eine Lösung gefunden, wie sie aus einer verfahrenen Situation herauskommen konnte.

In der Regel fungieren andere Erwachsene als Mentoren, Menschen, die bereits über Berufs- und Lebenserfahrung verfügen. Wenn ein Heranwachsender sich mit seinen Eltern darüber streitet, wie sein künftiger Weg verlaufen soll, können ein Onkel, eine Tante oder ein Freund der Familie Mentoren sein. Wenn sich eine Situation innerhalb der Familie verhärtet hat, bewegt sich nichts mehr. Oft geht es bei diesem Kräftemessen nicht mehr um die Sache, sondern nur noch darum, dass niemand nachgeben will. Die Positionen sind wie in Beton gegossen. Mentoren stehen außerhalb des Familiensystems, haben keine feste Rolle.

Hinzu kommen emotionale Verstrickungen, die zum großen Teil unbewusst sind und auf das familiäre Geschehen einen wesentlichen Einfluss nehmen. Hinter einer familiären Verstrickung kann sich die unbewusste Übernahme von Schuldgefühlen verbergen. Die meisten Familienmitglieder wollen jederzeit loyal gegenüber der eigenen Familie sein. Wenn dies nicht möglich ist, entwickeln wir Schuldgefühle, zum Beispiel wenn wir nicht genügend Zeit für die Kinder, den Partner oder die alten Eltern haben.

So glauben manche Heranwachsende im Verborgenen, sie dürften die Eltern nicht verlassen. Eine 52-jährige Verkäuferin in einem Berliner Geschäft erzählte mir, sie sei erst mit 51 Jahren aus dem Haus ausgezogen, wo ihre Mutter und ihr eigener Sohn heute noch wohnen. »Ich konnte Mama doch nicht allein lassen«, sagte sie. Sie zog dann in eine eigene Wohnung, da sie einen neuen Mann kennengelernt hatte und auch einmal selbstständig sein wollte. Insgeheim plante sie aber, in zwei Jahren wieder zu ihrer Mutter zu ziehen. »Sie ist immerhin 80 Jahre alt und dann auf meine Hilfe angewiesen.« Ihre Mutter hätte mit Argwohn beobachtet, dass ihre Tochter sie »verlässt«.

Die Familiengeschichte wiederholt sich, da der 26-jährige Sohn der Verkäuferin auch nicht aus dem gemeinsamen Haus auszieht. Weder arbeitet er, noch macht er eine Ausbildung. Finanziell wird er hin und wieder von der Großmutter unterstützt. Das mächtige Verbot »Ich darf sie nicht verlassen« scheint also gleich zwei Generationen gefangen zu halten. Dadurch gelingt die Loslösung vom Elternhaus natürlich nicht. Erst durch ihren Auszug hat es die Frau geschafft, die Familiendynamik zumindest zeitweise zu durchbrechen und aus der Distanz einen Blick darauf zu werfen. Dies ist ein Extrembeispiel. Aber die Streitereien mit ihrer Mutter, der die Selbstständigkeit ihrer erwachsenen Tochter missfiel, erinnern an den Streit zwischen Eltern und ihren pubertierenden Kindern.

Neben diesem Verbot des Verlassens gibt es noch andere Glaubenssätze, die Heranwachsende beim Übergang ins Erwachsenenalter blockieren können. Kinder glauben auch, dass sie die Eltern nicht enttäuschen dürfen. Sie verinnerlichen womöglich den Druck eines oder beider Elternteile, dass sie etwas leisten müssen, um geliebt zu werden. »Ich genüge nicht« ist ein häufig anzutreffender Satz, der die normale Entwicklung des Selbstwerts untergräbt. Wenn Eltern überfordert sind, glauben Kinder, dass sie sie nicht zusätzlich belasten dürfen. Sie verbergen ihre Probleme und wollen nicht zur Last fallen.

Eltern, die selbst ein Trauma erlebt haben, stehen manchmal nicht in gutem Kontakt zu ihren eigenen Gefühlen, da sie den

Schmerz um das traumatisierende Ereignis in sich weggesperrt, verdrängt haben. Dies kann ein Kind übernehmen und den Glaubenssatz entwickeln: »Ich darf nicht fühlen.« Hochkomplex wird es, wenn Todesfälle in der Familie aufgetreten sind, ein Suizid etwa oder ein Unfall. »Ich darf nicht leben«, kann ein unbewusster Glaubenssatz sein, der blockiert.

Solange wir uns solcher und ähnlicher Gedanken nicht bewusst sind, laufen sie wie eine Art Hintergrundprogramm als ständiger Begleiter ab. Verborgene Gedanken und Glaubenssätze sind bei allen Entscheidungen, Unternehmungen, Verhaltensweisen oder neuen Kontakten präsent und beeinflussen unser Denken und Handeln.

Die Tatsache, dass viele junge Menschen heute nach der Schule auf die entferntesten Kontinente reisen, könnte ein Zeichen dafür sein, wie wichtig es ihnen ist, aus der Familiendynamik auszubrechen. Zumindest für ein Jahr sind sie fast unerreichbar, manchmal ohne Handyempfang in der Wüste. Fuhr man früher nach Italien, Spanien oder Frankreich, um ein Abenteuer zu erleben, fliegt die Generation Z um die Welt, denn der Radar der Familie reicht weit. Die soziale Kontrolle ist größer, die sozialen Medien geben in Echtzeit wieder, was jemand erlebt. Während seines Gap Year in Australien und Asien meldet Timon sich nur selten. Seine Eltern beunruhigt dies nicht im Geringsten. »Solange er sich nicht meldet, ist alles in Ordnung.« Das sehen die meisten Eltern, mit denen ich gesprochen habe, anders. Sie hoffen oder bestehen sogar bei ihren Gap-Year-Kindern auf regelmäßige Lebenszeichen vom anderen Ende der Erde.

TOMS LIEBE ZU JAPAN WECKEN

Tom möchte nach dem Abitur ein Jahr chillen, die Eltern träumen jedoch davon, dass er ein Jahr ins Ausland geht, egal wohin. Was auch immer die Eltern für Argumente ins Feld führen, sie stoßen auf Granit. Tom hat sich bereits festgelegt, Berlin auf keinen Fall zu verlassen. Er hat allerdings auch keinen anderen Plan vorzuweisen, einen Job, ein Praktikum, eine Studienidee. »Erst mal vom Abi-Stress runterkommen« ist für Mama und Papa aber kein Plan. Im Freundeskreis wimmelt es hingegen von Eltern, die ihren Kindern genau das einräumen: ein Jahr Nichtstun. Manchmal gewinnt die Mutter im Gespräch mit Freundinnen den Eindruck, die Eltern bräuchten selbst ein Jahr Auszeit vom Elternsein. Sie stecken emotional in den Prüfungen, bangen, zittern und haben schlaflose Nächte. Sie freuen sich schlichtweg auf eine Phase, in der es keine Termine, Abgaben, Prüfungen, Abipartys gibt. Nicht so im Fall von Toms Eltern. Sie halten vom Gammeln überhaupt nichts und möchten, dass ihr Sohn hinaus in die Welt geht.

Mama arrangiert ein Wochenende mit ihrer Schwester Viola, die nach der Schule ein Jahr in Spanien gelebt hat. Sie war Aupair in Barcelona, hat im Sommer am Strand gelegen, ist mit dem Auto der Gastfamilie die Küste entlang bis zur französischen Grenze gefahren. Nebenbei hat sie Spanisch gelernt und wollte danach eigentlich nicht mehr nach Deutschland zurück. Wenn es irgendwie geht, fährt Viola jedes Jahr in ihr Traumland. Die Sprache, das Essen, die alten Kirchen, die verschlafenen Dörfer, das turbulente Leben in Barcelona – für Viola ist dies ein Lebenstraum. Wenn irgendjemand vom Leben in einem anderen Land schwärmen kann, dann Viola.

Der Sohn will gar nichts hören von Violas Tapas-Geschichten, er hasst Tapas. Viola ist klug genug, nicht gleich mit der Tür ins Haus zu fallen. An dem Wochenende wird das Wort »Spanien« nicht einmal erwähnt. Viola setzt auf die angeborene Neugier junger Menschen und lädt ihn in ein japanisches Restaurant ein. Sie weiß: Ihr Neffe liebt es, Sushi essen zu gehen. Mit der Familie passiert dies aber nur äußerst selten, da japanische Restaurants teuer sind.

Ihr Neffe beginnt, von seiner Leidenschaft für japanischen Kampfsport zu schwärmen, Kendo. Er trainiert zweimal pro Woche. Darüber hinaus hatte er einen Kurs Japanisch im Japanzentrum belegt, allerdings verlief diese Aktivität im Sande. Immerhin hat er behalten, dass *domo arigato gozaimasu* »danke« bedeutet. Viola fragt nach, was ihren Neffen an Japan fasziniert. Toms Augen fangen an zu leuchten: Neben dem Kampfsport interessieren ihn das Fremde, die Kultur, das schlichte Design der Schalen, die Tempel, die Tradition der japanischen Bäder, der Mount Fuji bei Tokio, auf dem man sogar Ski fahren könne.

Viola hört aufmerksam zu. Sie erzählt ihm, sie sei einmal vor vielen Jahren in dem Land gewesen. Sie hätte sogar an einer Teezeremonie teilgenommen. Das Ritual sei sehr interessant gewesen, geheimnisvoll, beruhigend. Nach dem Restaurantbesuch beginnt der Neffe zu recherchieren. Er möchte mit seiner Tante einer Teezeremonie beiwohnen. Das Japan-Zentrum, findet er heraus, bietet einmal im Monat die Zeremonie an.

Immer stärker gerät der Neffe in einen Sog. Das Japan-Virus hat ihn gepackt. Er kocht japanisch, läuft zu Hause nur noch in einem Kimono herum, den er im Internet bestellt hat. Er beginnt eine kleine Sammlung von Schalen, die er zum Teetrinken benutzt. Als seine Mutter ihn fragt, ob er nicht ein Jahr nach Japan fahren wolle, schaut er ungläubig. »Ist das nicht viel zu teuer?« Aber die Mutter hat bereits eine Organisation gefunden, mit der er für wenig Geld nach Japan fahren kann. Dafür würde er in einer Gastfamilie wohnen und Freiwilligenarbeit leisten, zum Beispiel Englischunterricht geben. So wäre der Traum finanzierbar.

Der Beton bröckelt, die Mauer beginnt zu fallen. Tom kann mit seinen Eltern wieder über die Zukunft sprechen. Er hat sich selbst entschieden, dass eine Japan-Reise interessanter wäre, als ein Jahr nichts zu tun. Er kann sich kaum noch erinnern, warum er das als ultimativen Plan so vehement verteidigt hat.

Seine Eltern wiederum erkennen, dass ihr Insistieren auf dem Auslandsjahr ihren Sohn in eine Abwehrposition gedrängt hat. In dem Alter machen Jugendliche manchmal aus Prinzip das Gegenteil von dem, was ihre Eltern wollen. Erst als die Mutter Viola als Mentorin für Tom ins Spiel brachte, konnten beide ihre Haltung aufgeben.

Wenn die Tante oder der Onkel die Mentorenrolle einnehmen, haben sie den Vorteil, dass sie die handelnden Personen gut kennen. Dabei ist es vorteilhaft, wenn sie eine gewisse emotionale Distanz haben und keine eigene Agenda.

Auch der 23-jährige Joost aus Amsterdam findet durch einen Mentor zu seiner Laufbahn. Bereits während der Highschool spielt der Schlagzeuger in einer Band. Sein Zwillingsbruder Daan macht ebenfalls Musik. Beide denken jedoch nicht daran, Musik zu ihrem Beruf zu machen. Die Mutter ist Lehrerin, und so liegt diese Laufbahn nahe. So schreibt sich Joost für Sozialpädagogik ein, sein Bruder für ein Lehramtsstudium. Doch bei beiden springt der Funke nicht über. »Es hat einfach nicht funktioniert«, berichtet Joost Conrad im Interview. Ein Lehrer aus Schulzeiten ermuntert ihn schließlich, es doch einmal mit Musik zu probieren. Erst in den Gesprächen mit dem Lehrer wird Joost klar, dass er nichts zu verlieren hat. »Er hat gesagt: Was passiert denn, wenn du einfach ein paar Jahre versuchst, ob du davon leben kannst? Und genau das mache ich jetzt«, sagt der Musiker.

Heute jobbt Joost nur noch samstags in einer Mühle, ansonsten kann er von den Auftritten und den Produktionen für andere bereits leben. Sein neuestes Video geht unter die Haut. Die Bilder sind intensiv. Sie zeigen Joost, Daan und die Bandmitglieder, wie sie durch einen Wald spazieren und hoch über ihren Köpfen eine Tür durch die Natur tragen. Irgendwann stellen sie die Tür auf einer Lichtung ab, öffnen sie und lassen den Zuschauer durch die Öffnung auf den Wald blicken.

Überall gehen Türen auf, sagt das Video, auch an ungewöhnlichen Orten. Man braucht nur Menschen, die an einen glauben, einen Mentor, der einen ermutigt, etwas Ungewöhnliches, Unkonventionelles zu tun.

Reality-Check
Einfach jobben gehen

Es ist einer dieser heißen Sommertage in Berlin, als ich mit Simon in Mitte verabredet bin. Seit rund 25 Minuten warte ich auf ihn in einem Café am Hackeschen Markt. Um 11.59 Uhr schickt er ein »Bin leicht verspätet, musste noch mal nach Hause:/«. Durch meine bereits andauernde Recherche mit Anfang 20-Jährigen weiß ich – das kann dauern. Zeit ist im Fluss. Eine Verabredung kann jederzeit verschoben oder widerrufen werden. Unpünktlichkeit oder Pünktlichkeit war gestern. Feste Termine machen nur noch Offline-Dinosaurier. Der moderne Mensch reagiert kurzfristig auf eine WhatsApp.

Ich warte also. Um 12.13 Uhr schicke ich ihm ein »Ich sitze in dem Café«, um den Status unseres Termins zu checken. 12.22 Uhr: »In welchem?« Ich bekomme Angst. Ist er womöglich ganz woanders? Doch dann sehe ich einen jungen Mann mit erwartungsvollem Blick auf mich zusteuern. Das muss Simon sein. Der grundentspannte, gut aussehende 21-Jährige strahlt eine unendliche Ruhe aus sowie ungebrochenen Optimismus. Kein Wort darüber, warum er mich hat warten lassen. Warten gibt's ja nicht für die iGeneration. Er lächelt darüber hinweg. Schon nach einer Minute fühle ich mich wieder großartig. Simon muss man einfach gernhaben.

Der junge Mann führt ein Leben zwischen Hamburg, Berlin und München. Sein Praktikum in Hamburg bei einer nachhaltigen Online-Bank, einem hoffnungsvollen Start-up, ist gerade zu Ende gegangen. Jetzt arbeitet er freiberuflich für sie weiter, da er sich für ethische Wirtschaft interessiert. In Hamburg hat er bei meiner Schwägerin gewohnt, die gerade Platz in ihrem Gästezimmer hatte. Die ganze Familie war von seiner offenen Art begeistert. Vor dem Praktikum studierte er in Berlin, doch VWL fand er zu theoretisch, zu viel Mathe. Nach zwei Semestern stellte er das Studieren ein.

Nun liebäugelt er mit Psychologie. Gerade lernt er für den Psychologentest der Uni Wien. Für die Uni in Deutschland fehlt ihm – wie vielen anderen – der entsprechende Notenschnitt. Allerdings hat er mit dem umfangreichen Stoff sehr spät angefangen, wie er selbst teilzerknirscht einräumt. »Es könnte knapp werden«, schätzt er seine mittelmäßig aussichtsreiche Lage ein. Von 2300 Bewerbern bekommen die 500 besten einen Platz. Eine meiner anderen Interviewpartnerinnen, Katharina aus München, büffelt seit Monaten für Wien. Abgefragt wird das Wissen von gefühlt zwei Jahren Studium, wie ich aus Gesprächen mit ihr weiß. Aber Simon scheint das alles nicht im Geringsten zu stören oder seine positive Grundeinstellung zu trüben.

Denn eigentlich arbeitet er seit Jahren. Die Konstante in seinem Leben sind die zahlreichen interessanten Jobs, die er ausübt. Sie haben ihm zu einem untrüglichen Selbstbewusstsein verholfen. Neben dem Praktikum bei der nachhaltigen Bank, die nur in ethisch korrekte Industrien investiert, also nicht in Atomenergie, Kohle oder Waffen, jobbt er sich durch die Branchen. Ein US-Sportartikelhersteller hat ihn engagiert, um in Kaufhäusern die Regale zu bestücken und bei der Kundenberatung mitzuhelfen und zu beobachten, wie sich die Marke in Deutschland entwickelt. In den USA hat die Marke eingeschlagen wie eine Bombe, Deutschland zieht seit ein paar Jahren nach. Das Unternehmen entlohnt seine Mitarbeiter gut, Simon verdient 13,50 Euro pro Stunde und arbeitet in verschiedenen deutschen und österreichischen Städten. »Wenn ich mehr arbeite, verdiene ich später auch mehr.«

Drei Jahre sind seit seinem Abi vergangen, und Simon kann sich immer noch nicht entscheiden, was er in Zukunft machen will. Er spürt keinen großen Druck, denn die verschiedenen Arbeitgeber sichern ihm abwechslungsreiche Tätigkeitsfelder und finanzielle Unabhängigkeit. Von seinen Eltern bekommt er kein Geld mehr. Im Gegenzug drängen sie ihn aber auch nicht, sich für eine bestimmte Laufbahn zu entscheiden. Begeistert erzählt mir Simon, dass er demnächst bei einer aufwendigen Hollywood-Produktion in Dresden mitspielen wird, wenn auch nur als Komparse. »Das ist zwar nur mit Mindestlohn bezahlt, aber bei einer so großen US-Produktion war ich noch nie dabei«, sagt er.

Ich will wissen, wie er zum Film kommt.

»Ich habe mich in Berlin bei einer Kleindarsteller- und Schauspielagentur beworben, die Rollen bei Kinofilmen und TV vermittelt.« Seine lässige Art und das gute Aussehen sind sein Kapital. »Bei der Arbeit mit der Agentur habe ich meine Freundin kennengelernt«, sagt Simon. »Schon allein deswegen hat es sich voll gelohnt.« Ansonsten sucht sich Simon seine Jobs per App. Zenjob bietet einen Vermittlungsservice für Studierende. Man kann sich registrieren, dann erhält man per Mail eine Einladung zum Vorstellungsgespräch in einer der Städte, in denen das Start-up Zenjob tätig ist. Sie suchen laut Simon Mitarbeiter für Umzüge, Aushilfstätigkeiten in der Gastro, Last-Minute-Jobs und Arbeit zum Anpacken wie Bühnen-Aufbauen. Daneben haben sie auch andere Tätigkeiten im Programm. »Die App ist gut übersichtlich, die Leute von dem Start-up sind sehr freundlich und persönlich«, weiß Simon.

Daneben benutzt er InStaff, eine Agentur für Eventpersonal und temporäre Mitarbeiter, die ähnlich funktioniert und ihn stets mit Arbeit versorgt, wann immer er sie braucht. Als Nächstes möchte er bei einem veganen Fast-Food-Restaurant anheuern, denn er lebt seit einigen Monaten vegan. Der Job würde ihn endlich mit veganem Fast Food versorgen.

Wenn er nicht gerade arbeitet, lebt Simon in den Tag hinein, liest und schaut sich Vorlesungen in Online-Unis auf einer speziellen Webseite an. »Für mich sind solche Unis die Zukunft.« Er ist Autodidakt, beschäftigt sich mit Psychologie, schaut Vorlesungen auf YouTube von Professoren, die ihn gerade interessieren. »Ich bin viel unterwegs«, sagt er. Wir telefonieren immer wieder. Irgendwann sagt er: »Den Test für Psychologie in Wien habe ich nicht bestanden. Na ja, konnte ich mir ja fast denken.« Alles nicht dramatisch. Ich unterdrücke meine Mutterinstinkte und ein »Was willst du denn nun machen, Junge?« und plaudere stattdessen mit ihm über seinen Job bei der Bank. Da kann er stundenlang erzählen.

Start-ups als Arbeitgeber stehen bei den Twenty-somethings sehr hoch im Kurs. Sie umgarnen die jungen Leute, noch bevor sie ihr Studium abgeschlossen haben, oder wie in Simons Fall, kurz nachdem sie es abgebrochen und noch bevor sie ein neues richtig angefangen haben. Für die nachhaltige Bank kann er arbeiten, von wo er will. Der Laptop ist sein Arbeitsgerät, das Gedankengut, dass das Start-up braucht, hat er im Kopf.

Die Jobs sucht sich Simon inzwischen so aus, dass er nie unter einen Stundenlohn von 13 Euro kommt. Die Sportartikelfirma, in der er arbeitet, bietet ihm an, künftig bis zu 15 Euro zu zahlen, wenn er weiter bei der Stange bleibt. Mit seiner Arbeit kommt Simon auf durchschnittlich 800 Euro pro Monat, damit kann er in Berlin gut leben, da er bei Freunden mietfrei unterkommt. Für München würde dies nicht reichen. Infolge der abgelehnten Bewerbung um einen Studienplatz hat er Anspruch auf Kindergeld, da er ja die Suche nach einem Studienplatz nachweisen kann. Das wird gespart.

Und nun? Was sind Simons Pläne? »Der Dreh für den Hollywoodfilm ging bis letzte Woche, das war ganz großes Kino.« Er darf über den Film nicht sprechen, aber ein Klick im Internet enthüllt nur eine einzige große Hollywoodproduktion in Dresden: »Drei Engel für Charly« mit Kristin Stewart, dem

»Twilight-Star«. Simons Leben als Gelegenheitsjobber bietet mehr Spannung, als andere in ihrer gesamten Berufslaufbahn erleben. Warum soll er daran etwas ändern? »Jetzt schaue ich mal, welcher Job als Nächstes kommt. Ansonsten habe ich mich für Psychologie in Utrecht beworben, da kann ich nächstes Jahr im Frühjahr anfangen.«

Die Generation Z hat einen riesigen Vorteil auf ihrer Seite: Es gibt verhältnismäßig wenig Nachwuchs. Als Vertreter der Babyboomer mussten wir um jeden Job kämpfen, ob in der Gewürzfabrik für acht Mark die Stunde, auf dem Erdbeerfeld, im Restaurant, überall warteten drei bis zehn andere, die den Aushilfsjob auch ergattern wollten. Heute vermitteln Agenturen haufenweise junge Noch-nicht-Studierende, Nicht-mehr-Studierende und Tatsächlich-Studierende an Catering-Unternehmen, Restaurants, Umzugsfirmen, Taxiunternehmen, Dienstleister oder Messen. Auf der jährlichen Berliner Funkausstellung IFA tummeln sich Hunderte Aushilfen, die dort bis zu 120 Euro am Tag verdienen, indem sie für die großen Hightech-Firmen zwischen hauchdünnen TV-Screens Kunden in Empfang nehmen, grüne Smoothies servieren oder komatöse IFA-Besucher sanft in Massagesessel mit Wiederbelebungsfunktion pressen.

An jeder dritten Bäckerei und vielen Restaurants hängen Zettel: »Aushilfen gesucht«. Wer jobben will, kann sich in Städten die Arbeit aussuchen. Wie gut sie bezahlt ist, hängt von der Tätigkeit ab. Dabei verlangen die Firmen wenig Qualifikationen. Wer fleißig und kommunikativ ist, ist an Bord. Allerdings nutzen viele Anfang 20-Jährige ihre Möglichkeiten nicht. »Viele Leute meiner Generation wissen mit sich selbst nichts anzufangen«, meint der Psychologiestudent Leo. »Aufgrund ihrer eigenen Blindheit sich selbst gegenüber schöpfen sie ihr hohes Potenzial nicht aus.«

Dabei lernen die jungen Leute beim Jobben vieles, was sie später einmal fürs Leben brauchen. Zum Beispiel, dass es nette

und unhöfliche Kollegen gibt und wie man mit ihnen aus-
kommt; was eine Lohnsteuerkarte ist, was im Arbeitsschutz-
gesetz steht, für welchen Job sie Sicherheitsschuhe anziehen
müssen; wie man einen höheren Stundenlohn aushandelt. Sie
lernen auch, was passiert, wenn man zu spät kommt – dass
es nämlich nicht reicht, wie früher in der Schule ein lässiges
»Hab den Bus verpasst« in den Raum zu werfen. Sie lernen,
Jobs sind *feste Termine*, die man nicht per WhatsApp verschie-
ben kann. Sie lernen: Der Studentenjob am Empfang der Arzt-
praxis für Orthopädie lässt sich nicht mit einem »Fack ju
Göthe«-Jargon meistern. Kein Patient will »Warte mal hier, du
Opfer« oder »Was geht?« hören. Da sind höhere Parlierkünste
gefragt und Geduld. Ein bisschen Schauspiel, ein bisschen Verständnis und Gespür für Krisenmanagement kann man immer
im Leben gebrauchen.

MATHE WAR NICHTS, WIRTSCHAFTSINGENIEUR AUCH NICHT

Jobs sind gut, um Selbstbewusstsein, Geld und Erfahrungen zu
sammeln. Aber manchmal reicht es auch schon, wenn eine
Arbeit einfach nur sinnvolle Überbrückung ist, wenn man gerade mal wieder sein Studium abgebrochen hat.

Ich rufe mir am Savignyplatz ein Uber, da ich zu müde für
U- und S-Bahn bin. Nach wenigen Minuten kommt Louis in
einem Toyota Prius und eröffnet mir, dass er erst seit zwei
Wochen für Uber fährt. Er will wissen, was ich arbeite, und ich
berichte über dieses Buch. Ich erzähle, dass junge Leute häufig
nicht wissen, in welche Richtung sie nach der Schule steuern
sollen, auch mal ein Studium abbrechen, dann weitersuchen
und manchmal einfach nicht fündig werden. Sofort ist er interessiert. »Ich habe auch erst Mathe in Frankfurt studiert, aber
das war nichts. Ich habe nichts verstanden, dabei war ich in der
Schule total gut in Mathe.« Danach, erzählt er weiter, habe er

Wirtschaftsingenieur an der Technischen Universität in Berlin studiert. Das war auch nichts. Seit zwei Wochen nun also Uber. »Ich habe es einfach nicht besser gewusst, als mit Mathe anzufangen.« Louis' Vater hat ein Taxiunternehmen, und so bot es sich an, in das Business einzusteigen. »Ich fahre jetzt mal, damit ich mich selbst finanzieren kann«, sagt der junge Mann.

Etwas anders ist die Lage, wenn die Arbeit als Überbrückung zwischen einer abgebrochenen Lehre und dem Nachdenken über weitere Optionen nur wenige Stunden pro Woche einnimmt. Wenn sie im Grunde genommen nur als Valium für die Eltern gedacht ist, da man ja noch im Hotel Mama wohnen möchte, ohne richtig hart rangenommen zu werden. Wie etwa bei Lisa. Die 19-Jährige aus Jork im Alten Land hat sich nach ihrem Mittelschulabschluss erst einmal ein Jahr lang ausgeruht. Zu groß war der Frust über eine für sie grässliche Schulzeit. Lisa ist eher praktisch begabt, Schule und theoretisches Wissen waren nicht ihr Ding. Nach einem Jahr Überlegen begann sie lustlos eine Ausbildung in einer Bäckerei – die Familie atmete auf. Das könnte sie schaffen, dachten alle, wenn sie das mit dem frühen Aufstehen hinkriegt. Doch Lisa war schon nach einem Jahr bedient vom Bedienen.

Seitdem jobbt sie an drei Abenden in einem Hamburger-Restaurant. Dafür muss sie allerdings pendeln, das geht ins Geld. Knapp 1500 Kilometer fährt sie pro Monat, 200 Euro gehen da allein für Sprit drauf. Von ihrem Verdienst bleibt entsprechend wenig übrig. Gejobbt hat Lisa, damit sie für drei Monate nach Kolumbien fahren kann. Nun fahndet sie nach weiteren Sponsoren für ihr persönliches Dschungelcamp-Erlebnis, da die paar Stunden Jobben nicht so viel einbrachten, wie sie sich erhofft hatte. Die Eltern haben schon abgewunken, die Tante stellt sich stur. Ihrer Meinung nach sind drei Abende Arbeit in der Woche viel zu wenig Engagement für drei Monate Kolumbien. »Sie soll doch mal ein Gefühl dafür bekommen, wie lange man jobben muss für so eine Reise«, meint die Tante.

Diese geringfügige Tätigkeit reicht nicht, um einen Reality-Check zu machen, denn von so wenigen Stunden Arbeit kann später niemand leben. Wenn ein junger Mensch also weder eine Ausbildung noch ein Studium macht, sollte als Alternative die Arbeit auch einen Umfang haben, der die Woche strukturiert und mindestens 25 bis 30 Stunden umfasst. Zum Vergleich: Omar, ein Arzt im praktischen Jahr, der sein PJ an der Charité absolviert, arbeitet acht Stunden am Tag in der Klinik. Dabei verdient er keinen einzigen Cent.

»Wenn ich mit 28 Jahren dann noch bei einer Eventservice-Agentur samstags oder sonntags Aushilfsjobs annehme, weil ich mich in dem Alter nach sechs Jahren Studium alleine finanzieren will, komme ich mindestens auf eine 60-Stunden-Woche«, so der Mediziner. In Jena und Frankfurt erhielt er, wie er mir am Rande eines Events verrät, immerhin 400 Euro im praktischen Jahr. »Das ist schon komisch: Tagsüber trage ich einen weißen Kittel und sehe eigene Patienten in der Psychiatrie. Morgens versorge ich zum Beispiel eine Borderlinerin, die sich die Pulsadern aufgeschnitten hat. Abends serviere ich in schwarzer Schürze Weißwein.«

Schade, dass ich Lisa nicht mit dem jungen Mann zusammenbringen kann, damit sie sich einmal darüber austauschen, wie ihr Tag aussieht.

Lucas ist 18, als er für die Fashion Week, eine große Modemesse in Berlin, jobbt. Er spricht Deutsch, Englisch, Spanisch und Japanisch. Seine Mutter ist Argentinierin, sein Vater aus Uruguay, geboren ist er in Deutschland. In Japan war er ein Jahr während der Schulzeit. Ideal für einen internationalen Job. Es ist Winter, minus zwölf Grad. Die Agentur stattet die Aushilfskräfte erst einmal mit einer orangen Designer-Winterjacke aus. Sie sollen die Besucher der Fashion Week am Flughafen Tegel in Empfang nehmen, sie auf luxuriöse Shuttles verteilen und schon mal ordentlich VIP-Atmosphäre verströmen. Die Fashionista sollen sich schließlich nicht verlaufen oder mit einem Berliner Taxifahrer in Kontakt kommen. Lucas begrüßt die *crazy fashion people*, als wären Freunde zu Gast. Charmant flötet er ihnen ein *Welcome to Berlin, Ohayou gozaimasu* oder *Hola guapa* entgegen.

Wenn eine Gruppe kommt, winkt er einen Shuttle heran. Er hakt Gästelisten ab, schaut, ob alle auch wirklich dorthin fahren, wo sie erwartet werden. Nicht auszudenken, wenn ein Modedesigner auf seiner eigenen Party fehlt, weil sein Koffer am Flughafen verloren ging und er nicht pünktlich in eine Limousine gekommen wäre. Lucas hilft mit dem Gepäck, sorgt dafür, dass die vielen Koffer in die richtigen Shuttles eingeladen werden. Logistik, Überblick, Planung, Verantwortung, Dienstleistermentalität, Kommunikation. Das ist, was Lucas von seinem Job mitnimmt. Nach einer Woche Zittern in der Kälte strömen 500 Euro in die Kasse. Die Markenjacke dürfen die Aushilfen behalten. Er liebt sie, trägt sie gern und lange. Sie wird ihm zwei Jahre später in seiner Studentenstadt Lüneburg auf einer Party aus der Garderobe gestohlen. Ich habe ihm versprochen, sie in diesem Kapitel zu verewigen.

MIT ARBEIT ZUM ABI

Arbeiten in Kombination mit Schule und Abitur ist auch eine Möglichkeit, einen Reality-Check vorzunehmen. So wie bei Tim aus Zürich. Tim ist jahrelang ein sehr guter Schüler, dann beschließt er im Alter von 14 Jahren, dass Lernen überschätzt wird. Er chillt nur noch, bekommt Schwierigkeiten in der Schule. Unfreiwillig verlässt er das Gymnasium. Der intelligente Tim schafft es jedoch, nach dem Mittelschulabschluss einen Ausbildungsplatz als Zimmermann zu ergattern. Parallel dazu geht er seitdem an zwei Tagen in die Schule, die in vier Jahren zum Abitur führt. In der Schweiz ist dies möglich.

Sein Lehrherr brauchte ihm nicht lange zu erklären, was die Arbeit als Zimmermann auf dem Dachstuhl bedeutet: »Ich erwische dich ein einziges Mal mit Alkohol oder sonst was da oben, und du bist raus«, sagte er am ersten Arbeitstag. Diese klare Ansage hilft Tim, sich zu disziplinieren. Er will sich die Chance nicht entgehen lassen. Er liebt die Arbeit mit dem Holz, erfährt viel über Bäume, ob sie gesund sind oder krank und an welchen Anzeichen man das erkennen kann. Selbst die Hausaufgaben in der Berufsschule, früher ein rotes Tuch, erledigt er, auch wenn er etwas Zeit für diese Routine benötigt.

Nach dem zweiten Lehrjahr beginnt Tim, Pläne zu schmieden. Er träumt davon, nach Ausbildung und Abitur nach Kanada zu gehen, dort mit Holz zu arbeiten und später ein Fach zu studieren, das sein Interesse für Konstruktionen mit Holz berücksichtigt. Seine Mutter ist begeistert, wie sich ihr Sohn nach Jahren der Streiterei um Noten zum Positiven entwickelt. »Eine tägliche Struktur, harte Arbeit und Erfolg, das hilft ihm, bei der Sache zu bleiben«, sagt sie.

Tim wirkt viel ausgeglichener als noch als 15- oder 16-Jähriger. Jetzt, mit 18 Jahren, wirkt er fast wie ein erwachsener Mann. Durch die Arbeit auf dem Dachstuhl hat er breite Schultern und muskulöse Arme bekommen. Das Wichtigste war nach Einschätzung der Mutter, immer dranzubleiben, als er in der Schule immer weiter abdriftete; ihn nicht aufzugeben. Diese Zeit der Streitereien und Auseinandersetzungen sei für alle Beteiligten unendlich anstrengend gewesen, habe jedoch auf lange Sicht zum Erfolg geführt. »Ich habe ihm ab einem bestimmten Zeitpunkt ganz klar gesagt, bis hierhin und nicht weiter«, sagt die Mutter. Das hat ihren Sohn aufgefangen.

DAUERJOBBER OHNE PLANUNG

Nicht immer ist Jobben jedoch so positiv zu bewerten, wie es in den angeführten Beispielen den Anschein hatte. Problematisch wird es, wenn jemand nicht den Absprung findet. Wenn er oder sie zum Dauerjobber mutiert. Stefanie aus Bremen hat so etwas erlebt. Sie jobbt in einer Altstadtkneipe, nach dem Mittleren Schulabschluss will sie sich auf nichts Festes einlassen. Sie ist fleißig und verschafft sich schnell Respekt beim Chef des Jägerhofs. Ohne Stefanie geht hier nichts mehr. Hin und wieder gibt es eine Gehaltserhöhung – das freut die junge Frau, hindert sie aber auch daran, nach etwas anderem Ausschau zu halten oder eine Ausbildung zu beginnen. Dann lernt sie Josef kennen, einen Floristen. Sie heiraten, und Stefanie bekommt drei Kinder. Als ihre älteste Tochter 15 Jahre ist, jobbt Stefanie immer noch im Jägerhof. Aus dem Reality-Check ist Realität geworden. Jobben hilft bei der Orientierung, ist aber keine Dauerlösung. Entscheidend ist, den nächsten Schritt zu vollziehen, auch wenn dies zwischenzeitlich den Verzicht auf etwas Geld bedeutet.

Leo beginnt nach dem Abi mit 18 Jahren, in einem Spezialgeschäft für Laufschuhe in Bonn zu arbeiten. Eine seiner großen Leidenschaften – neben Basketball und Klavierspielen – sind Sneaker. Nach ein paar Wochen kann er schon eine Laufberatung anbieten, er schwingt mit den Kunden auf einer Wellenlänge. Das knappe Jahr Arbeit verstreicht gefühlt eher langsam, da Leo viel über seine Zukunft nachdenkt. Wie sein bester Freund, der ebenfalls in dem Geschäft jobbt, spart er für den Führerschein sowie eine lang ersehnte Reise nach Kuba. »Wir haben auf die Reise hingefiebert.«

Ehe er sich's versieht, ist es wieder Sommer, und er bewirbt sich für ein Psychologiestudium. Nachdem er den Aufnahmetest an der Leuphana-Universität in Lüneburg nicht bestanden hat – auf 1200 Bewerber kommen 50 Plätze –, bewirbt er sich an mehreren Unis. Dank seines Schnitts von 1,6 erhält er an der Universität Trier einen Studienplatz. Mit dem Start ins Studium merkt er, dass ihm beim Jobben die geistige Herausforderung gefehlt hat, ohne dass es ihm zunächst aufgefallen wäre. »Ich habe das Jahr gebraucht, um zu überlegen, was ich machen will. Aber jetzt bin ich auch froh, dass es weitergeht«, so der junge Mann.

Mit dem Latein am Ende

Wenn Profis ins Boot geholt werden müssen

Wie viel Kiffen ist normal, ab wie vielen »Johnnys« wird das jugendliche Gehirn geschädigt? Ist die adoleszente Apathie des Sohns oder der Tochter noch im Rahmen, das stundenlange Im-Bettliegen, dieses monatelange Nichtstun nach dem Abi, oder bahnt sich eine depressive Krise an? Geht es der 19-jährigen Tochter gut, wenn sie nur noch exzessiv feiern geht und der Tag für sie erst mittags beginnt? Trinkt sie im Klub nur Alkohol, oder sind Drogen im Spiel? Ist jemand spielsüchtig, wenn er sich nachts nicht von der Playstation lösen kann? Was ist vom massiven Pornokonsum des Sohnes zu halten?

Einschreiten oder laufen lassen – Eltern sind mit tausend drängenden Fragen konfrontiert, auf die sie keine guten Antworten haben. Zumal die Kinder nach dem Abi bereits volljährig sind oder es bald werden. Eltern pendeln zwischen Vertrauen und der Sorge. Sie leiden mit den Jugendlichen, wenn sie Liebeskummer haben, zittern mit, wenn der Bescheid über einen Studien- oder Ausbildungsplatz erwartet wird, und sind erschrocken, wenn sie erfahren, was ein Zimmer in der Studentenstadt kosten soll. Sie leben einen Spagat zwischen Festhalten und Loslassen, Vertrauen und Abwarten. Eine wichtige Frage, die sich ihnen stellt: In welchem Stadium der Orientierungslosigkeit sollten sie einen Profi ins Boot holen? Wann ist der Moment, sich einzugestehen, dass die Probleme nicht mehr allein in der Familie gelöst werden können?

Die Antwort lautet: Es kommt darauf an. In der Zeit der Adoleszenz, zwischen 18 und 24 Jahren, ist der Erziehungsauftrag vorbei. Nur die Sorge bleibt, was passiert, wenn sich beim Übergang zum Erwachsensein eine psychische Krise anbahnt. Hier gibt es keine pauschale Einschätzung. Einzig und allein die individuelle Situation des Heranwachsenden ist entscheidend. Gelegentliches Kiffen ist eher harmlos. Dauerkonsum von Cannabis ist es im Gegensatz zur landläufigen Meinung aber nicht. Bei mehreren meiner Interviews mit Psychiatern, Psychoanalytikern und Therapeuten über die Orientierungslosigkeit hieß es am Ende des Gesprächs: »Sie müssen etwas über Cannabis schreiben. Cannabis ist ein großes Problem für Heranwachsende.«

Zunächst war ich überrascht. Das bisschen Kiffen, dachte ich. Doch ich lernte schnell, dass die Experten etwas ganz anderes meinten. Meine Interviewer haben es allesamt bestätigt: Gekifft wird überall. »Ob in den Hostels in Asien, in Australien, in Deutschland. Auf Partys, in der Schule, im Studium. Viele rauchen jeden Tag«, erzählt einer meiner Interviewer.

»Ich habe gekifft, weil das alle in der Gruppe getan haben. Da habe ich mich sicherer gefühlt bei den Freunden, auch cooler«, gesteht ein 19-jähriger Gesprächspartner.

Mitmachen, weil es alle tun – das nannten meine Interviewpartner als einen der wichtigsten Gründe, warum sie gekifft haben. Kiffen ist mittlerweile ein Massenphänomen, vor allem bei jungen Leuten. Die von der Privatdozentin Eva Hoch von der LMU München geleitete Capris-Studie,[21] die den aktuellen Forschungsstand zu Cannabis zusammenfasst, zeigt: In der Altersgruppe der 15- bis 34-Jährigen haben 13,2 Prozent in den letzten zwölf Monaten Cannabis konsumiert. Bei den 18- bis 25-Jährigen sind es 17,6 Prozent – das heißt, ungefähr jeder sechste Heranwachsende kifft. Über alle Altersgruppen hinweg sind es mehr Männer als Frauen, die Cannabis konsumieren. Das Problem: Sowohl die Konsumenten als auch ihre

Eltern unterschätzen die Auswirkungen von Cannabis auf das junge Gehirn – bis zu dem Zeitpunkt, wo etwas passiert.

DAUERKIFFEN SCHÄDIGT DAS GEHIRN

Gekifft wurde schon immer. Doch die heutigen Züchtungen mit ihrem hohen THC-Gehalt (Tetrahydrocannabinol) haben nichts mehr mit dem Joint zu tun, den die Eltern in den Siebzigern haben kreisen lassen. Das hoch dosierte THC in Cannabis ist wesentlich potenter und nicht harmlos. »Früher enthielt Cannabis die Wirkstoffe THC und den Gegenspieler Cannabidiol in einem Verhältnis 1:1«, erläutert Torsten Grigoleit, Leitender Oberarzt in einer Suchtabteilung der Klinik Langenfeld im Rheinland. Heute enthält ein Joint das Vielfache an THC. Der Gegenspieler Cannabidiol, der etwa einer Psychose entgegenwirkt, ist reduziert worden. Häufig wird Cannabis heute aus synthetischen Materialien hergestellt, zum Beispiel Harzen, in technisch aufwendigen Prozeduren. Das natürliche Gras von früher ist Geschichte.

»Das Ergebnis ist, dass der Joint heute mehr knallt. Der Unterschied zwischen einem Joint früher und dem aktuellen hoch dosierten Cannabisprodukt ist vergleichbar mit dem zwischen Bier und Schnaps«, weiß Grigoleit. Deswegen ist Kiffen bei jungen Menschen heute eher ein Problem, vor allem dann, wenn es regelmäßig passiert. »Ein gelegentlicher Joint, das ist nicht, was uns Sorgen macht«, sagt der Arzt. »Unser Problem sind die Dauerkiffer.«

Rainer Thomasius, Leiter des Suchtbereichs für Kinder und Jugendliche im Klinikum Eppendorf in Hamburg, berichtet, dass in Kanada und Colorado, wo Cannabis freigegeben wurde, Coffeeshops Cannabisprodukte mit 50 bis 80 Prozent THC-Gehalt verkaufen. »Die Konsumenten wollen diese starke Dröhnung«, sagt er in einem brechend vollen Seminarraum im November 2018 auf dem Kongress der Deutschen Gesellschaft für Psychiatrie und Psychotherapie. In der Capris-Studie hat Eva Hoch mit dreißig nationalen und internationalen Wissenschaftlern den aktuellen Forschungsstand zu Cannabis zusammengetragen. »Studien ergeben, dass etwa neun Prozent aller Cannabiskonsumenten eine Abhängigkeit entwickeln. Die Rate steigt auf 17 Prozent, wenn der Cannabiskonsum in der Adoleszenz beginnt, und auf 25 bis 50 Prozent, wenn Cannabis täglich konsumiert wird«, schreiben die Autoren.

Gekifft wird nicht erst nach dem Schulabschluss. Es gibt viele junge, minderjährige Konsumenten. Viele beginnen im Alter von 14 Jahren mit dem Konsum, wenn das Gehirn noch unreif ist. Auch das sei anders als in den Achtzigern, als die Betroffenen eher 16 Jahre alt waren bei ihrem Erstkontakt mit Cannabis. »Wenn jemand mit 14 Jahren anfängt und häufig kifft, entwickelt er sich quasi nicht mehr weiter. Das Gehirn bleibt auf dem Stand eines 14-Jährigen stehen. Auf der Erwachsenenstation in unserer Suchtklinik sind 30- bis 40-jährige Erwachsene, Dauerkiffer auf Entzug, aber es geht zu wie in einer Jugendherberge. Sie befinden sich auf dem emotionalen und sozialen Entwicklungsstand von Jugendlichen«, so der Mediziner.

»Wenn sich jemand als 23-jähriger Erwachsener entschließt, Cannabis zu rauchen, ist der Umbau der entscheidenden Nervenzentren abgeschlossen«, erzählt Grigoleit. »Aber vorher hat dies besonders bei den Dauer-Usern verheerende Konsequenzen.« So sei die Motivationsstörung, die man von starken Konsumenten kenne, kaum reversibel. Deswegen sei es problematisch, Cannabis zu legalisieren oder ohne ausreichende klinische Prüfung als Medikament freizugeben. »Erklären Sie mal einem Jugendlichen, dass eine frei zugängliche Substanz, die gegen Schmerzen bei Krebspatienten hilft, für ihn schädlich sein kann. Der zeigt Ihnen doch den Vogel.«

Dass der Konsum von THC schädlich ist, sagt auch Psychiaterin Iris Hauth, Direktorin des Alexianer St. Josef-Krankenhauses in Berlin-Weißensee. Wer in frühem Alter regelmäßig kifft, kann sich dauerhafte Schäden zuziehen. Die psychische Entwicklung, nämlich selbstständig zu werden, Frustrationen auszuhalten, Ziele und Motivation zu entwickeln, wird beeinträchtigt. Wer in seinem Umfeld einen dauerhaft kiffenden Heranwachsenden über einen längeren Zeitraum erlebt hat, kennt die Symptome der mangelnden Motivation. Experten nennen es »amotivales Syndrom«, erklärt Hauth: der abwesende Gesichtsausdruck, die verlangsamten Reaktionen, das Aufgeben von Interessen und die Total-egal-Haltung frei nach dem Szenespruch »Kiffen macht gleichgültig – mir doch egal«. Dies entspricht oft nicht mehr der Persönlichkeit des Betroffenen, er oder sie haben sich bereits verändert. »Die alte Vorstellung, Kiffen sei harmlos, ist im Fall von Jugendlichen und Heranwachsenden völlig überholt, denn das Gehirn macht in der Pubertät eine entscheidende Umbauphase durch, die durch regelmäßigen Cannabiskonsum nachhaltig gestört wird«, warnt Hauth.

Dennoch verharmlosen Jugendliche wie deren Eltern den Konsum. Die Gründe dafür sind ein toxischer Mix aus Desinformation, eigenen romantisierenden Vorstellungen vom Kiffen in den Siebzigern und Achtzigern und der Angst vor Konflikten mit den ohnehin schwierigen Jugendlichen. »Eltern scheuen manchmal schlichtweg die Auseinandersetzung«, ist Hauth überzeugt. Das wäre gefährlich für die Heranwachsenden, denn dann hielten sie Cannabis für völlig akzeptabel. In seltenen Fällen vermag Cannabis eine Psychose auszulösen. Dies passiere allerdings nur, wenn auch eine Disposition vorhanden ist. Dennoch ist es erschreckend, in welche Schwierigkeiten der Betroffene und seine Familie dann geraten.

KIFFEN UND KOKSEN, BIS DER ARZT KOMMT

»In der Schulzeit ging es nur noch ums Kiffen«, erzählt Gregor einem meiner Interviewer. »Ich war in einer Clique, die nichts miteinander verbunden hat außer dem Rauchen. Andere Freunde hatte ich nicht mehr.« Es blieb bei Gregor nicht beim Joint. »Wir haben zusammen auch eine *line* gezogen«, berichtet er. – Kokain, bei 17-Jährigen?

Bei Anzeichen von regelmäßigem Cannabis-Konsum ist es wichtig, Informationen einzuholen, einen Experten zurate zu ziehen – die Drogenberatungsstelle, einen Psychiater oder anderen Therapeuten. Torsten Grigoleit rät Eltern, ein ernstes Gespräch zu führen, wenn sie merken, dass der Sohn oder die Tochter einmal gekifft hat. Dies solle keine Standpauke sein, sondern eine Auseinandersetzung auf Augenhöhe. Die Eltern sollten ansprechen, dass (je nach Alter) der Heranwachsende schon relativ erwachsen sei, seine eigenen Entscheidungen treffe; aber dass man sich als Elternteil Sorgen mache – vor allem, wenn Cannabis häufig geraucht wird.

»Ich erkläre den jungen Leuten, dass Kiffen die Klaviatur der Sinne einschränkt, die das Leben bereichert. Nach einiger Zeit des Dauerkonsums beschränkt sich die Wahrnehmung nur noch auf den Konsum.« Darüber hinaus gehe die Konzentration verloren. Ein weiterer Aspekt sei, dass Kiffen und der Kauf von Cannabis immer noch verboten seien. Es müsse den Jugendlichen klargemacht werden, dass sie, wenn sie erwischt werden, als Rechtsbrecher dastehen. Doch wie finden Eltern heraus, ob ihr Sprössling nur hin und wieder kifft oder sich im gefährlichen Bereich des Dauerkiffens bewegt, mit mehr als drei Joints pro Woche?

Meist wissen die Freunde genau, wie viel im Freundeskreis gekifft wird, denn geraucht wird oft in der Gruppe. Manche Jugendliche bemühen sich nicht einmal, ihren Konsum zu verbergen. Wer gegen zehn oder elf Uhr abends am Berliner

Schlachtensee spazieren geht und dabei die Gruppen feiernder, badender und trinkender Jugendlichen passiert, braucht nur ein paarmal einzuatmen – es riecht süßlich. Auf mehr als dreimal wöchentlich kommen sehr viele Konsumenten. Was viele nicht wissen: THC baut sich nur langsam im Körper ab. Wer am Wochenende kifft, ist zwar am Montag nicht mehr high, hat aber noch Abbauprodukte von THC im Körper. Der Stoff zirkuliert drei Tage im Blut. Wenn es dann zu einer Verkehrskontrolle kommt, haben sie einen positiven Drogentest. »Im Bundesstaat Colorado, wo Cannabis freigegeben wurde, kam es vermehrt zu Verkehrsunfällen durch Cannabis«, berichtet Rainer Thomasius, Kinder- und Jugendsuchtexperte aus Eppendorf.

Experten sollten kontaktiert werden, wenn der Konsum regelmäßig stattfindet, also dreimal pro Woche und mehr. Die hartnäckigen Dauerkonsumenten kiffen nach Erfahrung der Experten jeden Tag. Fangen sie in jungen Jahren an, wäre es wichtig, einzuschreiten. Ausgewiesene Suchtexperten gibt es unter den Psychiatern, in Suchtambulanzen können sich Eltern informieren. Grigoleits Klinik in Langenfeld bietet eine Beratung für Angehörige an. Thomasius erklärt auf dem Psychiatriekongress in Berlin, dass er jedes Jahr 1200 Kinder und Jugendliche auf seiner Station wegen Cannabiskonsums behandelt. »Wenn sie nach zwei Jahren Kiffen zu mir kommen, sind sie emotional und kognitiv so eingeschränkt, dass sie gar nicht in der Lage sind, eine Psychotherapie zu machen. Da müssen wir sie erst langsam hinbringen.«

Nach meiner Erfahrung aus der Recherche wissen die meisten Eltern nicht, wie viel ihre Kinder kiffen. Sie unterschätzen sowohl die Häufigkeit des Konsums als auch die Tricks, mit denen das Tun vor ihnen verheimlicht wird. Es gibt kein Patentrezept für diese heikle Situation. Eltern können sich jedoch selbst ein paar Fragen stellen. Hat sich das Verhalten des Sohns oder der Tochter verändert? Ist er oder sie lustlos, dauerhaft unmotiviert, antriebslos? Hat das Kind öfter Ausraster? Lässt er oder sie die Aufgaben in der Schule schleifen, bleibt unter seinen/ihren gewohnten Leistungen? Findet sich Cannabis in der Wohnung? Fehlt hin und wieder Geld im elterlichen Portemonnaie? Mit welchen Freunden umgibt sich der Sohn, die Tochter? Hat sich der Freundeskreis verändert? Kennt man die Freunde überhaupt? Treibt der Sohn oder die Tochter keinen Sport mehr wie früher? Weicht er oder sie aus, übernachtet häufig bei Freunden und kommt erst mittags zurück (wenn die Anzeichen des Cannabiskonsums wie geweitete Pupillen, Kichern, verlangsamte Reaktionen abgeklungen sind)? Hält sich der Sohn oder die Tochter an Verabredungen, oder geht er oder sie den Eltern aus dem Weg?

Nicht alle haben einen ausgeprägten Bullshit-Radar. Es gibt Menschen, die andere spüren können, die fühlen, ob jemand etwas verbirgt, ob er lügt, ob eine Geschichte einen Haken hat und wie es dem Kind geht. Doch gerade bei den eigenen Kindern funktioniert dieser Mechanismus manchmal nicht, denn Eltern wollen ihren Kindern vertrauen.

IMMER MEHR DEPRESSIONEN

Nun ist Kiffen aber nicht das einzige Problem, bei dem Experten herangezogen werden sollten. Neben dem möglichen Cannabiskonsum ihrer Sprösslinge plagen Eltern noch andere Sorgen in der Zeit von deren Adoleszenz. Wie bereits in dem Kapitel über die langsame Entwicklung des Teenagergehirns beschrieben, beobachten Experten mit großer Sorge, dass gerade in der Gruppe der 18- bis 25-Jährigen psychische Erkrankungen in den letzten zehn Jahren deutlich zugenommen haben. Diese Zahlen liegen für Deutschland, Großbritannien und die USA vor.

Die Betroffenen leiden unter Depressionen, Angststörungen oder Panikattacken. Allein zwischen den Jahren 2005 und 2016 ist der Anteil der 18- bis 25-Jährigen mit psychischen Diagnosen um 38 Prozent gestiegen. Die Zahl der Heranwachsenden mit Depressionen stieg um 76 Prozent, wie der Barmer Arztreport 2018 belegt. Demnach ist selbst bei den Studierenden, die bislang als weitgehend stabil und gesund galten, inzwischen mehr als jeder Sechste (17 Prozent) von einer psychischen Krankheit betroffen.

Eine Studie des Deutschen Zentrums für Hochschul- und Wissenschaftsforschung in Hannover, der Freien Universität Berlin und der Techniker Krankenkasse vom September 2018 kommt zu dem Schluss, dass jeder vierte Studierende unter großem Stress leidet. Insgesamt wurden 6198 Studenten online befragt.[22] Neuer Lebensabschnitt, Prüfungsdruck, Zukunftsangst, das sind die Themen, welche die Anfang 20-Jährigen belasten. 25,3 Prozent der Befragten schildern, dass sie an einem hohen Stress-Erleben leiden, 24,4 klagen über Erschöpfung, mögliche Vorboten eines Burn-outs. 21,2 Prozent zeigen Symptome einer generalisierten Angststörung und 16,9 Prozent einer Depression. So wie Marie.

Die Pädagogikstudentin aus München macht gerade ein Praktikum in einer Grundschule. »Eigentlich ist sie gar nicht sicher, dass sie das wirklich studieren will«, erklärt die Mutter Jutta den Freundinnen. »Sie sagt, sie habe keine Ahnung, was sie machen will.« Die Mutter ist verzweifelt, denn Marie hat bereits zwei Jahre nach etwas gesucht, was ihr Spaß machen und ihr Leben mit Sinn erfüllen könnte. Während die Mutter mit Marie im Gespräch bleibt, ist ihr Vater Alexander nur noch sauer.

Die Abendessen zu dritt gleichen einer Vollkatastrophe. Alexander kann seinen Ärger kaum noch unterdrücken. Er beschimpft seine Tochter, meint, sie würde auf seine Kosten herumhängen. Für ihn ist Nichtstun die Höchststrafe. Das ungeliebte Praktikum, vorher verschiedene Jobs bei Messeagenturen, Supermärkten oder Kaufhäusern, Alexander versteht die Welt nicht mehr. Der erfolgreiche Unternehmensberater erwartet mehr Leistung, Biss und Zielorientierung. Das Pädagogikstudium, sind Alexander und seine Frau Jutta überzeugt, würde ihre Tochter nirgendwohin bringen. Das Praktikum ja offenbar auch nicht. Jura, BWL oder etwas anderes Vorzeigbares, das wäre ihrer Meinung nach genau das Richtige. Dass er selbst nach seinem Abitur und der Bundeswehr erst einmal drei Semester Religionswissenschaft probiert und das Studium abgebrochen hat, hat Maries Vater verdrängt. In seiner Erinnerung hat er BWL in null Komma nix durchlaufen, »zack, zack, zack«, wie er gern fabuliert.

Der Leiter der Grundschule fragt Marie, ob sie mal bei einem Elternabend dabei sein wolle. Marie fühlt sich unter Druck und gestresst, ist zeitlich einfach überlastet. In letzter Zeit fühlt sie sich oft matt, niedergeschlagen und antriebslos. Aus diesem Grund erscheint ihr der Abend eher als Hürde statt als gute Gelegenheit, in ihrem Praktikum etwas Interessantes zu erleben. Sie sagt ab und redet lange mit ihrer Mutter. Diese erkennt, dass es nicht nur das Studium ist, das Marie belastet. Der Druck, den der Vater aufgebaut hat, die Erwartungen der Eltern, dass sie Jura oder BWL studieren solle, die fehlende Struktur in den vergangenen zwei Jahren sowie das anhaltende Gefühl der Orientierungslosigkeit haben ihre Tochter in eine chronische Niedergeschlagenheit katapultiert. Die Mutter handelt und geht mit ihr zum Therapeuten. Dieser rät, das Studium erst einmal weiterzuverfolgen, denn Nichtstun sei für Depressive kontraproduktiv. Sie brauche eine Struktur, soziale Kontakte, Aufgaben. Marie beginnt nach einiger Wartezeit eine Therapie. Ganz langsam gewinnt sie wieder Boden unter den Füßen.

UNTERSCHIEDE ZWISCHEN DEN FÄCHERN

Interessant an der Studie des Deutschen Zentrums für Hoch-schul- und Wissenschaftsforschung in Hannover zu psychischen Erkrankungen bei Studierenden ist, dass der Stress je nach Fach sehr unterschiedlich erlebt wird. Vor allem Studierende aus der Sprach- und Kulturwissenschaft gaben an, Anzeichen einer Angststörung zu haben (22,5 Prozent) oder Depressionen (18,3 Prozent). Gefolgt werden sie von Studenten der Sozialwissenschaften, Psychologie und Pädagogik (18,4 Angst, 18,0 Prozent Depressionen). Mental am besten, schreiben die Autoren, gehe es den Medizinstudenten und denen der Gesundheitswissenschaften (14,8 Prozent Angst, 10,6 Prozent Depressionen). »Inwiefern die Ursachen für diese Ergebnisse in den Fächern selbst begründet liegen, muss in künftigen Studien näher erforscht werden«, kommentiert Sandra Buchholz, Leiterin der Abteilung Bildungsverläufe und Beschäftigung am DZHW.

Die Psychiaterin Iris Hauth erklärt die zunehmende Häufung von Depressionen bei jungen Erwachsenen auch damit, dass die Erkrankung durch Prominente wie den Fußballer Robert Enke »salonfähig« geworden ist. »Man muss die Krankheit nicht mehr verstecken, sondern kann offen damit umgehen«, sagt die Ärztin. Eltern achten besser darauf, ob ihre Kinder psychisch gesund aufwachsen oder ob sie Anzeichen von Niedergeschlagenheit und sozialem Rückzug zeigen. »Auch Hausärzte sehen heute genau hin und behandeln eine Depression«, ist die Psychiaterin überzeugt. Dennoch erklärt die bessere Diagnostik nicht allein das rasante Ansteigen der Erkrankungszahlen.

Neben Depressionen ist Alkohol bei Heranwachsenden ein Problem, mit dem Eltern nur schwer umgehen können, da Alkohol in unserer Gesellschaft überall präsent ist. Vielen

Erwachsenen fällt es schwer, die Lust ihrer Sprösslinge am Exzess nachzuvollziehen, abzuschätzen, wann zu viel eben zu viel ist und der Nachwuchs auf dem Weg in die Sucht oder schon mittendrin. Nächtliches Feiern kann absolut in Ordnung sein. Wird es zur Regel, und die Nacht wird jedes Wochenende zum Tag, tendiert die Motivation, sich am nächsten Tag mit der eigenen Zukunft auseinanderzusetzen, wahrscheinlich gegen null. Vor allem, wenn es dann zu tätlichen Auseinandersetzungen unter Alkoholeinfluss kommt. Enthemmt kann so mancher Draufgänger auch mal in der Unfallstation landen, weil sein Gegenüber nicht lange gefackelt hat.

Vor Jahren besuchte ich den 18-jährigen Sohn einer französischen Freundin auf einer Station des Unfallkrankenhauses Marzahn in Berlin. Der junge Franzose hatte versucht, in einen überfüllten Klub zu kommen, und war in Streit mit anderen vollkommen betrunkenen Wartenden geraten. Jemand rammte ihm ohne Ankündigung den Boden einer Bierflasche ins Gesicht, brach ihm die Nase und schnitt ihm seine Lippe auf. Der Angreifer ließ den jungen Mann einfach bewusstlos liegen.

Wenn ein Heranwachsender in wirklich großen Schwierigkeiten steckt, eine Sucht oder eine Depression entwickelt, in dubiose Kreise gerät, an einer Angststörung oder einer psychischen Erkrankung leidet, hilft Abwarten nicht. Im Gegenteil. Je früher eingegriffen wird, desto besser die Chance auf Abhilfe und eine normale Entwicklung. Aber woran erkennen Eltern, wann dieser Moment gekommen ist und Experten kontaktiert werden sollten? Wann schlägt die Stunde der Psychologen, Therapeuten, Drogenberater und Psychiater? Wann die für einen Coach? Ungern möchten Eltern zu früh Alarm schlagen und den betroffenen jungen Menschen noch mehr unter Stress setzen; aber klar ist auch, man kann den rechten Zeitpunkt verpassen, und der Jugendliche entgleitet einem für längere Zeit.

MIT VOLLGAS VOR DIE WAND

Yannik aus Dortmund ist 16, als er Partymachen als ultimatives Hobby für sich entdeckt. Seine Freunde aus wohlhabenden Kreisen wissen immer irgendein Haus, in dem sie eine *Home*, eine Party ohne Eltern, feiern können, wo sie übernachten und ihren Exzess ausleben können. Anders als bei anderen Teenagerpartys gibt es bei Yanniks Freunden nicht nur literweise Alkohol und Cannabis, sondern auch Kokain. Der sensible Junge, der durch das Kiffen eher ruhiggestellt ist, kommt nach dem Konsum von Koks so richtig in Fahrt. Er fühlt sich großartig, unbesiegbar. In der Schule verliert er schnell den Anschluss, geht nach dem Mittelschulabschluss ab, um ein bisschen mehr Zeit mit seinen Freunden verbringen zu können. Wer braucht schon Mathe, wenn er sich wie Superman fühlt?

Nach einem Jahr Schulpause versucht er, das Abitur auf einem privaten Institut nachzuholen. Er nimmt sich dafür Zeit, doch immer wieder bricht er ein, geht ein Jahr zurück, am Ende jedoch schafft er es nicht. Seine Partyfreunde haben Dortmund inzwischen verlassen, koksen mit neuen Kumpels in Berlin, München oder auf ihren Reisen ins Ausland. Nur Yannik ist immer noch in Dortmund. Das ändert er prompt, er zieht nach Zürich, wo er in einem Restaurant jobbt. Bereits in Dortmund hat er erfolgreich in der Gastronomie gearbeitet, dort nachts die Bar geschmissen und sich mit den Betreibern angefreundet. Mit dieser Erfahrung bekommt er problemlos eine Aushilfsarbeit in Zürich.

Doch auch hier dauert es nicht lange, und Yannik trinkt auf einer internen Party so viel, dass er sich nicht mehr bremsen kann. Er entgleist, der Arbeitgeber kündigt ihm. Dazu das Kokain, seine Gewohnheiten kann er auch in der neuen Umgebung nicht ablegen. Ständig zieht er um, immer wieder startet er bei null. Dazu erfindet er aberwitzige Geschichten, ganze Lügengebäude baut er auf – von reichen Verwandten und einem großen Erbe, das auf ihn wartet, ist die Rede. Diese Geschichte erzählt er allen, die wissen wollen, warum er Jahre nach der Schule noch immer keine Ausbildung angefangen, geschweige denn abgeschlossen hat. Und vor allen denjenigen, von denen er sich Geld leiht, quasi als Bürgschaft. »Ich wandele das Haus meiner Oma in Wohnungen um, die ich dann vermiete. Davon kann ich dann leben«, fabuliert er. Die Geschichte ist frei erfunden. Nichts davon stimmt.

In Antwerpen verdient Yannik 3000 Euro netto, da er sich bis zum Restaurantmanager hochgearbeitet. Alles geht durch seine Drogensucht und seinen exzessiven Lebensstil drauf. Alkohol und Koks, das geht ins Geld. Nachdem er in Antwerpen aufgeflogen ist, zieht er zurück in seine Heimatstadt Dortmund, will mit dem Alkohol und Kokain endgültig Schluss machen. Die Tragweite von Yanniks Problemen hat in seinem Umfeld niemand erkannt, da er es auch verstanden hat, stets die Stadt zu wechseln und so weit wegzuziehen, dass niemand aus dem alten Umfeld mit dem neuen in Kontakt kommen konnte. Erst sehr spät wird klar, dass Yannik dringend professionelle Hilfe braucht. Er beschließt, seinen Problemen auf den Grund zu gehen. Nach Jahren des Rausches will er sich seinen Dämonen stellen. Er meldet sich bei einer Klinik, die ihm ein Freund empfohlen hat.

Die Kombination aus Alkohol- und Kokainsucht im jungen Alter ist sicherlich keine häufige Konstellation. Dennoch zeigt dieses Beispiel, dass Yanniks Leidensweg lange im Verborgenen blieb, bevor sein Familie erkannt hat, wie schlecht es ihm geht. Als Yannik zum Psychiater geht, ist er 22 – sieben Jahre der Sucht und des Taumelns liegen hinter ihm.

Die Schwelle, einen Psychiater oder Psychotherapeuten zu konsultieren, ist heute nicht mehr so hoch wie vor zwanzig Jahren. Ich kann Eltern nur ermuntern, sich Hilfe zu holen, selbst wenn sie nicht genau wissen, ob dies nötig ist. Was kann schon passieren, außer, dass der Arzt oder Therapeut sagt, eine Therapie sei gar nicht nötig? Viel schwieriger ist es, wenn man zu spät eingreift oder gar keine Hilfe holt.

BRANKOS ABSTURZ

Die Geschichte von Branko beginnt vor vier Jahren. Als Sohn serbischer Einwanderer lebt er mit seiner Familie in Paris. Erstmals höre ich von ihm, als eine Freundin mir davon berichtet, dass Branko, damals 14 Jahre alt, Probleme in der Schule habe. Er geht auf das Gymnasium ihres Sohnes, beide spielen zusammen Fußball, später werden sie Gamer. Dem ersten Vernehmen nach klingt es nach den üblichen Geschichten eines Teenager-Jungen: null Bock auf Lernen. Es geht um fehlende Hausaufgaben, Schwänzen, schlechte Noten, mittelprächtige Zeugnisse und die Sorge, wie wohl der Mittlere Schulabschluss ausfallen wird.

Seine Eltern, Inhaber eines mittelständischen Unternehmens, ärgern sich, denn dem Kind fehlt jeglicher Ehrgeiz. Alles scheint am Anfang noch harmlos. Ein Jahr zieht ins Land. Branko geht weiter zur Schule. Die einzige Konstante ist seine immer weiter nachlassende Motivation. Früher war er ein guter Schüler, inzwischen ist er in sämtlichen Fächern abgesackt. Große Lücken klaffen in seinem Wissen. Seine Lehrer ermuntern ihn, wieder Anschluss zu finden, und hoffen auf einen Neustart im neuen Schuljahr.

Schon recht bald mischt sich ein ungewöhnlich besorgter Unterton in die Berichte meiner Freundin und ihres Mannes. Ihre Stimmen klingen angespannt, wenn sie über den Freund ihres Sohnes sprechen. Mehr und mehr geht es darum, ob Branko überhaupt den Mittelschulabschluss besteht, da er immer häufiger schwänzt. Es ist vom häufigen Kiffen am Wochenende die Rede, von Valium, das die Mutter auf dem Nachttisch ihres Sohnes findet. Valium – was macht ein Junge mit einem so starken Beruhigungsmittel?, frage ich mich. Nach der neunten Klasse hat Branko den Hauptschulabschluss in der Tasche, dann sitzt er zu Hause rum.

Vier Jahre nachdem ich erstmals von Branko gehört habe, ist er tot. Mit einer Mischung aus Beruhigungs-, Schmerztabletten und Alkohol nahm er sich im Alter von 18 Jahren das Leben. Als Letztes postet er auf Instagram ein Bild von sich mit einem Liedtext, der vom Suizid handelt. Der Musiker, der das Lied schrieb, finde ich später heraus, starb an einer Überdosis Tabletten. Erst nach seinem Tod erfährt die Familie, was mit Branko wirklich los war. Wie konnte es so weit kommen? Wieso bemerkte niemand die vollkommene Orientierungslosigkeit, die innere Verzweiflung, in der sich Branko befand? Wieso bekam niemand etwas von seiner Drogen- und Tablettensucht mit?

Die Ursachen sind vielfältig und reichen weit in die schulische Vergangenheit zurück. Während seine Mitschüler Jahr für Jahr weiterkommen, bleibt Branko auf seinem Hauptschulabschluss sitzen. Sein Traum, einen Ausbildungsplatz in der Hotelbranche zu bekommen, scheitert an seiner mangelnden Einstiegsqualifikation. Dafür braucht er, signalisieren ihm die Firmen, mindestens den Mittelschulabschluss, wenn nicht das Abitur. Branko versucht drei Jahre lang auf verschiedensten Schulen, den Mittelschulabschluss nachzuholen. Ohne Erfolg. Das tägliche massive Kiffen hat ihn derart apathisch gemacht, dass er seine Ziele nicht mehr verfolgen kann. Seine Konzentration tendiert gegen null. Mehr und mehr verliert er auch den Kontakt zu seinen alten Freunden. Branko denkt: Alle anderen kriegen es hin, nur ich bin ein Loser.

Die Eltern, die beruflich mit ihrer Firma sehr eingebunden sind, bemerken das Abdriften ihres Sohns nur zum Teil, wissen sich jedoch keinen Rat. Der Vater resigniert, die Mutter entscheidet sich, ihrem Sohn alles zu glauben. Er ist doch immer noch der gute Junge. Sie entschuldigt jedes abseitige Verhalten ihres Sohnes, findet für alles eine Erklärung. Sie ist eine Abhängige an der Seite eines Drogensüchtigen. Stets glaubt sie, morgen würde alles besser. Die Schwester schweigt, sie weiß vieles, doch ihren Bruder will sie nicht verpfeifen. So sieht ein dysfunktionales Familiensystem aus.

WEGSCHAUEN UND WEGDRÜCKEN

Der Fall von Branko ist ein Extrembeispiel. Dennoch ist es wichtig, dass Eltern dafür sensibilisiert werden, dass Drogen ein riesiges Thema bei Heranwachsenden sind. »Die Klubs in München und Berlin sind voll mit Drogen, überall gibt es Kokain, Ecstasy oder Ketamin«, erzählt mir eine Interviewerin. Ketamin, ein Narkosemittel, kann hoch dosiert zu Nahtoderlebnissen führen, einem komatösen Zustand, in dem der User bewusstlos ist. Konsumenten sprechen von »K-Hole«. Nebenwirkungen von Ketamin sind unter anderem schwere Albträume, eine Schädigung der Blase und des Gehirns. »Ich kenne ganz normale Leute, die sich zum Beispiel auf einem Musikfestival mit Ketamin einfach für einen Tag wegballern«, sagt die Interviewerin. Montagmorgen säßen sie wieder in der Vorlesung.

Auch Kokain ist bei den Heranwachsenden schon lange angekommen. »Nicht zu unterschätzen ist die Anzahl von jungen Leuten, die zu Kleindealern werden. Die rutschen da einfach so rein, um sich ihren Lifestyle leisten zu können mit teuren Mieten, Stoff und Party«, sagt eine 21-Jährige, die sich in der Nachtlebenszene und den angesagten Klubs auch außerhalb Deutschlands auskennt.

Der Freundeskreis sei nicht die Instanz, die einen von den Drogen wegbringt. Die Betroffenen hören phasenweise von selbst auf, wenn es ihnen sehr schlecht geht, zum Beispiel wenn sie ins Krankenhaus müssen. An dem Tag des Interviews ist Iris Hauth morgens bei der Visite bei einem 17-Jährigen gewesen, der nach einem Joint mit einer Psychose in ihre Psychiatrie eingewiesen wurde. Er halluzinierte, sah bunte Farben und glaubte, er könne fliegen. »Der hört jetzt mal für ein paar Wochen auf, weil er hier nicht kiffen darf«, sagt die Ärztin. »Doch die Wahrscheinlichkeit, dass er draußen in der Kifferclique wieder weiterraucht, ist sehr groß.«

Sehr wenige Eltern wissen, was in ihrem orientierungslosen Nachwuchs wirklich vorgeht. Daher hilft es, hinzuschauen und Wissen zusammenzutragen. Meist ist es ein schmerzhafter Prozess, wenn Eltern sich eingestehen müssen, dass ihr Kind abdriftet, sie hintergeht, sie bestiehlt; dass ihr geliebter Sohn jeden Tag kifft oder ihre Tochter nur noch Zeit mit dem Smartphone oder Shoppen verbringt; wenn Kokain im Spiel ist, Ecstasy, eine der Modedrogen, oder zu viel Wodka Red Bull; wenn das Kind das Haus nicht mehr verlässt, weil es eine Angststörung hat oder nur noch an die Decke starrt und keine Energie mehr hat.

Während meiner Zeit der Recherche erlebte ich mehrmals, dass Eltern mit der Drogensucht eines Kindes konfrontiert wurden. Es ging ums Dauerkiffen, um Kokain und andere Drogen. Die meisten Eltern ertragen es kaum, was ihr Kind da hinter ihrem Rücken treibt. Sie hoffen immer, es ginge vorbei, sie glauben, das Kind mache einfach Party wie Tausende Gleichaltrige. Die Hoffnung stirbt zuletzt. Tatsache ist: Ja, meistens geht es vorbei. Aber eben nicht immer.

Auf meine Frage, was er Eltern im Gespräch mit ihren Heranwachsenden in der Orientierungsphase sagen würde, rät ein 21-Jähriger: »Wenn du über Kiffen nur Negatives sagst, denken alle, du bist ein *Cannabis-Hater*, eine *Cannabis-Haterin*. Dann nehmen sie dich nicht ernst. Wenn du aber jeden Abend beim Essen offen über alles redest, so wie bei mir zu Hause, über Drogen, über Sex, über Jobs, dann denkst du: Du kannst über alles reden, es wird nicht gleich *gejuged*. Es geht darum, den Kindern mal zuzuhören. Dann können die Eltern mal einfließen lassen, dass Cannabis nicht harmlos ist. Die Kinder bauen eine Haltung auf und sagen sich: ›Ich kann immer auf-hören, wenn ich will. Es ist lässig, es ist mein Hobby. Cannabis erzeugt keine körperliche Abhängigkeit.‹ Das stimmt zwar, aber es macht müde. Beide Sorten, ob das aufputschende Indica oder das einschläfernde Sativa, machen dich auf Dauer mat-schig im Kopf. Oft wird es auch in Mischung angeboten. Ich kenne eine Frau, die hat früher viel Musik gemacht, hat Rap gesungen. In ihrer Band haben alle gekifft. Vor der Aufnahme einen Joint, nach der Aufnahme einen Joint. Jetzt macht sie nix mehr und postet nur noch auf Instagram ein Foto ihrer Morgen-lunte, #goodlife. Dabei ist es #Totales Verblöden.«

Ausblick
Den inneren Kompass suchen und finden

Zwei Jahre nachdem ich angefangen habe, mit den Heranwachsenden Gespräche zu führen, und einige von ihnen für mich Gleichaltrige interviewt haben, stehen bei allen in den nächsten Monaten wichtige Entscheidungen an.

Katharina, die mit ihrem Soziologiestudium in Wien eigentlich zufrieden ist, schwankt noch zwischen drei verschiedenen Wegen. Sie möchte im Sommer den Psychologie-Aufnahmetest in Wien wiederholen. »Ich will mir nicht vorwerfen, es nicht noch einmal probiert zu haben«, sagt sie mir im Januar 2019. Falls sie einen Platz ergattert, wechselt sie das Fach. Wird sie es diesmal schaffen? Ich wünsche es ihr, denn sie hat ein ausgeprägtes Gespür für andere Menschen. Sie erklärte mir das Denken und Fühlen der Gleichaltrigen, als hätte sie das Psychologiestudium bereits hinter sich. Dennoch fühlt sie sich zurzeit hin- und hergerissen zwischen einem Studium und einer künstlerischen Laufbahn. Im Frühjahr wird sie sich deshalb auch an der Akademie der bildenden Künste Wien mit einer Mappe bewerben. »Ob ich im Herbst dann Soziologie, Psychologie oder Kunst studiere, entscheidet sich im Sommer«, sagt Katharina. Bei ihr ist also alles offen.

Conrad überlegte im Herbst noch, ob er Stadt und Studienfach wechseln sollte. Doch zunächst will er seinen Bachelor als Tontechnik-Spezialist in Amsterdam abschließen. Vielleicht geht er danach an die Hochschule für Musik und Theater »Felix Mendelssohn Bartholdy« in Leipzig, um dort noch einen Master in Improvisation zu machen. Sein internationaler Kreis an Gesprächspartnern hat das Buch sehr bereichert und belegt, dass die Orientierungslosigkeit von Heranwachsenden nach der Schule ein internationales Phänomen ist.

Anton arbeitet weiter erfolgreich als Werkstudent bei einem Start-up. Erst kürzlich war er mit der Firma am Gardasee zum Feiern. Die Chefs der Start-up-Szene wissen genau, wie sie eine optimale Work-Life-Balance für die Anfang 20-Jährigen schaffen. Als Anton kürzlich einen Kontakt zu einer großen Sonntagszeitung herstellte, die über die Unternehmensidee berichtete, schnellten kurz darauf die Kundenanmeldungen in die Höhe. Der Erfolg im Job trägt ihn durch sein BWL-Studium. Mathe und Statistik werden nie seine Lieblingsfächer werden.

Timon ackert sich in Göttingen weiter durch die juristische Fachliteratur. »Im Frühjahr steht die erste Klausurenphase an«, berichtet er. Zorah ist von zu Hause ausgezogen und liebt ihre WG in Berlin. Sie beendet in Kürze ihr PR-Praktikum und verfasst für die Agentur ihre ersten eigenen Texte über Events und Restaurants. Im Februar fängt sie ein zweites Praktikum auf einer Borderliner-Station in der Psychiatrie an. »Zurzeit bewerbe ich mich für Psychologie in den Niederlanden, in Maastricht, Tilburg und Amsterdam. Mal sehen, wo ich lande«, sagt sie.

Joost aus Amsterdam ist mit seinen beiden Bands auf dem Weg dahin, von der Musik leben zu können. Augenblicklich tritt er zweimal pro Woche auf. Eine Regionalzeitung hat vergangenen Winter seine neueste Produktion mit der Band »Snow Coats« als »Album des Jahres« prämiert. Samantha beendet derzeit ihre Ausbildung zur Musikproduzentin in Amsterdam. Sie wird jedoch nicht den Bachelor machen. Stattdessen möchte sie lieber Gesangslehrerin werden. Dafür unterrichtet sie bereits an einer kleinen Musikschule in Alkmaar, etwas außerhalb von Amsterdam.

Yannik hat auf Anraten seiner Ärzte die Stunden in der psychiatrischen Tagesklinik reduziert. Ob er jedoch die Therapie dort abschließen wird oder doch wieder jobbt, um Geld zu verdienen, bleibt unklar.

Leo in Trier bereitet sich auf die Klausuren für Erstsemester seines Psychologiestudiums vor. »Emotion und Motivation« sowie »Lernen und Gedächtnis« stehen auf dem Programm. »Die Themen finde ich sehr spannend. Dafür lerne ich jetzt schon viel«, erzählt er. Dennoch bleibt ihm Zeit, hin und wieder zu einem Basketballspiel zu gehen.

Lucija wird ihren Bachelor an der United Pop-Akademie in Amsterdam als Tontechnik-Spezialistin abschließen. Danach möchte sie im Musik-Eventmanagement arbeiten, zum Beispiel auf Festivals.

Lotte in Wien schreibt an ihrer Bachelor-Arbeit in Theater-, Film- und Medienwissenschaft. Den Abschluss macht sie voraussichtlich 2021. Danach möchte sie erst einmal zwei Jahre praktisch arbeiten, bevor sie einen Master in Angriff nimmt.

Lena ist inzwischen nach Wien umgezogen. Sie hat sich für einen Studiengang im Bereich Theater entschieden, muss aber noch ein paar Zugangsprüfungen bestehen, um richtig an der Hochschule angenommen zu werden. Zum Glück darf sie schon mal in das Studium reinschnuppern. Ob sie immer noch auf die nächste Rolle in einem Film wartet?

Leni ist weiter glücklich mit ihrer Ausbildung an der Hotelakademie in Bad Reichenhall. In einem bis zwei Jahren wird sie dort ihren Abschluss als Hotelfachfrau machen. Danach stehen ihr Häuser in aller Welt offen, denn in dieser Branche herrscht ein großer Fachkräftemangel.

David aus Bern hat für seine Ausbildung zum Zimmermann eine sehr gute Beurteilung von seinem Meister bekommen. 2020 wird er die Ausbildung abschließen und gleichzeitig sein Abitur machen. Danach plant er, Holzwirtschaft zu studieren. »Ich hoffe, er bleibt dieser Branche erhalten. Arbeiten mit

Holz, das passt einfach perfekt zu ihm«, ist sein Meister über-zeugt.

Sophia büffelt gerade für ihre Medizin-Klausuren in Buda-pest. Anatomie war ihr Angstgegner, aber auch diese Hürde hat sie geschafft. Der Druck ist enorm. Im Herbst wechselt sie, wenn alles klappt, an eine deutsche Universität.

Ihr Bruder Lucas macht zurzeit viel Musik und schmeißt sein Studium in Lüneburg eher nebenbei. Das kann er sich erlauben, da er alles Gelesene sofort behält. Das gilt auch für Klavierstü-cke. Einmal angehört, kann er die Stücke recht schnell nach-spielen. Zu Weihnachten hat er ein Keyboard bekommen. Nun hofft seine Mutter, dass er die Bücher genauso oft bearbeitet wie die Tasten.

Und Lotte hat ihr VWL-Studium in Berlin übergangsweise abgebrochen und jobbt in einer Bar. Jetzt zieht es sie an eine Hotelfachschule in Den Haag.

Simon geht nicht ans Telefon, als ich meine Gesprächspart-ner im Januar noch einmal anfunke, um nach dem Ausblick für die nächsten Monate zu fragen. Wahrscheinlich steht er gerade als Komparse bei einer großen Filmproduktion vor der Kamera oder bewirbt sich für Psychologie in den Niederlanden.

Meine Interviewer wie auch die anderen Heranwachsenden, die ich gesprochen und getroffen habe, sind auf der Suche nach einem Kompass durchs Leben. Die meisten haben ihren Weg gefunden; manchmal durch eine zufällige Begegnung mit einem Menschen, der sie inspiriert; manchmal durch langes Warten und Suchen oder auch durch puren Zufall. Sie nehmen aber auch mal Umwege in Kauf, wenn sie meinen, dass sie der Umweg auch zum Ziel führen kann. Vielleicht ändern oder prä-zisieren sie auch einmal ihr Ziel. Wenn sie mich gefragt haben, etwa bei einem Studienwechsel oder einer ungewöhnlichen Jobidee, was ich davon halte, habe ich ihnen manchmal ein Zitat von Albert Einstein geschickt: »Wenn eine Idee nicht zuerst absurd erscheint, taugt sie nichts.«

Anmerkungen

1 Titel der Originalausgabe: *iGen. Why Today's Super-Connected Kids Are Growing Up Less Rebellious, More Tolerant, Less Happy – and Completely Unprepared for Adulthood*, First Adria Books, 2017

2 Ebda., S. 64

3 *Süddeutsche Zeitung*, 4.4.2018

4 Sarah-Jayne Blakemore, *Inventing Ourselves. The Secret Life of the Teenage Brain*, Doubleday, New York 2018

5 Ebda., S. 113 ff.

6 Jay Giedd, *Scientific American MIND*, Special Collector's Edition, 2016

7 Raffael Kalisch, *Der resiliente Mensch. Wie wir Krisen erleben und bewältigen*, Berlin Verlag, München 2017

8 Remo H. Largo, *Das passende Leben. Was unsere Individualität ausmacht und wie wir sie leben können*, Fischer Verlag, Frankfurt am Main 2017

9 *Süddeutsche Zeitung*, 25.9.2018, »Peter Grafs Erben«

10 Jeremy Walsh, »Associations between 24 hour movement behaviours and global cognition in US children: a cross-sectional observational study«, *The Lancet, Child & Adolescent Health*, online 27.9.2018

11 *The Guardian*, 6.10.2017

12 Adam Alter, *Unwiderstehlich. Der Aufstieg suchterzeugender Technologien und das Geschäft mit unserer Abhängigkeit*, Berlin Verlag, München 2018

13 Ebda., S. 75

14 Stefan Stieger, David Lewetz, »A Week Without Using Social Media. Results from an Ecological Momentary Intervention Study Using Smartphones«, *Cyberpsychology, Behavior, and Social Networking*, Vol. 21, No. 10, Mary Ann Liebert Publishers, 16.10.2018

15 Jugendpsychiatrische Aspekte der Medien- und Computersucht, in: C. Möller (Hg.), *Internet- und Computersucht. Ein Praxishandbuch für Therapeuten, Pädagogen und Eltern*, Kohlhammer, Stuttgart 2015

16 *Neue Zürcher Zeitung*, 1.5.2017, »Weggehen will hier niemand, aber was soll man tun, wenn sich 30 000 Bewerber auf 40 Stellen melden?«

17 www.seco.admin.ch (Staatssekretariat für Wirtschaft SECO: Die Lage auf dem Arbeitsmarkt 2018 im Oktober)

18 *Der Spiegel*, 13/1990: »Drüben war es leichter«

19 Fowid – Forschungsgruppe Weltanschauungen in Deutschland, Berufsprestige 2013–2016, 2.2.2017, zuletzt abgerufen am 17.10.2018

20 *Frankfurter Allgemeine Zeitung*, 17.5.2017, »Jeder zweite Student will Beamter werden«

21 E. Hoch, C. Friemel u. M. Schneider, *Cannabis: Potenzial und Risiko. Eine wissenschaftliche Analyse*, Springer Verlag, Heidelberg 2018

22 Studie »Gesundheit Studierender in Deutschland«, DZHW, Freie Universität Berlin, Techniker Krankenkasse 2018

Literatur

Adam Alter, *Unwiderstehlich. Der Aufstieg suchterzeugender Technologien und das Geschäft mit unserer Abhängigkeit*, Berlin Verlag, München 2018

Sabine Asgodom, *Deine Sehnsucht wird dich führen. Wie Menschen erreichen, wovon sie träumen*, Kösel, München 2016

Michael Behn, Peter Bödeker, *Meine Ziele, meine Ausreden und ich. Wie Sie Ihre Ziele finden und erreichen*, Books on Demand 2012

Burkhard Bensmann, *Selbstführung. Wie sich kreative Entrepreneure erfolgreich organisieren*, Books on Demand 2013

Sarah-Jane Blakemore, *Inventing Ourselves. The Secret Life of the Teenage Brain*, Doubleday, New York 2018

Angela Duckworth, *Grit. Die neue Formel zum Erfolg. Mit Begeisterung und Ausdauer zum Ziel*, C. Bertelsmann, München 2016

Angelika Gulder, *Finde den Job, der dich glücklich macht. Von der Berufung zum Beruf*, Campus, Frankfurt am Main 2013

Iris Hauth, *Keine Angst! Was wir gegen Ängste und Depressionen tun können*, Berlin Verlag, München 2018

Wolfgang Herrndorf, *Tschick. Roman*, Rowohlt Berlin, Berlin 2010

Svenja Hofert, *Was sind meine Stärken? Entdecke, was in dir steckt*, Gabal Verlag, Offenbach 2016

Raffael Kalisch, *Der resiliente Mensch. Wie wir Krisen erleben und bewältigen*, Berlin Verlag, München 2017

Remo H. Largo, *Das passende Leben. Was unsere Individualität ausmacht und wie wir sie leben können*, Fischer Verlag, Frankfurt am Main 2017

Hilde Østby, Ylva Østby, *Nach Seepferdchen tauchen. Ein Buch über das Gedächtnis*, Berlin Verlag, München 2018

Jerome D. Salinger, *Der Fänger im Roggen. Roman*, Rowohlt Verlag, Reinbek bei Hamburg 2001

Christian Scholz, *Generation Z. Wie sie tickt, was sie verändert und warum sie uns alle ansteckt*, Wiley, Weinheim 2014

Stefanie Stahl, *Das Kind in dir muss Heimat finden. Der Schlüssel zur Lösung (fast) aller Probleme*, Kailash Verlag, München 2015

17. Shell Jugendstudie. Jugend 2015, hrsg. v. Mathias Albert, Klaus Hurrelmann, Gudrun Quenzel, TNS Infratest Sozialforschung, Fischer Verlag, Frankfurt am Main 2015

Stiftung der Deutschen Wirtschaft (Hg.), *Bildungsübergänge gestalten. Junge Talente fördern und Fachkräfte sichern*, Murmann Verlag, Hamburg 2014

Jean M. Twenge, *Me, My Selfie and I. Was Jugendliche heute wirklich bewegt*, Mosaik Verlag, Berlin 2018

Benedict Wells, *Spinner. Roman*, Diogenes Verlag, Zürich 2016

Dank

Sehr viele Menschen haben über einen langen Zeitraum bei der Entstehung dieses Buches geholfen. Ihnen möchte ich von ganzem Herzen danken für all ihr Vertrauen, die Impulse und Gedanken, ihre Zeit, ihr Wissen, ihr Wohlwollen und inspirierende Anmerkungen. Bedanken möchte ich mich herzlich bei meiner Lektorin Kathrin Liedtke und meiner Agentin Barbara Wenner für ihre Ideen und die angenehme professionelle Begleitung.

Besonderer Dank geht an meine talentierten jungen Interviewer Anton Thaeter, Conrad Hornung, Katharina Apetauer, Zorah Morgner und Timon Burr, die mir in unseren Gesprächen und bei unseren Treffen einen tiefen Einblick in das Denken und Fühlen der Anfang 20-Jährigen gegeben haben. Danke auch an ihre und meine Interviewpartner Samantha Kane, Lucija Miljkowic, Joost Ebbers, Lotte Geiser, Johanna Elbel, Helene Langemann, Sophia Finkbeiner, Leo Hennen, Lucas Finkbeiner und Charlotte Geiser sowie an all ihre und meine Gesprächspartner, die lieber anonym bleiben möchten.

Dr. Daniela Brückner, Michaela Thaeter, Martina von Brüning und Mariana Alvarez aus meiner Gruppe »Viernes cultural« sowie Elke Hartmann-Wolff danke ich, ihre Erfahrungen aus der Perspektive der Eltern und Verwandten von Heranwachsenden mit mir geteilt zu haben und für ihre Vermittlung von Experten und Gesprächspartnern. Ingeborg Spillmann, Kerstin Germighausen, Margarethe von Oppen, Uli Martin, Volker Stollorz und Uli Bahnsen danke ich für ihre Anregungen, wissenschaftlichen Studien, Geschichten aus Erzieher-sicht und ihr kontinuierliches Feedback. Gunda Borgeest danke ich sehr herzlich dafür, dass sie mir spontan Gesprächspartner vermittelt hat.

Aus meiner Familie haben viele auf unterschiedliche Art und Weise mitgewirkt. Sie haben Artikel geschickt, Interviews geführt, Interviews gegeben, Texte kommentiert und mir Zuspruch gegeben. Danke an Timon Burr, Hannah Kraft, Dr. Gundula Bartholomäus, Hans-Martin Burr, Dr. Peter Bartholomäus und meine Tochter Annie. Besonders danken möchte ich meinem Mann Kayhan Özgenc, der mich zu diesem Buch ermuntert und täglich inspiriert hat.

Besonderer Dank geht auch an die Experten, die mir mit ihren Interviews, Einschätzungen und Informationen sehr geholfen haben: Dr. med. Iris Hauth, Prof. Raffael Kalisch, Dr. med. Torsten Grigoleit, Dorothea Ohle, Stefan Hennen, Lena Heiliger, Vera Glaeseker, Carola Heumann, Wolfgang Zimmer, Birgit Kleinebrecht, Birgit Rominger, Prof. Rainer Thomasius und Prof. Rainer Bölling.

Wie führt man ein gutes, kreatives Leben?

Matze Hielscher

Die Schule meines Lebens

Weisheiten und Lebenstricks von
ziemlich außergewöhnlichen
Menschen

Piper Paperback, 336 Seiten
€ 15,00 [D], € 15,50 [A]*
ISBN 978-3-492-06218-3

Im Podcast "Hotel Matze" verraten Künstlerinnen, Moderatoren, Schauspielerinnen und andere schlaue Köpfe Gastgeber Matze Hielscher, wie sie ticken und was sie antreibt. Ihre besten und inspirierendsten Lektionen für alle Lebenslagen sind in diesem Buch versammelt.

»Die Unterhaltungen bei Hotel Matze erinnern an die Treffen alter Bekannter: Hielschers Gäste vertrauen ihm freigiebig Details aus ihrem Leben an, die sie kaum einem Journalisten erzählen würden.« ZEIT online

PIPER

»Largos Erziehungsklassiker sind aktueller denn je.«

Frankfurter Allgemeine Zeitung

»Cover- und Preisänderungen vorbehalten

Remo H. Largo / Monika Czernin

Jugendjahre
Kinder durch die Pubertät begleiten

Piper Taschenbuch, 400 Seiten
€ 14,00 [D], € 14,40 [A]*
ISBN 978-3-492-30192-3

Computersucht, Komasaufen, Schulmüdigkeit – selten gibt es positive Schlagzeilen über Jugendliche. Mit ihrem Buch wollen Remo H. Largo und Monika Czernin Verständnis für die Jugendlichen und ihre schwierigen Entwicklungsaufgaben wecken und den Blick dafür schärfen, dass in ihren Händen die Zukunft liegt. Ein Buch, das zum Umdenken auffordert.

PIPER